Maria Madalena
A verdadeira história

Rodrigo Silva

Maria Madalena
A verdadeira história

Copyright © Rodrigo Silva, 2024
Copyright © Editora Planeta do Brasil, 2024
Todos os direitos reservados.

Edição: Thaís Rimkus
Preparação: Laís Chagas
Revisão: Caroline Silva e Valquíria Matiolli
Projeto gráfico e diagramação: Negrito Produção Editorial
Capa: Angelo Bottino
Imagem de capa: Nagib El Desouky/Arcangel

Salvo exceções, apontadas entre parênteses, as citações bíblicas foram retiradas da versão Nova Almeida Atualizada. (NAA © 2017 Sociedade Bíblica do Brasil. Todos os direitos reservados.)

Dados Internacionais de Catalogação na Publicação (CIP)
Angélica Ilacqua CRB-8/7057

Silva, Rodrigo
    Maria Madalena : a verdadeira história / Rodrigo Silva. – São Paulo : Planeta do Brasil, 2024.
    320, [8] p.

Bibliografia
ISBN 978-85-422-2628-7

1. Maria Madalena – História. I. Título.

24-0441   CDD 235.2

Índice para catálogo sistemático:
1. Maria Madalena – História

Ao escolher este livro, você está apoiando o manejo responsável das florestas do mundo e outras fontes controladas

2025
Todos os direitos desta edição reservados à
EDITORA PLANETA DO BRASIL LTDA.
Rua Bela Cintra 986, 4º andar – Consolação
São Paulo – SP CEP 01415-002
www.planetadelivros.com.br
faleconosco@editoraplaneta.com.br

Acreditamos nos livros

Este livro foi composto em Arno Pro e impresso pela Gráfica Santa Marta para a Editora Planeta do Brasil em agosto de 2025.

A
DEUS
pelo dom da vida, perdão e restauração.

A minha esposa,
LAURA,
que tornou meus dias mais leves e me ensinou o que é amar.

Apresentação

A Bíblia é, sem dúvida, o livro mais publicado, distribuído – e, talvez, o mais lido – em todo o mundo. Nenhum *best-seller* supera sua divulgação. Pessoas são tocadas por suas palavras, vidas são transformadas pelas histórias que ela contém e, ao longo da história, multidões estiveram dispostas a morrer por causa dela, o que por si só é algo extraordinário, considerando que dificilmente um entusiasta de Shakespeare estaria disposto a se tornar um mártir por sua interpretação de *Hamlet*.

Contudo, o mesmo conteúdo que desperta paixões também produz desconfianças e polêmicas. Nenhum livro foi tão banido, combatido e proibido em toda a história. Mesmo que alguns considerem sua mensagem infantil ou ultrapassada, são muitos, mesmo entre seus detratores, que consideram a Bíblia "o livro mais perigoso da Terra" – expressão erroneamente atribuída ao dramaturgo Bernard Shaw e que se tornou lema de muitos opositores do cristianismo.

De fato, a Bíblia, em especial os evangelhos, é perigosa, pois demanda uma mudança radical por parte daquele que crê em suas palavras. Por se declarar a Palavra de Deus, sua mensagem não permite neutralidades morais ou equiparações com outras fontes literárias, por mais esplêndidas que sejam. A Bíblia será sempre única.

Assim, o conhecimento da Bíblia não se limita à aquisição de cultura literária. Estamos diante de um livro que, se não for absoluto, será obsoleto. Talvez seja por isso que histórias bíblicas como a de Maria Madalena instiguem tanto o imaginário e os sentimentos do leitor. Aquilo que encontramos em sua essência ultrapassa qualquer outra representação mística, como a de Joana d'Arc. Eu também fui impactado por sua história e, por isso, o enredo desta "biografia" que pretendo reconstruir é um chamado para que, assim como aconteceu com a protagonista, o leitor também possa experimentar um encontro real com a pessoa de Cristo.

Não é por menos que, de todas as personagens bíblicas que causam fascinação e espanto, nenhuma despertou tanto interesse ao longo dos séculos quanto a enigmática figura de Maria Madalena. De prostituta a santa, de discípula a apóstola, são muitos os títulos propostos a ela, não esquecendo, é claro, o mais empolgante: o de amante ou esposa de Jesus Cristo.

Neste livro, procurei investigar – através da história, da teologia e da arqueologia – o que se pode dizer de concreto acerca dessa mulher, que foi mais mencionada nos evangelhos que Maria, a mãe de Jesus. Busquei nos textos gregos do Novo Testamento e também em fontes aramaicas e hebraicas informações que oferecessem pistas capazes de construir uma biografia hipotética, porém, acadêmica. Assim, podemos separar a Madalena histórica da figura lendária que a piedade popular construiu no decorrer dos séculos.

De fato, já no começo de minha pesquisa percebi que existem duas Marias: uma dos evangelhos e outra da tradição.

Essa última ainda pode ser subdividida em várias outras menores, criadas e recriadas conforme o interesse de cada ocasião. Nos primeiros séculos, grupos cristãos sectários fizeram dela uma figura mística, ou seja, alguém que servia de modelo para os que buscavam uma experiência pura e sem palavras de participação direta na divindade. Maria seria aquela que revelaria o conhecimento secreto de elevação espiritual.

Por isso, mais tarde, Maria foi transformada na encarnação da sabedoria e, finalmente, na esposa virtual de Cristo. Cada um dos grupos que defendiam essas diferentes visões de Maria será apresentado em detalhes na primeira parte deste livro, que realiza uma sistematização histórica dos mitos que surgiram sobre ela, incluindo os textos apócrifos produzidos a seu respeito.

Nessa reconstrução, você verá que mais tarde, em 591 d.C., o Papa Gregório I tentou diminuir a força de seu misticismo, criando outra imagem ainda mais mitológica: a de Maria prostituta e adúltera penitente. Nada disso, é claro, encontra apoio nos evangelhos canônicos de Mateus, Marcos, Lucas e João. Mesmo assim, o equívoco emplacou entre os cristãos mais piedosos e, até hoje, encontramos pessoas que interpretam erroneamente a expressão "quem não tiver pecado que atire a primeira pedra" como um dito de Cristo em relação a Maria Madalena, a garota de programa apanhada em adultério.

A própria Igreja Católica, diga-se de passagem, reconheceu o erro histórico, mas era tarde demais. Aquela desastrosa homilia papal que hoje daria uma boa indenização por danos morais colou na testa de Maria Madalena a indelével marca de mulher sedutora, sexualmente perigosa.

A fama que ela tinha era tão controversa que sua canonização foi longamente adiada. Somente em 2016 o Papa Francisco, quebrando um silêncio de quase dois mil anos, tornou-a oficialmente santa para o catolicismo. Muitos chegaram a supor que a demora se deu por questões de misoginia ou, pior ainda, pelo medo eclesiástico de que as mulheres descobrissem sua força através de Maria e reivindicassem sua devida relevância na hierarquia da Igreja. Será?

São muitas as teorias que gravitam entre a prostituta penitente, a devotada apóstola e a esposa do Senhor. Há hipóteses para todos os gostos, até mesmo entre os mais piedosos. Especialmente quando duas grandes personalidades como Jesus e sua misteriosa discípula estão envolvidas.

Após esse passeio pelas imagens lendárias de Maria, você encontrará a segunda parte deste livro, que versa sobre sua biografia propriamente dita. De princípio, posso adiantar, para frustração dos sensacionalistas, que minhas descobertas descontruíram muitas ideias populares. De início, o que encontrei parecia se resumir à realidade histórica de uma jovem de Magdala, importante cidade da Galileia, que vivia às voltas com dilemas próprios de uma sociedade patriarcal, machista, repleta de rancor e sede de justiça contra os políticos que oprimiam os cidadãos locais.

Mas, para não ficar somente na sistematização do esperado, qual não foi minha surpresa ao encontrar fortes indícios de que Maria, possivelmente, tenha sido vítima de abuso sexual na infância cometido por algum membro de sua própria família. Essa, confesso, foi a descoberta mais estarrecedora. Como ela lidou com esse trauma e que indícios me conduziram a essa conclusão você lerá nos capítulos que se seguem.

Aliás, a esta altura da introdução, devo reconhecer meu débito para com os teóricos da psicologia e da psicanálise que me deram as ferramentas de que precisava para reconstruir uma biografia a partir dos fragmentos esparsos que compunham as referências dessa importante figura da história do cristianismo. Refiro-me à psicobiografia, uma área de estudos que aplica teorias psicológicas e ferramentas de pesquisa à investigação das razões emocionais ou psicológicas que estariam em ação na vida de um vulto de importância histórica, como foi Maria Madalena.

Na maioria das vezes, as psicobiografias se concentram em figuras públicas, falecidas recentemente ou há muito tempo, que tiveram um impacto duradouro na sociedade. Assim, temos como exemplos tanto o perfil psicobiográfico de Mahatma Gandhi escrito por Erik Erikson, em 1969, como o de Leonardo da Vinci, produzido pioneiramente por Sigmund Freud, em 1910.

Mais do que meras curiosidades especulativas, esse levantamento analítico ajuda na compreensão de algumas atitudes do biografado, bem como na condução clínica de alguém que encontra naquela narrativa ecos de sua própria luta emocional. Ainda que seja em grande parte hipotético, a seriedade do método pode ser confirmada na crescente influência da Clínica Psicológica da Universidade de Harvard, o que levou as pesquisas em psicobiografia a se expandirem significativamente.

Esta não é uma psicobiografia exata de Maria Madalena, contudo, seria injusto não revelar as influências que tive dessa área de estudos ao iniciar minha pesquisa. Vale lembrar que ainda que os psicólogos sejam os que mais escrevem obras psicobiográficas, o método não é especialidade exclusiva desses profissionais. Aryeh Kasher, por exemplo, lecionava História na Universidade de Tel Aviv e, mesmo não sendo psicólogo, escreveu uma premiada psicobiografia sobre o rei Herodes que se tornou referência literária em Israel no ano de 2006.

Conquanto as obras psicográficas em geral foquem demasiadamente fatores psicológicos da infância, às vezes em detrimento de elementos externos como a cultura, a sociedade e a economia, em minha abordagem decidi não me abster de nenhum elemento histórico que pudesse conter informação relevante para entender quem foi Maria.

Para contornar a total ausência de informações sobre sua infância, projetei, a partir de suas vivências adultas, como pode ter sido sua meninice. Sei que essa prática pode trazer desconfianças similares àquelas que desacreditam a abordagem psicanalítica, acusando-a de inventar fatos ou difamar a memória do biografado ao retratá-lo apenas em termos de patologia ou conflitos infantis não resolvidos. Contudo, a psicobiografia não precisa ser uma afirmação reducionista do indivíduo. As melhores entre elas geralmente evitam afirmações taxativas sobre a existência de eventos infantis baseadas apenas na evidência do comportamento adulto. Quanto à objeção de que essa abordagem difama a reputação do biografado, esse é um risco que qualquer método biográfico – psicobiográfico ou não – pode correr.

Meu objetivo não é julgar o caráter de Maria Madalena, nem transformá-la num ideal de cristianismo, mas recuperar arqueologicamente o que se pode descobrir a seu respeito, a fim de mostrar como alguém com nossas dores e dificuldades conseguiu aquilo que muitos religiosos almejam e nunca alcançam: ser um verdadeiro seguidor de Jesus de Nazaré.

O que percebi ao final de minha pesquisa foi que, infelizmente, muitas alusões feitas a Maria Madalena omitiram importantes elementos de seu contexto de vida. Isso abre espaço para o surgimento de teorias conspiratórias e suspeitas desnecessárias. Por outro lado, também percebe-se que muitos discursos conservadores ignoram sua função como líder, discípula e primeira testemunha ocular da ressurreição de Jesus Cristo.

No entanto, ao desfazer os muitos mitos em torno de Maria, destaco o que alguns estudiosos veem como a verdadeira – e inesperada – razão pela qual ela é tão controversa: o reconhecimento de que a conexão de Maria Madalena com Jesus era mais espiritual do que romântica. Isso, por um lado, frustra os que esperavam ver nela o feminino sagrado presente em *A Última Ceia*, de Leonardo da Vinci, bem como os que desejariam não reconhecê-la como discípula em pé de igualdade com os homens que seguiam Jesus.

A imagem histórica de Maria, que muitos julgavam ser perigosa para a igreja, na verdade se revela desconfortável para todos os segmentos, seculares ou eclesiásticos, que preferem trocar a simplicidade do relato evangélico pelos enfeites sensacionalistas que atraem mais visibilidade num mundo movido a controvérsias. Por outro lado, sua figura ingênua e simples desperta em outras "Marias" – assim como em "Joões" – a esperança de poder ser um verdadeiro discípulo de Cristo, a despeito de si mesmo.

Sumário

CAPÍTULO 1 Versões e desconstruções de uma imagem.. 17
CAPÍTULO 2 O escândalo do cristianismo 43
CAPÍTULO 3 Escavando Magdala 71
CAPÍTULO 4 Crescer mulher na Galileia 95
CAPÍTULO 5 Pureza ritual 117
CAPÍTULO 6 O mundo em que Maria cresceu........... 139
CAPÍTULO 7 Convivendo com o inimigo 161
CAPÍTULO 8 A oportunidade de Deus................. 189
CAPÍTULO 9 Intocáveis e improváveis de Deus 217
CAPÍTULO 10 Tragédia em família..................... 243
CAPÍTULO 11 Verdades inconvenientes................. 265
CAPÍTULO 12 Devoção final 289

Bibliografia 316

CAPÍTULO 1

Versões e desconstruções de uma imagem

"Ser você mesmo em um mundo que está constantemente tentando fazer de você outra coisa é a maior conquista."
RALPH WALDO EMERSON

Em 1945, ano em que os Aliados anunciaram o fim da Segunda Guerra Mundial, uma descoberta acidental envolvendo assassinato, vingança, contrabando e mistério ganhou destaque na história da arqueologia moderna. Porém, há diferentes versões de como tudo aconteceu.

Numa delas – a que nos interessa aqui –, o descobridor foi Mohammed Ali, um camponês egípcio do clã al-Samman que vivia nas redondezas de Nag Hammadi, no Alto Egito. Ele estava junto de seus irmãos escavando o solo das montanhas locais a fim de encontrar o *sabakh*, fertilizante natural muito cobiçado na região. O que encontrou, no entanto, foi um antigo jarro de argila lacrado que media um metro e meio de altura.

Por pertencer a uma cultura repleta de superstições e lendas, Mohammed temeu abrir o jarro e libertar algum gênio mau aprisionado. Porém, se não o abrisse, poderia perder a chance de encontrar um valioso tesouro. A cobiça superou o medo: ele rompeu o lacre e, em vez de joias, ouro ou um gênio demoníaco, o que viu foi um conjunto de treze livros muito antigos, copiados em folhas de papiro e encadernados com capas de couro.

O achado propiciou aos historiadores uma preciosa coleção de 51 antigos textos cristãos, 36 dos quais eram até então desconhecidos. Esses documentos descortinam parte dos bastidores da Igreja Católica nos primeiros anos após a morte de João, o último e mais longevo dos apóstolos de Cristo. Neles é possível observar versões marginais do cristianismo primitivo que conviviam em pé de guerra com uma espécie de cristianismo apostólico oficial.

Os textos estavam escritos em copta, idioma derivado do antigo egípcio, redigido com letras gregas e demóticas. Os cristãos de Alexandria o adotaram como língua oficial e litúrgica a partir do fim do século 2 d.C. até o século 11, quando começou a ser suplantado pelo dialeto boárico e, depois, pelo árabe, que atualmente é a língua oficial do país. De forma geral, hoje seu uso se restringe às missas da Igreja Copta, ramo do cristianismo que floresceu no Egito por volta do século 1 d.C. e segue sendo a religião de cerca de 10 a 20% de uma população de mais de 80 milhões de egípcios.

Embora os manuscritos descobertos sejam unanimemente datados do século 4 d.C., acredita-se que seu conteúdo seja uma tradução de outros textos gregos mais antigos, dos séculos 2 ou 3 d.C. É provável que seus autores fossem cristãos heterodoxos com uma compreensão da fé diferente daquela adotada oficialmente pelos líderes da Igreja em Roma.

Com todos os elementos de um filme de ação digno de Indiana Jones, o achado de Nag Hammadi deu o que falar no mundo acadêmico. Boatos de que os textos continham verdades inconvenientes sobre Jesus e o cristianismo fizeram com que muitos desconfiassem de que a Igreja estaria sabotando a divulgação de seu conteúdo, em especial por causa da notícia de que eles continham revelações sobre uma relação amorosa entre Jesus e Maria Madalena.

A verdade é que a demora na publicação dos textos se deu por causa das circunstâncias complicadas. Havia tempos, a polícia estava no encalço de Mohammed Ali e de seus irmãos, pois suspeitava de que haviam emboscado e matado os assassinos do pai deles. Embora a vingança de sangue fosse comum entre tribos beduínas, eles eram procurados pela justiça egípcia.

Além disso, a vila de Nag Hammadi, local da descoberta, ficava nas redondezas de Jabal al-Tárif, uma cadeia montanhosa com nada menos que 150 cavernas, algumas das quais usadas pelos egípcios desde os tempos faraônicos, há pelo menos quatro mil e trezentos anos. Logo, temia-se que a região fosse inundada por caçadores de tesouros e a situação saísse do controle. A disputa, portanto, tinha a ver com as autoridades locais, não com alguma ação por parte do Vaticano.

Quando um dos livros caiu nas mãos do professor Gilles Quispel, historiador e teólogo holandês, ele logo percebeu que se tratava de um evangelho até então desconhecido. Soube-se mais tarde que seriam, na verdade, vários evangelhos inéditos, interpretados como textos de um cristianismo paralelo, conhecido como gnosticismo, do qual falaremos adiante. Hoje sabemos que a coleção vai além desse movimento, mas, por questões de nomenclatura, o termo ainda é utilizado.

Seu conteúdo de fato revela coisas estranhas para o cristianismo comum; algumas já eram parcialmente conhecidas, outras nem tanto: por exemplo, que Tomé seria irmão gêmeo de Jesus e que o Salvador teria permanecido ainda onze anos na terra após ressuscitar. Nada, porém, foi mais comentado que a possibilidade de o Salvador ter tido uma relação amorosa com Maria Madalena, tida por alguns como sua discípula preferida. Em um desses textos, intitulado Evangelho de Filipe, os especialistas decifraram o seguinte trecho, aqui reproduzido com demarcação das partes dúbias ou faltantes:

> A companheira [do Salvador] é Maria Madalena. [Mas Cristo a amou] mais que [a todos] os discípulos e costumava beijá-la [frequentemente] na [boca]. O resto dos [discípulos ficaram ofendidos] [...]. Disseram-lhe: "Por que o Senhor ama mais a ela que a nós?". O Salvador respondeu e disse-lhes: "Por que não os amo como a ela?" (Evangelho de Filipe 63:30-64:10).

Atualmente, a maioria dos estudiosos da área não concorda que esses trechos estejam realmente validando uma relação amorosa entre Jesus e Maria. O próprio texto de Filipe, um dos mais citados pelos defensores do suposto enlace, é entendido como uma referência à relação espiritual entre Cristo e Maria, não à atração física de dois amantes.

O que aqui traduzimos como "companheira" é uma palavra que o texto copta importou do grego. O texto original diz que Maria era *koinōnos* de Cristo, termo que curiosamente aparece no masculino e cujo sentido não se limita à condição de cônjuge. *Koinōnos* pode ser entendido como "amigo", "dupla", "parceiro", "companheiro de viagem", "sócio numa transação comercial", enfim, uma pessoa engajada em companheirismo ou que compartilha com alguém uma relação que não implica matrimônio.

Como veremos adiante, esse mesmo termo aparece no Evangelho de Filipe relacionado, de forma metafórica, a uma parceria espiritual e à reunificação do cristão gnóstico com o reino místico de Cristo. E o mais importante: há vários trechos no Evangelho de Filipe em que a palavra copta regular para esposa é usada em referência a pessoas que claramente são cônjuges, sugerindo que o termo *koinōnos* é reservado para um uso mais específico, diferente de um casamento literal.

Além disso, o costume de Jesus de beijar Madalena é completado com um "na boca" pelos defensores da união matrimonial entre os dois. Porém, o manuscrito está deteriorado nessa parte, de modo que, a menos que encontremos outra cópia do texto, é impossível saber como esse beijo se caracterizava. Podia ser na testa, na face, nas mãos. O beijo social nos tempos de Roma era comum não apenas entre cônjuges e podia ser dado em qualquer parte do rosto. Tal costume é atestado por Plínio, o Velho (23-79 d.C.), historiador, naturalista e oficial romano (*Historia naturalis*, 26.3).

Aliás, ainda que fosse um beijo na boca, isso não seria prova inconteste de um envolvimento amoroso entre Jesus e Maria. Na cultura ocidental, beijos labiais são normalmente associados à sexualidade, mas na sociedade romana não era assim. Por estranho que pareça, o encontro rápido de lábios – em outras palavras, o "selinho" – era um cumprimento aceito de forma ampla no mundo de Roma, até mesmo nas comunidades mais conservadoras. O "beijo" entre Jesus e Madalena no texto de Filipe pode aludir a esse costume que parece ter sido adotado pelo cristianismo, embora algumas igrejas só permitissem o beijo entre pessoas do mesmo sexo. Em Romanos 16:16, Paulo admoesta: "Saúdem uns aos outros com um beijo santo" (cf. também 1Co 16:20; 2Co 13:12; 1Ts 5:26; 1Pe 5:14).

Até as comunidades judaicas, caracterizadas por um conservadorismo maior que o dos romanos, consideravam o beijo uma expressão de amizade. Assim, 2Samuel 20:9 conta que Joabe, fingindo grande amizade com Amasa, pegou-o pela barba para beijá-lo quando o matou. Em Lucas 7:45, quando Jesus reclama da falta de hospitalidade de Simão, que o recebera em sua casa, e diz "Você não me beijou", Cristo expressa que o anfitrião não havia demonstrado o devido afeto para com ele. Quem o fez foi Maria, que, chorando, lavava e beijava seus pés. Por fim, Judas também beijou Cristo, fingindo ser seu amigo.

Acerca do beijo nos tempos romanos, Michael Philip Penn, professor de estudos religiosos da Universidade Stanford, escreveu o livro *Kissing Christians: Ritual and Community in the Late Ancient Church* [Beijando cristãos: ritual e comunidade na igreja primitiva tardia]. Nele, Penn afirma que os cristãos primitivos se beijavam muito, principalmente durante reuniões de culto. Era um modo clássico de demonstrar uma relação familiar e, uma vez que os primeiros cristãos viam sua comunidade como um novo tipo de família (a ponto de se chamarem de "irmãos"), não é difícil supor que o ritual do beijo fosse uma forma apropriada de reforçar os laços familiares do cristianismo. Mesmo entre os povos considerados pagãos, o beijo era visto como uma troca espiritual, e talvez por isso Paulo se referisse a ele como "beijo *santo*", para reforçar o sentido espiritual do ato.

Portanto, ainda que Cristo beijasse Maria nos lábios, esse gesto não teria a conotação sexual imposta por tantos hoje.

Mas, então, quem foi Maria?

Da arqueologia às discussões acadêmicas que se estenderam desde a redação do Novo Testamento, até a filmagem de *O código da Vinci*, de Dan Brown, e *Maria Madalena*, de Garth Davis, a imagem dessa discípula foi repetidamente cooptada, distorcida e contestada. Teólogos e escritores às vezes minimizaram sua influência, tachando-a de ex-prostituta; noutras vezes superestimaram sua figura, elevando-a à categoria de esposa de Cristo, com direito a beijos, afagos e segredos não partilhados com os demais.

Uma das mais interessantes versões de sua história, perdendo apenas para o suposto *affair* entre Madalena e Jesus Cristo, vem de uma possível interpretação do Talmude babilônico, antigo tratado judeu compilado na Mesopotâmia entre 200 d.C. e 500 d.C. Nele, os rabinos chegaram a confundir Maria Madalena com Maria, mãe de Jesus, como também o fizeram alguns teólogos da Igreja Síria.

Na versão talmúdica, pelo menos de acordo com a interpretação do rabino Burton L. Visotzky,[1] o cristianismo teria surgido por um erro cometido pelo assistente do anjo da morte. Uma mulher chamada *Miriam magdilā nshaya*, que seria Maria Madalena, estava condenada à morte eterna, provavelmente por causa de prostituição, mas o anjo assistente levou por equívoco outra de nome parecido, *Miriam magdilā dardakey*, que seria Maria, a mãe de Jesus. Repreendido por seu erro, o anjo assistente poupou ambas as Marias, o que explicaria por que Deus teria permitido que uma judia vivesse e gerasse o herege "Jesus", que por sua vez levaria tantos à perdição. A confusão entre as duas Marias seria, também, uma piada dos rabinos para mostrar que a mãe de Jesus poderia facilmente ser confundida com uma prostituta.

São tantas versões, elocubrações e ideias especulativas sobre Maria que, sem um critério bem definido, fica fácil perder-se

---

1. VISOTZKY, Burton L. *Fathers of the World:* Essays in Rabbinic and Patristic Literatures (Wissenschaftliche Untersuchungen zum Neuen Testament). Tübingen: Mohr, 1995, pp. 85-92.

num emaranhado de hipóteses não fundamentadas. Afinal, o que realmente se sabe sobre a mulher mais misteriosa da Bíblia?

Circulava nos quatro cantos do Brasil colonial o jargão: "Lá vem ela com essa cara de Madalena arrependida". Tais palavras levam-nos a imaginar – nunca sob uma luz favorável – quem seria Maria Madalena. A não ser pelo erro de achar que ela seria a pecadora acerca da qual Jesus disse "Quem de vocês estiver sem pecado seja o primeiro a atirar uma pedra nela" (Jo 8:7), seu nome era pouco ou nada mencionado nas missas ou nos cultos protestantes. De certo modo, foi necessário o advento dos movimentos feministas para reacender o debate e o interesse histórico em torno de sua figura.

A própria Igreja Católica demorou dois milênios para reconhecer Maria Madalena em sua lista oficial de santos. A canonização tardia, por si só, levantava suspeitas sobre o real motivo da demora, principalmente porque figuras controversas como São Camilo (um jogador compulsivo), São Calisto (um estelionatário) e Santa Olga de Kiev (uma incendiária) não esperaram tanto para receber o reconhecimento oficial da Igreja.

No texto de canonização, Maria foi chamada pelo papa Francisco de *apostolorum apostola*, que significa "a apóstola dos apóstolos". O título, que já havia aparecido nos escritos medievais de Rábano Mauro e Tomás de Aquino,[2] sugere uma suposta retratação sobre seu verdadeiro *status* na história da igreja primitiva. Em um tempo em que tanto se debate sobre a ordenação de mulheres como pastoras, bispas e sacerdotisas, a iniciativa do papa

---

2. Rábano Mauro. *De vita beatae Mariae Magdalenae*, c. xxvii. Disponível em: https://www.documentacatholicaomnia.eu/04z/z_0788-0856__Rabanus_Maurus__De_Vita_Beatae_Mariae_Magdalenae_Et_Sororis_Ejus_Sanctae_Marthae__MLT.pdf.html. Acesso em: 15 mar. 2023.; São Tomás de Aquino. *In Ioannem Evangelistam Expositio*, c. xx, L. iii, 6.

mostrou-se ousada e questionada. Seria um ato de *mea culpa* por parte da Igreja? Ou, quem sabe, uma sinalização para a abertura à entrada de mulheres no sacerdócio?

Em que pesem as inferências imediatas, a rigor, a reconstrução histórica de Maria Madalena com vias a traçar uma linha em direção ao tema da ordenação de mulheres parece anacrônica ao contexto dos apóstolos. A ideia de "ordenar" como investidura eclesiástica com autoridade sacerdotal não está nas páginas do Novo Testamento; essa não era uma pauta de discussão da igreja no primeiro século.

É claro que a busca histórica por Maria Madalena esbarra nos limites de uma personagem cuja vida só conhecemos de forma bastante fragmentária. Por isso, é importante selecionar os textos mais precisos em revelar quem essa mulher realmente foi. De igual modo, fontes posteriores, que trazem um retrato mais fantasioso dela, também se mostram úteis para indicar como e por que sua imagem foi modificada para atender a interesses teológicos particulares.

Fato é que o próprio nome pelo qual é chamada nos Evangelhos de Mateus, Marcos, Lucas e João nos dá uma ideia de quem ela seria. "Maria Madalena", assim registrado, era um epíteto incomum, porque as mulheres costumavam ser definidas em relação ao pai, ao marido ou aos filhos. Lucas fala de Joana como esposa de Cuza (Lc 8:2-3); Salomé é descrita por Mateus como a mãe de Tiago e João ou a esposa de Zebedeu (Mt 20:20; 27:56). Até Maria, a mãe de Jesus, é simplesmente chamada de mãe de Jesus, nunca "Maria de Nazaré" – uma alcunha que surgiu depois.

Portanto, no caso da nossa biografada, o mais esperado pelo protocolo da época seria chamá-la simplesmente de Maria ou dar-lhe um complemento como "esposa de fulano", "mãe de beltrano", "filha de sicrano". Chamá-la de Maria Madalena é ainda mais emblemático se lido em grego, idioma original do Novo Testamento, pois, na maioria das vezes, seu nome é grafado numa fórmula gramatical que envolve nome próprio, artigo definido e localidade geográfica. Esse era um tipo de designação mais comum aos homens, não às mulheres. É o caso de Paulo de Tarso, Simão Cirineu (da região de Cirene) e Jesus de Nazaré.

Essa distinção, por si só, define Maria como uma mulher independente, sem conexão com um homem. Ela, de fato, parece livre de laços parentais. Não tem marido ou filhos, pois segue livremente Jesus da Galileia a Jerusalém e testemunha sua crucificação, bem como seu túmulo vazio na madrugada de domingo.

Nos Evangelhos de Marcos e de João, ela é a primeira a ver o Senhor ressurreto e a conversar com ele, chamando-o inclusive de *Rabboni*, palavra formada por *Rabbon* (o mais alto título de honra para um professor nas escolas judaicas) com o sufixo *i*, que significa "meu". *Rabboni*, ou "meu Mestre", é uma expressão aramaica que só faria sentido para o aluno regular de um rabino.

Assim, não estamos falando de uma discípula no sentido comum de "seguidora" de Jesus, como era o caso de várias mulheres assim designadas e que, inclusive, ajudavam a sustentar o ministério de Cristo de forma financeira. O Evangelho de Lucas fala delas, explicando que Jesus "andava de cidade em cidade e de aldeia em aldeia, pregando [...]. Iam com ele os doze discípulos, e também algumas mulheres que haviam sido curadas [...]: Maria, chamada Madalena, [...]; Joana, mulher de Cuza, procurador de Herodes; Suzana e muitas outras, as quais, com os seus bens, ajudavam Jesus [...]" (Lc 8:1-3). O trecho "muitas outras" implica um grupo expressivo. Ou seja, muitas fiéis andavam com Cristo. Maria, no entanto, era *aluna* regular dele, assim como os demais apóstolos que ele escolhera.

O SIGNIFICADO DE UM NOME

No aramaico, língua falada por Jesus e seus seguidores, Maria talvez fosse chamada de Maryam, nome que, no entendimento dos antigos rabinos, queria dizer algo como "obstinação" ou "rebelião". Esse era também o nome de Miriam, a audaciosa irmã de Moisés que teve papel fundamental no relato do Êxodo, quando o povo israelita foi liberto do cativeiro egípcio. O Evangelho de Mateus prefere essa forma original ao correlato grego "Maria", que é como a conhecemos hoje.

Que ela é a "Madalena", até mesmo para diferenciá-la de outras Marias, fica claro no texto, pois este assume que seu lugar de procedência seria uma cidade chamada Magdala, às margens do lago de Genesaré, também conhecido como mar de Tiberíades ou mar da Galileia. Não se preocupe se esses nomes forem usados alternadamente, pois todos se referem ao mesmo lago de água doce no norte de Israel. E, o mais importante, a região foi palco de grandes eventos no ministério de Jesus.

É necessário, no entanto, esclarecer que a referida cidade não é em momento algum citada no Novo Testamento, a menos que entendamos que a Magadã mencionada em Mateus 15:39 seja a cidade de Magdala. Essa seria, portanto, uma inferência à conclusão de que Maria Madalena significa Maria procedente de Magdala. Porém, mesmo que não tenhamos mais informações de sua relação com essa cidade, a ligação de seu nome ao da localidade não é uma hipótese vazia. Por ora, basta dizer que a maior parte dos acadêmicos entende que a cidade de Magdala coincide com o sítio arqueológico de mesmo nome que jaz aos pés do monte Arbel. Magdala era a forma do nome em aramaico; já no hebraico, idioma que também era falado por boa parte da população judaica, a cidade se chamava Migdal. Em ambas as línguas, o sentido do nome seria algo como "construção em forma de torre".

Assim, alguns entenderam que Maria Magdalena pode ser tanto Maria vinda de Magdala como Maria, a Torre, pois o Evangelho de Lucas, numa passagem, refere-se a ela como "Maria, chamada Madalena" (Lc 8:2). Outros, porém, ficam apenas com a segunda hipótese, negando qualquer significado geográfico ao epíteto "Madalena".

É o caso do estudo publicado pelas teólogas Elizabeth Schrader e Joan Taylor.[3] Nele, as autoras levantam a hipótese de que "Madalena" não se refira a seu local de origem, mas a um título honorífico relacionado a "torre" ou a "ampliada". É uma ideia interessante, não fossem o exagero e a exclusão da procedência geográfica em relação ao nome.

As autoras ignoram, por exemplo, que o próprio Evangelho de Lucas, além de se referir a ela como "Maria, chamada Madalena", inverte os termos numa passagem posterior e a chama de "a Madalena, [isto é,] Maria" (Lc 24:10). As traduções modernas geralmente não seguem essa ordem, mas é assim que está no texto grego. Isso pode sugerir que o apelido "Maria, a Torre" não negava a procedência, mas implicava algo mais que sua origem. Um epíteto, quem sabe, dado pelo próprio Cristo, como o fez no caso de Simão, que recebeu do Salvador o apelido de Cefas ou Pedro, que quer dizer "rochedo" ou "pedregulho" (Jo 1:42). Há também o caso dos irmãos Boanerges, nome que quer dizer "filhos do trovão" (Mc 3:17), usado por Jesus para se referir a Tiago e João por conta do temperamento explosivo deles.

---

3. SCHRADER, Elizabeth; TAYLOR, Joan. The meaning of "Magdalene": Review of Literary Evidence. *Journal of Biblical Literature*, v. 140, n. 4, pp. 751-73, 2021.

No entanto, os evangelhos não afirmam em nenhum de seus episódios que Madalena era um apelido dado por Cristo ou pela igreja *a posteriori*, por causa da sua altivez. Trata-se de uma inferência especulativa, de modo que Schrader e Taylor parecem ter ido além das evidências. Não há motivos para negar que Madalena ou Magdalena tenha a ver com a cidade onde ela nasceu. Antigos autores como Orígenes (*Comentário sobre Mateus* 14:1) e Eusébio (*ad Marinum* 2.9) já diziam isso. Vamos considerar, porém, que o título não se resume à questão geográfica.

Já no século 4 d.C., Jerônimo, importante teólogo e tradutor da Igreja, afirmava que Maria de Magdala recebera o epíteto "fortificada com torres" em razão da força e da intensidade de sua fé, que lhe concedeu o privilégio de ver Cristo ressurreto "mesmo antes dos demais apóstolos" (*Epistola* LXV *ad Principiam virginem*, 22, col. 1.090). Há também os que advogam que o nome teria alguma relação com sua profissão, pois Magdala tem uma sonoridade similar à expressão aramaica *magdilā nshaya*, que quer dizer "cabeleireira" ou "esteticista" das mulheres. Porém, essa é uma dedução feita a partir de uma obscura citação do Talmude somada a uma acusação rabínica medieval com o intuito de se contrapor aos seguidores do cristianismo. Logo, é razoável supor que a equiparação seja mais uma artificialidade do pensamento judaico conservador que uma etimologia real da palavra.

Menos evidente é a proposta mencionada por Thomas F. McDaniel, autor do livro *Clarifying Baffling Bible Passages* [Esclarecendo passagens desconcertantes da Bíblia],[4] segundo quem o nome Madalena teria vindo do aramaico *gadal*, que significa "tecer", "entrelaçar", "entrançar", "vestir cabelos" e que, por isso, seu nome é explicado como uma referência aos cabelos

---

4. McDaniel, Thomas F. *Clarifying Baffling Biblical Passages*. [S. l.: s. n.], 2007, pp. 338-339.

sedutoramente trançados no léxico árabe-siríaco de Bar-Bahlul (c. 953 d.C.).

Em que pese o caráter especulativo e improvável dessas propostas, é importante mencionar que, nos dois livros de Lucas – o terceiro evangelho e o livro de Atos –, quando uma pessoa era conhecida tanto por um apelido quanto por sua procedência, ela era nomeada de maneira especial fosse por Jesus, fosse pelo autor bíblico, exatamente como Maria. Assim, encontramos expressões como "Simão, chamado Zelote" (Lc 6:15; At 1:13); "Judas, chamado Iscariotes" – porque vinha da vila de Queriote (Lc 22:3); "Simão, que também é chamado de Pedro" (At 10:18); "Simeão, chamado Níger" (At 13:1), sendo Níger uma palavra latina que significa "escuro" ou "negro" e pode ter relação com o reino de Cuxe ou com a Etiópia, acumulando as funções descritiva e geográfica. E, finalmente, Judas, chamado Barsabás (At 15:22).

Nada, portanto, impede supor que o sobrenome Magdalena fosse tanto um apelido de procedência quanto um título honorífico que Maria recebera de Cristo. Com essas considerações, o que se evidencia é que não estamos diante de uma figura qualquer e que o modo como os autores bíblicos a mencionam caracteriza uma intencionalidade, um recurso literário com o fim de destacar sua importância narrativa.

Preconceitos e devaneios

Um cuidado importante na busca pela verdadeira história de Maria Madalena é não cair na tentação de buscar correlações artificiais entre certos debates da atualidade e as questões que permeavam a igreja cristã primitiva ou o núcleo original dos discípulos de Jesus. O ideal é deixar "os mortos falarem de si", ou seja, permitir que a informação primária venha dos textos antigos, sobretudo do Novo Testamento.

É claro que, neste caso, a recorrência às fontes primárias é limitada e pode não estar isenta de um viés ideológico. Há um grande risco em tornar a personagem estudada uma extensão de nossos anseios, nossas pautas ou nossos preconceitos, fazendo dela uma figura muito distinta da que de fato existiu. Devemos admitir que não apenas a teologia, mas a própria filosofia ocidental foram marcadas por uma percepção androcêntrica dos fatos, o que, de modo descompensado, gerou misoginias e exclusões do gênero feminino. Contudo, não se pode corrigir isso ao tentar entender uma mulher judia do século 1 d.C. pensando como uma brasileira do século 21.

Alguns talvez se espantem ao descobrir que, assim como a mulher ocidental vê na burca um símbolo de opressão, muitas mulheres do Oriente veem no biquíni um sinal de promiscuidade aprisionadora. O perigo, parafraseando Carl Rogers, um dos mais famosos psicólogos estadunidenses, é deixar de ver o mundo com os olhos do outro e, ao mesmo tempo, não perceber como o nosso se reflete nos olhos dele.[5]

O anseio por evidenciar uma agenda preconcebida – liberal ou conservadora – pode nublar até mesmo a percepção de especialistas gabaritados, como foi o caso de Karen L. King, professora de teologia da Divinity School, de Harvard. Em 2012, ela anunciou com entusiasmo para jornalistas de todo o mundo a descoberta de um fragmento de papiro datado do século 4 d.C. que anunciava Maria Madalena como esposa legítima de Jesus. O texto em copta trazia catorze linhas, das quais apenas oito eram legíveis. Segundo especialistas que endossaram a tradução,

---

5. ROGERS, Carl. *Tornar-se pessoa*. São Paulo: WMF Martins Fontes, 2009, p. 256.

os primeiros vocábulos registravam "Jesus disse a eles, minha esposa..." e, depois, "ela poderá ser minha discípula".⁶

Para King, aquele fragmento era a prova de que alguns dos primeiros cristãos criam que Jesus fosse casado – e com Maria Madalena, para o desconforto de muitos! O problema é que, além de ser um texto tardio, cronologicamente distante do Jesus histórico, seu conteúdo foi confirmado como uma falsificação grosseira feita por um homem chamado Walter Fritz.

Fritz, nascido na Alemanha Ocidental, colecionava fracassos e falsificações. Ingressou no departamento de egiptologia e coptologia da Universidade Livre de Berlim no final dos anos 1980, onde ficou conhecido pelo temperamento impetuoso e teimoso. De repente, abandonou o curso. Alguns pensam que o sumiço teria relação com um artigo científico em que ele copiou integralmente as ideias de um professor – afinal, foi pouco tempo após publicá-lo que Fritz desapareceu do *campus*.

Entre uma coisa e outra, ele conseguiu emprego na diretoria do Museu Stasi em Berlim. No entanto, demonstrando não ter o treinamento adequado para a função, logo pediu demissão do cargo, deixando para trás uma situação no mínimo suspeita: o desaparecimento de vários artefatos arqueológicos. Coincidência ou não, após sua saída, as peças do acervo pararam de sumir.

Em 1992, ele se mudou para a Flórida, nos Estados Unidos, e conheceu Laukamp, alemão que se tornou seu sócio no ramo de peças automobilísticas. Ao mesmo tempo que trabalhava com carros, Fritz se tornara proprietário de alguns sites pornográficos, inclusive produzindo filmes da esposa com outros homens.

---

6. KING, Karen L. "Jesus said to them, 'My wife...': A New Coptic Papyrus Fragment". *Harvard Theological Review*, v. 107, n. 2, p. 133, 2014.

Quando enfrentava problemas financeiros, Fritz mandou e-mails para Karen King dizendo ter adquirido um antigo papiro de seu sócio, que, por sua vez, o teria comprado na Alemanha Oriental, nos anos 1960. A coleção supostamente continha seis fragmentos e teria sido comprada pela bagatela de 1.500 dólares, uma quantia insignificante caso se tratasse de originais. Junto com a nota fiscal, Fritz enviou a cópia de uma carta datada de 1982, na qual o professor Peter Munro, da Universidade Livre de Berlim, declarava ter examinado os papiros junto com um colega e que todos pareciam verdadeiros – um, inclusive, seria uma cópia antiga do Evangelho de João.

Tanto o sócio de Fritz como o professor Munro já haviam morrido na ocasião da troca de e-mails. Assim, era impossível checar a veracidade da história, embora vários acadêmicos tenham transmitido desconfiança não apenas quanto à procedência do material, mas também em relação a erros grosseiros de redação que colocavam sob suspeita a autenticidade de seu conteúdo. As únicas partes gramaticalmente corretas pareciam cópias grosseiras de uma edição on-line de outro texto copta primitivo, o Evangelho de Tomé.

Nesse ínterim, Fritz, então falido e desempregado, havia apresentado um diploma falso de mestrado em egiptologia pela Universidade Livre de Berlim para tentar uma vaga como professor no sistema escolar de Sarasota, na Flórida. No entanto, o diploma também apresentava um erro grosseiro. Os professores mencionados na parte inferior do certificado ensinavam estudos europeus modernos, não egiptologia.

Assim, os motivos para suspeita eram mais que evidentes, mas o entusiasmo pelo que parecia ser uma grande descoberta cegou a conceituada acadêmica. Foi com grande constrangimento que King veio a público afirmando que nada daquilo tinha procedência.

Ao que parece, a vaidade acadêmica, somada ao *frisson* causado pelo livro *O código da Vinci*, de Dan Brown, fez com que a "prova" do casamento de Jesus fosse o Santo Graal da vez – uma verdade oculta que abalaria de vez as estruturas do cristianismo. King admitiu desde o princípio que o papiro não provava que Jesus realmente havia se casado; no entanto, o interesse estava em comprovar que cristãos primitivos acreditavam nisso. Tais observações se somavam a uma insinuação perfeita de que verdades inconvenientes ao cristianismo haviam sido censuradas pela ala conservadora da igreja.

A compreensível avidez de King em defender pautas como o papel da mulher na igreja cristã primitiva acabou por cegá-la quanto aos problemas de sua fonte primária, tornando-a presa fácil de falsificadores como Walter Fritz.[7] Uma coisa é querer descobrir a verdade, outra é querer que ela esteja ao nosso lado, custe o que custar. Esse é o grande calcanhar de aquiles de muitas pesquisas acadêmicas. Sim, religiosos fundamentalistas também são pródigos em fazer declarações para além das evidências. Por isso, a primeira regra para uma boa pesquisa é reconhecer quais indícios realmente possuímos e aceitar quando não vale a pena seguir adiante.

Embora difícil, é desejável vermos a realidade por outros ângulos que não apenas o nosso. Isso não implica na relativização de valores ou na falta de posicionamento diante da informação recebida. Estudar a vida de alguém como Maria Madalena é como lapidar um diamante bruto: um trabalho árduo com

---

7. SABAR, Ariel. *Veritas:* A Harvard Professor, a Con Man and the Gospel of Jesus's Wife. Nova York: Anchor Books, 2021.

resultados surpreendentes. Sua história pode lançar luz não apenas sobre os primórdios do cristianismo, mas também sobre nossa própria vivência enquanto seres pensantes que refletem sobre sua fé ou sobre a falta dela.

A BUSCA HISTÓRICA POR MADALENA

Ao se empenhar na busca por um personagem tão antigo, podemos nos perguntar: como saber, no século 21, alguma coisa sobre alguém que viveu milênios atrás? A dificuldade é real, mas não deve ser empecilho para que busquemos a história de alguém que viveu séculos antes de nós.

Ao lado das narrativas dos textos antigos, a arqueologia das terras bíblicas será de grande auxílio para termos uma ideia aproximada de quem Maria foi e de como ela viveu. As escavações ainda em curso no sítio arqueológico de Magdala nos dão pistas sobre aquela que teve seu sobrenome atrelado a essa antiga cidade portuária da região da Galileia, ao norte de Israel. Sem abdicar das fontes documentais escritas, é possível ler em pedras, cerâmicas e restos de civilização um relato válido para recriar o passado distante.

Além disso, é importante que se faça uma distinção entre a Maria Madalena da história – ou, pelo menos, da Bíblia – e aquela construída pelo imaginário popular e pela tradição pós-apostólica. Afinal, há sérias distinções entre elas. À parte o que dizem os evangelhos, nos quais Maria é mais mencionada que a mãe de Jesus, temos uma gama de informações tardias que a retratam de modo muito diferente do que disseram Mateus, Marcos, Lucas e João.

Nessas tradições posteriores, formadas a partir do século 2 d.C., Maria é descrita como discípula, profetisa, visionária, líder, mestra de sabedoria e rival de Pedro. Sua suposta posição como esposa de Cristo é bem menos evidente. Tudo o que os textos revelam – e, mesmo assim, de modo indireto – é uma possível relação de amor espiritual entre os dois, que em nada se assemelha à atração física.

Ademais, não seria um desastre para a fé cristã descobrir que Maria era apaixonada por Jesus. Afinal, o amor conjugal faz parte da essência de todos nós. Entretanto, para desapontamento de muitos que apreciam versões sensacionalistas de histórias comuns, a verdade sobre Maria Madalena – como acentuou Helena Barbas, autora do livro *Madalena* – é que não existe verdade alguma: "Todos os mistérios com que os romances mais recentes pretendem envolver a figura [de Maria Madalena] são o segredo da mera ignorância dos seus autores, ou da exploração da total ausência de fatos e artefactos históricos."[8]

Por isso, podemos concluir que a sugestão de que Jesus e Maria Madalena se casaram e tiveram uma filha não tem apoio nas fontes mais antigas. Muitos acreditaram nisso, como os cátaros, membros de uma seita cristã medieval do sul da França. Eles, contudo, se baseavam em interpretações literalistas de certas passagens bíblicas que não oferecem subsídio para tal ideia.

Houve ainda outra crença medieval, sugerida pelo monge e historiador Domenico Cavalca (c. 1270-1342), segundo a qual Maria Madalena seria esposa não de Jesus, mas do apóstolo João. Ele afirmava, citando São Jerônimo, que Maria estava prometida ao "discípulo amado" – como João era conhecido no círculo dos apóstolos. "Gosto de pensar", escreveu Cavalca,

---

8. BARBAS, Helena. *Madalena:* História e mito. Lisboa: Ésquilo, 2008, p. 11.

"que Madalena era esposa de João".⁹ Maria Madalena e João Evangelista foram, inclusive, considerados os noivos das Bodas de Caná da Galileia, episódio do evangelho em que Jesus realiza seu primeiro milagre, transformando água em vinho. Nessa versão tardia, o noivo, que seria João, a abandona no altar para seguir a Cristo. Curiosamente, é o próprio João que narra o milagre no capítulo 2 de seu evangelho, sem qualquer referência ao suposto abandono.

Mas a lenda se espalhou de tal forma pela Europa que, em 1449, o rei Renato de Anjou, da França, doou uma ânfora à Catedral de Angers, alegando que o objeto fizera parte do conjunto original de jarros que Jesus usou para transformar água em vinho. O monarca havia comprado o artefato das freiras de Marselha, que, por sua vez, afirmavam que ele fora levado à França pela própria Maria Madalena, como recordação do dia em que foi abandonada em sua festa de casamento.

Essas foram apenas algumas das histórias envolvendo o nome de Maria que se tornaram controvérsias teológicas. Os "pais da Igreja", assim chamados por terem sido os primeiros autores do cristianismo pós-apostólico, dão a entender que, assim como, na época de Paulo, havia dentro do cristianismo grupos rivais que apelavam para a autoridade deste ou daquele apóstolo a fim de legitimar seus ensinos, também houve nos séculos 2 e 3 d.C. movimentos dissidentes que buscavam na figura de Madalena a autoridade eclesiástica que justificaria sua oposição.

O cristão Hipólito de Roma escreveu, no século 3 d.C., um livro intitulado *Refutação de todas as heresias*, em que fala de Maria Madalena, a quem preferiu chamar de Mariamne (ou

---

9. CAVALCA, Domenico. Vita di S. Maria Maddalena in *Vita dei Santi Padri*, Archivio Romanzo. Roma: Del Galluzzo, pp. 329-86, 2009.

Mariamme). Na obra, ele descreve as atividades de um grupo dissidente conhecido como naasenos, que se diziam seguidores dos ensinos de Maria Madalena. Para eles, Madalena seria a transmissora de supostos segredos que Jesus revelara a seu irmão Tiago e a mais ninguém no grupo dos doze.

> Estes são os pressupostos dos muitos discursos que eles [os naasenos] fazem, afirmando que Tiago, o irmão do Senhor, transmitiu a Mariamne [i.e. Maria Madalena]. Então, para que os ímpios não falem mais falsamente de Mariamne, nem de Tiago, nem de seu Salvador, chegaremos aos Mistérios, de onde vem sua fábula, [...] falando falsamente de Cristo. (*Refutação de todas as heresias*, v. 7,1)

Curiosamente, é possível encontrar na Itália um antigo sarcófago cristão do século 3 d.C., hoje exposto no museu de Termas de Diocleciano, que parece ilustrar esse ensino dos naasenos. O objeto traz o que talvez seja a figura de Cristo ladeado por um homem e uma mulher: Tiago e Maria Madalena.

A existência de um grupo de discípulos de Mariamne, ou de Maria Madalena, é atestada por outro antigo autor cristão, contemporâneo de Hipólito, chamado Orígenes. Em um de seus mais importantes tratados em defesa da fé cristã, redigido contra os argumentos de um judeu chamado Celso, ele afirma: "Celso conhece ainda os marcelinianos discípulos de Marcelina, os harpocratianos discípulos de Salomé, além de outros discípulos de Mariamne e de Marta" (*Contra Celso*, v, 62). Diz ainda que ele mesmo nunca havia encontrado um membro dessa seita, mas, de todo modo, não duvidou de sua existência. Logo, é razoável supor que, em algum momento no final do século 2 d.C., existiu uma vertente do cristianismo centralizada na autoridade de Maria Madalena. Esse grupo teria perdurado, pelo menos, até meados do século 3, se considerarmos o túmulo do museu de Termas e entendermos que as críticas de Tertuliano, outro autor cristão da época, contra certas "mulheres heréticas" incluíam as líderes femininas que se inspiravam em Maria Madalena para defender seu direito de ministrar ritos religiosos na Igreja.

Outras referências a Maria Madalena aparecem em documentos cristãos antigos, como textos disciplinares, hinos litúrgicos e numa suposta carta de Tibério a Pilatos, considerada falsa pela maioria absoluta dos especialistas. Uma cópia do evangelho apócrifo de Pedro datada entre os séculos 8 e 9 também faz alusão a ela.

No entanto, nenhum grupo foi mais detalhista em falar de Maria Madalena que os gnósticos, um dos mais profícuos segmentos sectários do cristianismo.

O GNOSTICISMO

Em poucas palavras, pode-se dizer que o termo gnosticismo se refere a ideias que surgiram no cristianismo a partir do final do século 1 de nossa era, quando João, o último dos apóstolos, ainda estava vivo. Não se tratava de um sistema único, muito menos uniforme. Havia diversas correntes do pensamento gnóstico, algumas até mesmo contraditórias entre si, e todas rejeitadas pelo cristianismo apostólico.

Preocupados com a impopularidade da pregação cristã no Império Romano, os gnósticos – bem como outros movimentos sectários do cristianismo – procuravam criar uma imagem de Jesus que fosse mais bem aceita pela sociedade da época, em especial por filósofos e pensadores greco-romanos. Por isso, misturavam relatos extraordinários de Cristo com complexas concepções sobre a criação do mundo, a fim de atrair os grandes intelectuais de Roma, Atenas e, principalmente, Alexandria, reconhecida como o centro intelectual do mundo antigo.

Segundo os moldes culturais da época, o Cristo apresentado nas cartas de Paulo e nos Evangelhos de Mateus, Marcos, Lucas e João não era adequado para o judaísmo clássico nem para o mundo pagão que o circundava. Aliás, o próprio apóstolo Paulo admitiu isso quando escreveu: "nós pregamos o Cristo crucificado, escândalo para os judeus, loucura para os gentios [*i.e.*, os não judeus]" (1Co 1:23).

Para os judeus, a ideia de um Deus crucificado e ressurreto era blasfêmia; para os gregos, histeria. Pense na cruz, símbolo máximo da pregação cristã. Nós, que vivemos numa sociedade nominalmente cristã, não temos problema com ela. Pelo contrário, fazer o sinal da cruz pode ser tanto um gesto de respeito ao passar por uma igreja quanto um pedido de proteção diante de perigo iminente. Não é por menos que nossas ambulâncias trazem uma cruz vermelha. No mundo de Roma não era assim. Cruzes eram sinal de vexame, culpa e maldição. Apenas ladrões, rebeldes fracassados e criminosos eram crucificados. No dia a dia, a palavra *crux* ("cruz", em latim) era usada como xingamento pelos romanos, e até os judeus consideravam maldito aquele que morria pendurado num madeiro (cf. Dt 21:23 e Gl 3:13).

Cícero, o mais brilhante advogado dos tempos de Júlio César, chamava a crucificação de "a mais extrema, mais cruel e angustiosa forma de punição" (*Verrem* II.5.165 e 168). Por isso, nenhum cidadão romano poderia ser condenado à crucificação. Afinal, o horror desse tipo de execução era tão absurdo que o dramaturgo Sêneca (4 a.C.-65 d.C.), ao escrever a seu amigo Lucilius, argumentava preferir o suicídio à morte de cruz (Epístola 101). Agora imagine, nesse contexto, um cristão lendo em público os dizeres de Paulo em Gálatas 6:14: "Mas longe de mim gloriar-me, senão na cruz de nosso Senhor Jesus Cristo". Ou, pior, o convite do próprio Cristo, registrado no Evangelho de Lucas 9:23: "Se alguém quer vir após mim, negue a si mesmo, dia a dia tome a sua cruz e siga-me". Quem em sã consciência faria isso?

Assim, a ênfase que o Novo Testamento dava à cruz de Cristo – o Evangelho de João diz que ali ele seria glorificado – não fazia sentido aos ouvidos pagãos. Definitivamente, esse não era o Messias que os judeus esperavam, muito menos o mestre que atrairia gregos e romanos. Com esse contexto em mente, fica mais fácil entender as motivações que deram início ao gnosticismo e outros movimentos sectários. Para esses grupos, era imperativo reconstruir uma imagem mais aceitável de Jesus. E, como veremos, Maria Madalena seria um elemento-chave para isso.

Por ora, basta saber que, em linhas gerais, os gnósticos valorizavam uma espécie de conhecimento especial concedido por revelação a um grupo seleto de pessoas, por meio do qual a salvação seria obtida. Não eram, portanto, a fé e a graça que salvariam o indivíduo, mas o conhecimento secreto que este possuísse acerca de si mesmo, do Cosmos e de Deus. Daí o nome *gnosticismo*, que vem do grego *gnôsis* e que significa "conhecimento".

Para os gnósticos, havia tamanho abismo entre o espírito e a matéria que o Deus Todo-Poderoso jamais poderia ter criado o mundo físico ou ter participado dele. Quem criou a matéria com os defeitos que ela possui foi o *demiurgo*, espécie de artífice divino que estaria abaixo do Deus supremo e seria, em última instância, o responsável pelo surgimento do mal. Nessa perspectiva, a redenção dos seres humanos estaria na libertação de sua alma, aprisionada de forma circunstancial no corpo físico.

As implicações desse ensino para a doutrina cristã eram evidentes. Pelos critérios do gnosticismo, Cristo jamais poderia ter encarnado, muito menos morrido na cruz do calvário e ressuscitado num corpo físico. Sua morte foi apenas um teatro que não garante nossa redenção nem guarda qualquer relação com ela. O que nos salva é o conhecimento que adquirimos desse complicado sistema cosmogônico.

Eles também distinguiam entre Jesus, homem bom do passado, e Cristo, um espírito celestial que tomou conta de sua mente no dia de seu batismo e o abandonou no dia de sua morte. De acordo com os gnósticos, essa foi a razão pela qual uma pomba espiritual apareceu no céu voando sobre Jesus, depois de ser batizado por João Batista no rio Jordão (Lc 3:22), e, no dia de sua morte, no calvário, esse mesmo espírito se foi, deixando-o sozinho a gritar: "Deus meu, Deus meu, por que me desamparaste?" (Mt 27:46).

A partir do século 2, nesse espírito de correções e adaptações culturais dos evangelhos canônicos, começaram a surgir outros evangelhos paralelos que suprimiam as dificuldades naturais levantadas pela pregação de Paulo, bem como pela versão original de Mateus, Marcos, Lucas e João. As versões tardias foram chamadas de evangelhos apócrifos, e os gnósticos produziram farta literatura desse tipo.

CAPÍTULO 2

O escândalo do cristianismo

"Para ser insubstituível, é preciso ser sempre diferente."
Coco Chanel

O nome e a divindade de Jesus não parecem trazer grandes questionamentos para os ocidentais, em especial nos países de maioria cristã. Para muitos, mesmo sem que haja filiação direta com alguma igreja, é rotineiro reconhecer que Cristo era o filho de Deus em forma humana. Contudo, como visto no capítulo anterior, isso não era tão simples no final do período apostólico e nos anos que se seguiram. Com a expansão da mensagem cristã para territórios cada vez mais distantes de Jerusalém, muitos pagãos convertidos levantaram problemas e desafios que, até então, não pareciam relevantes.

Além das questões inerentes à imagem impopular de um Messias crucificado, seu estado civil incomodava diferentes setores da sociedade – alguns preferiam que ele fosse casado; outros, que permanecesse solteiro. Nesse meio-tempo, a igreja cristã criou para si um mosaico de propósitos e prioridades, o que trouxe o desafio de encontrar unidade na diversidade. Somada a isso estava a preocupação de manter a pregação original dos apóstolos como ponto de referência para todos.

Para certo grupo, o elemento-chave da pregação do evangelho estaria no nascimento virginal de Jesus e no seu celibato na idade adulta – o que se tornou o padrão de santidade para os que quisessem ser missionários da fé. Assim, o estilo de vida itinerante e a suposta abstinência sexual dos apóstolos começaram a servir de modelo para a prática da piedade cristã. Mais ainda, uma vez que os cristãos acreditavam viver os últimos dias da história, a motivação para a prática do celibato era ainda mais forte; afinal, para que constituir família se o fim do mundo estaria próximo? Posteriormente, o ideal celibatário passou a ser associado à veneração de um estilo de vida ascético.

No entanto, esse movimento também era uma tentativa de adequar o cristianismo aos ditames da cultura romana – em particular, aos ideais do estoicismo, influente corrente filosófica que ganhou força depois de ser adotada pelo imperador Marco Aurélio em 161 d.C. Estima-se que, naquele tempo, um quinto da população mundial vivesse sob o domínio de Roma. Assim, não demorava muito para que a filosofia abraçada pelo imperador virasse moda em muitas cidades. Isso é especialmente verdade no caso de Marco Aurélio, que era querido pelo povo e foi considerado o último dos cinco bons imperadores de Roma.

O ideal estoico era ser alguém de mente elevada, que distingue o que é eterno do que é passageiro, o saudável do que afasta o bem. A partir disso, o estoico faria escolhas sábias que o tornariam superior aos demais, detentores de uma mentalidade vulgar. Para seguir nesse caminho nobre, era importante treinar a mente para superar necessidades e suportar adversidades. Somente assim seria possível chegar a um estágio de *aponia*, de ausência da dor, quando os prazeres do corpo deixariam de ser prioridade. Isso não significa trocar a satisfação pelo sofrimento, mas ter a razão acima dos sentimentos. Ao negar os prazeres e conformar-se com a dor, o indivíduo poderia obter uma mente elevada.

O nome dessa negação e conformidade é *ascetismo*, palavra emprestada do grego que tem o sentido de "treinar a vontade, o espírito e o intelecto". Na versão estoica, o ascetismo ganhou o sentido adicional de renúncia. Para que todas as concupiscências da carne fossem dominadas, era necessário negar a vontade, sobretudo em relação ao sexo. Afinal, a continência sexual entre os antigos romanos provinha exatamente das reflexões filosóficas de médicos que viam o excesso de libido como prejudicial à saúde.

Por isso, era interessante para certo segmento do cristianismo construir um Jesus estoico. Nesse caso, a renúncia estaria associada não apenas à saúde, mas também teria uma relação estreita com a divindade. Talvez essa versão de Jesus fosse mais interessante para os simpatizantes de Marco Aurélio que aquela anunciada pelos evangelhos. Embora fosse solteiro e, até onde saibamos, virgem, Jesus sentia dor, medo e angústia e não se furtava a certos prazeres, como fazer refeições com amigos e relacionar-se com pessoas e lugares proscritos para um sujeito de mentalidade ascética.

No outro espectro, estavam justamente aqueles que se incomodavam com a solteirice de Cristo. Aliás, o casamento era incentivado pelo próprio estoicismo, tendo sido descrito pelo filósofo romano Caio Musônio Rufo (25-95 d.C.) como a simbiose perfeita que torna a comunidade bela (*Diatribes* 13A.5). O sexo era uma questão de dominar a si mesmo, não requeria abstinência contínua. Se, por um lado, os romanos elogiavam o domínio sexual, ao mesmo tempo desprezavam um homem sem esposa e sem filhos. Inclusive, havia leis para punir a prática do celibato. Esperava-se que os cidadãos gerassem descendentes para o bem comum do Estado. As únicas exceções eram as Virgens Vestais e os sacerdotes eunucos da deusa Cibele. Nos demais casos, era imperativo haver prole; caso contrário, o império estaria em prejuízo. Por isso, um homem celibatário não podia fazer testamento, e seu testemunho era invalidado nos tribunais de justiça. Ele poderia até mesmo ser punido no reino dos mortos por não ter deixado descendentes. Seu exemplo não era digno de ser seguido, e seu nome jamais deveria ser pronunciado. Por esse motivo, um Jesus sem mulher e sem filhos também era um problema para quem quisesse dialogar com a cultura romana vigente.

A solução, no entanto, era complexa. Não bastava apresentar Jesus como um sujeito casado, progenitor de uma grande família. Isso poderia fazer dele um homem virtuoso, porém jamais o tornaria divino, conforme a pregação cristã afirma. Além disso, a mudança de seu estado civil abriria espaço para pretensos herdeiros, o que resultaria em brigas pela já disputada liderança da Igreja. Afinal, a linha sucessória dos apóstolos já era reclamada por muitos bispos, e o que eles menos queriam era aumentar a concorrência.

A resposta veio justamente do gnosticismo, que construiu, por diferentes caminhos, uma relação idealizada entre Cristo e Maria Madalena. Tal relação não refletia o casamento comum da matéria, mas um matrimônio espiritual. Por isso, era importante elevar Madalena ao patamar do "sagrado feminino". A expressão é anacrônica para a época, visto que o sagrado feminino é reconhecidamente um movimento do século 20 atrelado ao empoderamento das mulheres na sociedade ocidental. Contudo, como acentuou Mirella Faur, uma das principais ativistas desse movimento, as civilizações antigas já cultuavam a religião da deusa e o princípio do sagrado feminino personificado na Grande Deusa Mãe.¹

Assim, os gnósticos entenderam que um casamento espiritual de Jesus com Maria Madalena preencheria a polaridade feminina ausente no Deus patriarcal do judaísmo, ao mesmo tempo que dialogaria com os seguidores das religiões pagãs ainda presentes em Roma. Era o caso, por exemplo, do culto à Grande Mãe Cibele, muito popular em todo o Império, especialmente entre os legionários romanos.

Foi por isso que, mesmo com o enaltecimento da figura feminina, os gnósticos não advogaram um casamento físico entre Jesus e sua discípula preferida. Antes, a visão do Cristo celibatário foi substituída por uma relação mística de sua alma com a de Maria. Tal união estaria em consonância tanto com o idealismo de Platão quanto com a filosofia dos estoicos.

Era de bom tom falar de Cristo como alguém acima dos desejos humanos. Esse foi, aliás, o argumento do filme *Maria Madalena* (Garth Davis, 2018). Muita gente se decepcionou com o enredo por não encontrar nele o ar erótico de outras produções, como *A última tentação de Cristo* (Martin Scorsese, 1988) e *Jesus Cristo Superstar* (Norman Jewison, 1973). Seu conteúdo, no entanto, reflete exatamente o viés gnóstico dos primeiros séculos.

O QUE DISSERAM DE MARIA

Uma análise dos documentos gnósticos revela três diferentes retratos de Maria em relação a Jesus e aos demais apóstolos: o

---

1. FAUR, Mirella. *O anuário da Grande Mae*: guia prático de rituais para celebrar a Deusa. 2. ed. São Paulo: Gaia, 2001, p. xvi.

primeiro, como parceira de diálogos secretos com o Mestre; o segundo, como reveladora de segredos especiais; e, o terceiro, como consorte espiritual de Cristo. As categorias são fluidas e Maria preenche mais de um papel em determinados textos. Via de regra, ela aparece em situações de conflito com Pedro pela liderança dos demais apóstolos. Alguns até sugerem que essa disputa é um recurso literário para representar as controvérsias hierárquicas da Igreja.

Embora a essência do gnosticismo fosse dualista – isto é, defensora da coexistência irredutível entre o bem e o mal, o corpo e o espírito –, a figura de Maria apontava uma forma de redimir o mundo material através da iluminação de cada indivíduo. Lembremos que, para os gnósticos, a salvação se dava pelo conhecimento. Logo, apropriar-se dele seria contatar uma verdade superior que expandia a consciência do indivíduo, permitindo-lhe compreender conceitos mais profundos, próprios do mundo superior. Tudo isso graças a Cristo – e, também, a Maria Madalena.

Para os gnósticos, quem atingisse tal nível de conhecimento conseguiria se conectar com a mente de Deus, cuja sabedoria seria do gênero feminino. A Sabedoria (com "S" maiúsculo), ou Sofia, conforme o correlato grego, era uma mulher cósmica que possibilitava a conexão entre o espírito e a matéria. Por isso, os mestres gnósticos buscavam essa mulher divina, que seria a grande mãe gnóstica, ao mesmo tempo vista como consorte, filha e mãe de Deus. A mistura de papéis não parecia incomodá-los, pois sua preocupação era apresentar Maria Madalena como a faceta feminina da divindade.

Aliás, é possível que essa confusão de identidades esteja por trás de um equívoco que aparece em fontes anticristãs escritas por rabinos judeus na Idade Média. Nas diferentes versões do

Toledot Yeshu [As gerações de Jesus], paródia medieval do Novo Testamento, os autores falam de um suposto adultério de Miriam (Maria, a Virgem) que teria como resultado um filho bastardo: Jesus de Nazaré.

Mas o Talmude, ao contar uma história parecida, chama a mulher adúltera de "Miriam, a [cabeleireira] das mulheres" ou "Miriam, a mulher dos cabelos trançados", que em aramaico seria *Miriam magdilã nshaya*. O título, certamente pejorativo, revela uma confusão entre as duas Marias – a Madalena e a mãe de Jesus –, talvez causada pela mistura de papéis dos documentos gnósticos ou, como vimos, pela intenção rabínica de dizer que a mãe de Jesus seria facilmente confundida com uma mulher de conduta imoral.

Em um dos tratados gnósticos, intitulado *Pistis Sophia*, o Jesus ressurreto permanece na terra, transfigurado, por mais onze anos. Nesse tempo, ele aparece aos discípulos, à sua mãe Maria e às irmãs Marta e Maria Madalena, sendo esta última a que mais lhe questiona acerca do mundo espiritual.

Para que Madalena pudesse entender melhor os mistérios do Reino, Jesus descortina para ela a saga de Sofia, divindade que caiu da graça quando seguia uma luz que supostamente a levaria ao plano superior. Na terra, ela foi atacada por poderes materiais que a privaram de sua divindade. O texto dá a entender que ele estava contando para Maria sua própria história sem que ela, a princípio, percebesse. Quando ele expulsou dela sete demônios, informação que de fato está no Evangelho de Lucas 8:2, o fez para reconduzi-la à condição de divindade.

Esse é um daqueles textos complicados que apresentam Maria Madalena ao mesmo tempo como filha e consorte do Salvador. Nessa versão, ela é descrita como uma pérola que Cristo veio redimir para torná-la "a mulher mais feliz da terra", pois é nela que reside o embrião de todos os seres terrenos e celestiais. Nem mesmo a Virgem Maria recebeu palavras tão elogiosas de Cristo.

É preciso ter em mente que essa exaltação de Maria Madalena tinha por fim dialogar com outras religiões não cristãs do mundo pagão, que de longa data cultuavam o feminino em seu panteão. Nomes como Gaia, Ísis, Ishtar, Ártemis e Deméter já haviam ganhado sua versão latina, atraindo romanos. Assim, a presença de Maria Madalena no universo masculino do cristianismo era muito bem-vinda no esquema doutrinário dos mestres gnósticos.

Os teólogos mais conservadores logo reagiram. Tertuliano, o responsável por organizar a teologia da Igreja no final do século 2, lamentou em *De praescriptione haereticorum* (45.1) que essa nova visão gnóstica fazia com que todos os iniciados – homens e mulheres – pudessem ser eleitos para servir como sacerdotes, bispos ou profetas, algo que ele repudiava. Além disso, as mulheres gnósticas poderiam ensinar, envolver-se na discussão, curar e exorcizar. "Elas até batizam", concluía, em tom de ironia.

Se a misoginia imperava de um lado, os exageros sobre Madalena dominavam do outro. Alguns ramos do gnosticismo chegaram a propagar que Jesus teve, na verdade, doze apóstolas mulheres lideradas por Maria Madalena, sua grande amada. Para eles, se Deus veio em carne na pessoa de Jesus, a deusa mãe, Sofia, também se encarnou na pessoa de Maria Madalena. Em outra versão, ainda mais complicada, a deusa Sofia teria dado à luz no plano cósmico dois espíritos: o de Cristo e o de Achamoth. O primeiro manifestou-se na terra através de Jesus, e o segundo, através de Maria Madalena. Juntos, eles teriam gerado os elementos siderais que criaram a Terra e que deram surgimento ao deus Yahweh do Antigo Testamento.

De toda maneira, o culto a Maria Madalena era expressivo o suficiente para gerar uma reação da Igreja. Embora seja difícil traçar suas origens, há algumas evidências esparsas de que o culto à Virgem Maria tenha surgido, entre outras razões, para impedir a propagação do culto a Maria Madalena difundido pelos gnósticos. Tanto é que teólogos notaram uma antiga imprecisão em algumas citações bíblicas da Igreja oriental, o que indicaria uma troca acidental ou deliberada dos nomes de Maria Madalena e de Maria, mãe de Jesus. Exemplos dessa alternância podem ser vistos na liturgia dos cristãos siríacos, comunidades culturais e linguisticamente distintas do cristianismo no Oriente que se consideram a primeira denominação cristã na cidade de Jerusalém.

Nas missas, eles recitavam com frequência um tipo de poema litúrgico chamado *soghyatta*, escrito em forma de diálogo ou debate. Os mais antigos que chegaram a nós datam da primeira metade do século 5. Um deles, centrado no encontro entre Maria e o Jesus ressurreto, conforme o texto de João 20:15-18, é contado em duas versões interessantes. Na de origem siro-ocidental, Maria Madalena é a primeira pessoa que vê Jesus ressuscitado e conversa com ele. Na outra, de origem oriental, a Maria que encontra com o Salvador é sua mãe, não Madalena. A maioria desses hinos litúrgicos dos sírios foi composta pelos primeiros poetas-teólogos, como Santo Efrém e Teodoreto de Ciro, que viveram no século 4. Em suas obras, Maria Madalena é confundida com a mãe de Jesus em numerosos trechos. Seria esse intercâmbio proposital para coibir qualquer destaque a Maria Madalena? É possível.

Também nos ícones ortodoxos do túmulo vazio e da ressurreição de Jesus é comum vermos Maria, a mãe do Salvador, retratada como uma das mulheres ou, ainda, como a única que levou perfume para ungir o corpo de Cristo. A mais antiga representação nesse tipo de pintura está num livro siríaco chamado *Evangelhos Rabbula*, datado de 586 d.C. Nele, a Virgem Maria é a única, além de Jesus, com auréola. Talvez essa fosse uma resposta aos seguidores de Madalena, indicando que a Maria que eles deveriam seguir era a de Nazaré, não a de Magdala.

Embora a tese da misoginia seja a argumentação mais atraente para explicar essa troca entre as Marias – os primeiros escritores cristãos teriam diminuído a força de Madalena para acentuar a liderança dos homens –, é possível trabalhar com outra possibilidade. Afinal de contas, se a ideia era apagar um feminino sagrado, por que trocar uma Maria por outra se podiam simplesmente apagar seus nomes e colocar Pedro no lugar de ambas?

O trabalho dos copistas

Recentemente, levantou-se a suspeita de que antigos copistas cristãos teriam alterado o texto bíblico por preconceito contra Maria Madalena. Talvez você não saiba, mas nenhum fragmento original do Novo Testamento foi preservado. O que temos são mais de 5.800 cópias manuscritas incompletas, produzidas em diferentes séculos e regiões. Hoje, essas cópias estão organizadas em famílias de manuscritos exaustivamente estudadas por peritos em crítica textual do Novo Testamento, que têm o objetivo de reconstruir a história de transmissão do documento, recuperando do modo mais fiel possível sua redação original.

Para especialistas, todo livro escrito à mão que contenha ao menos uma porção do Novo Testamento em grego ou em outras línguas pode ser considerado um manuscrito bíblico. Sua redação deve estar em material flexível, como papiros e pergaminhos, e ter sido registrada antes da invenção da imprensa. Afinal, até que Gutenberg entrasse na história, não havia no Ocidente forma de espalhar e preservar um conteúdo literário senão fazendo cópias manuais.

Escribas copiavam letra por letra, palavra por palavra, preservando um conteúdo que, de outra forma, estaria perdido para sempre. Fizeram um trabalho perfeito? Certamente não. A dúvida de ler algo escrito de fato pelos apóstolos e evangelistas do século 1 d.C. talvez desanime o leitor moderno, mas é nesse momento que entra em cena o trabalho pericial dos críticos textuais. Suas técnicas permitem afirmar que, de todos os livros produzidos no passado, a Bíblia (Antigo e Novo Testamento) é de longe o melhor. Há elementos suficientes para sabermos onde e como uma passagem foi alterada e qual seria sua versão original. Algumas sugestões, é claro, têm maior valor hipotético; a maioria, no entanto, indica como seria o texto saído das mãos do autor sagrado.

Até mesmo o crítico Bart Ehrman, famoso por abandonar o cristianismo e tornar-se agnóstico, admitiu num de seus livros – escrito já nos tempos de ceticismo – que, "apesar das diferenças notáveis entre nossos manuscritos, os estudiosos estão convencidos de que podemos reconstruir a forma mais antiga das palavras do Novo Testamento com razoável precisão (embora não 100%)".[2]

O "embora não 100%" diz respeito a pouquíssimas passagens cuja originalidade é disputada pelos acadêmicos, sem um consenso que permita dizer, de forma exata, como ela seria no original. No entanto, além de apenas alguns versículos caírem

---

2. EHRMAN, Bart D. *Lost Christianities:* The Battles for Scripture and the Faiths We Never Knew. Oxford: Oxford University Press, 2005, p. 221.

nessa categoria, nenhum ensino tradicional do cristianismo é baseado neles. São expressões simples, como a que aparece em Apocalipse 22:14. Alguns manuscritos trazem "bem-aventurados os que lavam suas vestes no sangue do cordeiro", enquanto outros apresentam "bem-aventurados os que guardam seus mandamentos [*i.e.*, do cordeiro]". A mudança por certo ocorreu devido à semelhança em grego das palavras mandamentos (*entolas*) e vestes (*stolas*). Qual delas teria sido usada pelo autor bíblico? Não sabemos, mas qualquer das opções é condizente com o pensamento cristão.

Ehrman, preferindo dessa vez um tom sensacionalista que ajudasse na venda de seu livro *O que Jesus disse? O que Jesus não disse?*, citou uma nota marginal do *Codex Vaticanus*, manuscrito do século 4, em que o copista reclamava de um colega dizendo: "Ó, seu tolo e patife, deixe a leitura antiga, não a altere". O que isso significa? Que, embora houvesse mudanças textuais que precediam o trabalho dos copistas, elas já eram percebidas e devidamente corrigidas.

Com essas informações, podemos voltar a Maria Madalena. Elizabeth Schrader, teóloga de tradição episcopal, pesquisou certas idiossincrasias numa antiga cópia do Evangelho de João. Tratava-se do Papiro 66, manuscrito quase completo do evangelho, datado de cerca de 200 d.C. Ele contém 817 versos preservados de João, que cobrem 92% do texto original. A descoberta desse documento se deu em 1952, na região de Jabal Abū Mannā', no Egito, onde monges fizeram muitas cópias do Novo Testamento. Assim, é admissível que os escribas às vezes tenham feito alterações acidentais ou intencionais nos manuscritos que copiavam. Todo teólogo sabe disso. Contudo, o exagero sobre esse fenômeno pode suscitar suspeitas infundadas de que o conteúdo original tenha sido falsificado para sustentar dogmas da Igreja.

Esse foi exatamente o pressuposto de um estudo publicado por Schrader em parceria com Joan Taylor.[3]

Elas observaram que o manuscrito trazia estranhas correções sobre os nomes de Marta e Maria Madalena, especialmente nos capítulos 11 e 12 do Evangelho de João. Em João 11:1, o nome "Μαριας" (Maria em grego) foi alterado: o símbolo grego iota (ι) foi riscado e substituído pela letra theta (θ), alterando-o para "Μαρθας" (Martha). Além disso, as pesquisadoras perceberam em mais de um manuscrito trocas de gênero e de alguns pronomes possessivos que julgaram ser manobras para obliterar o papel das mulheres na história do cristianismo. Também chamaram a atenção para casos de instabilidade textual, todos em torno do nome de Maria Madalena. Por exemplo, em dada ocorrência, o copista troca uma mulher específica por duas sem nome (Jo 11:3).

O cruzamento dessas anomalias com a transcrição de outros manuscritos levou Schrader a cogitar se tais mudanças não seriam propositais para minimizar o legado de Maria Madalena no cristianismo primitivo. Na opinião dela, os copistas do século 2 mudaram o texto original do evangelho porque não queriam dar a Madalena o destaque de que desfrutava. Nas Bíblias modernas, por exemplo, a confissão de fé que está em João 11:27 – "Eu creio que o senhor é o Cristo, o Filho de Deus que devia vir ao mundo" – é proferida por Marta. Mas Schrader acredita que quem disse essas palavras foi Maria. Seu nome teria sido trocado pelo de sua irmã para diminuir sua importância. Tratava-se, portanto, de uma interferência misógina por parte de um editor tardio. O problema, porém, seria explicar por que uma atitude misógina

---

3. SCHRADER, Elizabeth; TAYLOR, Joan. The meaning of "Magdalene": Review of Literary Evidence. *Journal of Biblical Literature*, v. 140, n. 4, pp. 751-73, 2021.

trocaria o nome de uma mulher pelo de outra, e não pelo nome de um dos apóstolos, em especial Pedro.

Apesar da publicação de sua pesquisa por Harvard, muitos especialistas – inclusive mulheres – não endossaram as suspeitas levantadas por Schrader. Ela parecia ter desconsiderado um detalhe importante: o Papiro 66 apresentava as mesmas incongruências redacionais em várias outras passagens não relacionadas a Maria Madalena. Ou seja, está claro para a maioria dos peritos textuais que o escriba que copiou o papiro não era particularmente habilidoso. Assim, o que foi sugerido como desvio proposital para sustentar um preconceito contra Maria Madalena é, provavelmente, apenas falta de competência.

Em João 11:1, há um típico erro que os especialistas chamam de *ditografia* (quando se escreve duas vezes o que deveria constar apenas uma). Tal equívoco é causado por um salto acidental para trás ou para a frente, que era percebido e corrigido em revisão posterior. Por isso, o papiro repete duas vezes o nome de Maria em grego, gerando esta frase confusa: "Ora, um certo homem estava doente, Lázaro de Betânia, da aldeia de Maria e Maria, sua irmã". Então, percebendo que havia cometido um deslize, o copista voltou e corrigiu a letra iota pela letra theta. Era o que dava para ser feito.

Veja, não podemos ser simplórios a ponto de achar que todos os copistas agiram de forma honesta e competente; contudo, tais suspeitas não devem ser levadas ao extremo. Os copistas que produziram os milhares de manuscritos do Novo Testamento que hoje temos em mãos se esforçaram para preservar a mensagem do evangelho da melhor maneira.

Na Idade Média, época de que data a maioria das variantes textuais nos manuscritos bíblicos, os copistas eram monges enclausurados em monastérios, muitas vezes sem contato com o mundo exterior. Copiar textos e rezar fazia parte de seus deveres monásticos diários. Nesse contexto, a não ser por uma ou outra caravana que passasse pela região, eles jamais contatariam qualquer grupo que estivesse fora dos limites do mosteiro. O que muita gente não sabe – ironia das ironias – é que, por causa disso, vários monges copistas não dominavam a língua grega. Ou seja, eles apenas copiavam as letras sem entender o que estavam lendo. Esses escribas, portanto, não teriam condições para introduzir ensinamentos sutis em seus manuscritos a mando dos bispos ou do próprio papa. Aliás, eles nem tinham contato com a Santa Sé. Eram solitários, conviviam apenas com outros monges, longe de tudo e de todos.

Nem esposa, nem prostituta

Em 2014, o cineasta Simcha Jacobovici, conhecido por produções sensacionalistas e pouco exatas acerca de Cristo, publicou juntamente com o historiador Barrie Wilson um livro intitulado *The Lost Gospel* [O evangelho perdido].[4] Já nas primeiras páginas, os autores afirmam que aquilo que o Vaticano temia, e de que Dan Brown suspeitava, se confirmou verdadeiro: Jesus teria se casado com Maria Madalena, e ela, não a mãe de Jesus, seria a verdadeira Virgem Maria. Desse casamento teriam nascido dois filhos. Tudo isso teria sido descoberto por Wilson e Jacobovici num antigo manuscrito do século 6 arquivado na Biblioteca Britânica, em Londres.

---

4. JACOBOVICI, Simcha; WILSON, Barrie. *The Lost Gospel:* Decoding the Ancient Text that Reveals Jesus, Marriage to Mary the Magdalene. Nova York: Pegasus, 2014.

Os próprios autores fizeram uma tradução do documento, que nem evangelho apócrifo é considerado pelos especialistas. Trata-se, antes, da história de um autor anônimo da Idade Média que recebeu dos acadêmicos o nome de "Pseudozacarias", por conter partes da *História eclesiástica*, obra perdida de autoria do verdadeiro Zacarias Retórico. Ao que parece, o texto, preservado em uma única cópia, é uma coletânea de histórias em doze partes escrita na língua siríaca. O título que consta no manuscrito é "Um volume de registros de eventos que aconteceram no mundo". Numa das partes, a que despertou interesse dos autores, há uma versão romanceada e estendida da história bíblica de José do Egito e sua esposa Asenate, conforme o relatado em Gênesis 41:46-50.

Até aí, nada demais, pois é fato conhecido que judeus helenistas de Alexandria produziram muitas versões estendidas das histórias bíblicas. A novidade, de acordo com Wilson e Jacobovici, era que José e Asenate seriam codinomes para Jesus e Maria Madalena. Essa seria uma maneira criptografada de informar ao cristianismo que o fundador da Igreja não apenas se casou com Madalena, como teve filhos com ela.

Na sequência, os autores seguem por uma trilha de suspense e ação, recriando um cenário em que os cristãos genuínos seriam seguidores de Jesus, marido de Maria. Eles, contudo, mantiveram em segredo essa informação para escapar dos seguidores de Paulo, que ameaçavam matá-los caso revelassem a verdade ao mundo.

Não precisamos ir longe para descobrir que nem os acadêmicos mais céticos em relação à Bíblia validaram as afirmações dos autores. No máximo, disseram se tratar de uma ideia interessante, porém improvável. Ainda que alguns documentos extrabíblicos abram espaço para uma união espiritual entre Jesus e Maria

Madalena, nenhum deles oferece o mais leve indício de que tivessem qualquer outro vínculo. Ou seja, os proponentes dessa teoria foram além do que se pode obter de uma leitura honesta de qualquer manuscrito antigo.

Mas, como já comentamos, nem só de casamentos vive a especulação em torno de Maria Madalena. Em outro espectro do debate está sua alegada condição de prostituta. Ao que tudo indica, foi o papa Gregório Magno que, no ano 591, fez uma homilia na basílica de São Clemente em Roma, dizendo: "Aquela a quem o evangelista Lucas chama de mulher pecadora é a Maria [Madalena] da qual são expulsos os sete demônios. E o que significam esses sete demônios senão todos os vícios? Está claro, irmãos, que aquela mulher previamente usou o unguento para perfumar sua carne em atos libidinosos".[5]

Poucos historiadores atribuem intenção maliciosa às palavras do papa. Sua intenção parecia ser a de usar a narrativa de Lucas para garantir aos convertidos que seus pecados seriam perdoados. O problema foi que, após a homilia papal, uma leva de lendas mais elaboradas começou a se espalhar pela Europa descrevendo Maria Madalena como rica, bela e sedutora. Numa delas há o relato de como Madalena, então cognominada "Maria do Egito", havia se tornado prostituta e, mais tarde, discípula de Cristo. Nessa versão, após convertida, Maria teria passado a viver como ermitã.

Versões ainda mais elaboradas foram produzidas nos séculos 10 e 11 por clérigos como Odão de Clúnia e Honório de Autun. Uma dizia que Maria era uma mulher rica e de ascendência

---

5. GREGORIUS MAGNUS. Homilia 33. *Homiliarum in Evangelia*. Paris: J. P. Migne (1844--1864). Disponível em: https://la.wikisource.org/wiki/Homiliarum_in_Evangelia/xxx. Acesso em: 19 mar. 2023.

aristocrata; seus pais se chamavam Syrus e Eucharia e possuíam muitas propriedades em Betânia, Jerusalém e Magdala. Em outra ela teria se casado com um homem rico em "Magdalum", mas cometeu adultério e fugiu para Jerusalém, onde se tornou "pecadora pública" (*vulgaris meretrix*); nesse momento teria conhecido Jesus e, por amor a ele, abandonado seus vícios, retirando-se para uma vida de clausura.

Posteriormente, lendas como essas passaram a ser comuns em sermões pregados durante as missas, de modo que sua narrativa influenciou muito o imaginário popular acerca de Madalena. Não é por menos que, a partir do século 9, pintores italianos começaram a retratar Maria como uma ermitã penitente e uma cristã pia. Esse estilo de pintura logo se espalhou pela Europa.

Mais tarde, as pinturas passaram a retratar, junto a seu corpo, um misterioso crânio humano, item que até hoje provoca discussão entre especialistas. Para uns, seria a representação da efemeridade humana; para outros, uma reminiscência do calvário ou uma lembrança permanente de seus pecados cometidos. É como se, não bastando a suposta enumeração dos pecados de Maria, a tradição cristã ainda fizesse questão de perpetuá-los em sermões e imagens para que não fossem jamais esquecidos.

Essa é a contradição vergonhosa de muitos preconceitos em nome da piedade cristã. Deus perdoa e esquece os fracassos, mas os homens os relembram e os celebram. Não importa quantas vezes as palavras "eu também não te condeno", de Cristo, sejam repetidas, uma mulher "adúltera" – que nem sabemos quem é – será sempre uma mulher adúltera.

O sepultamento de Maria

Quando Dan Brown sugeriu que o Santo Graal não seria um cálice sagrado, e sim o corpo de Madalena, que se casara com Cristo e fora sepultada na França, a teoria não era novidade. No leque de lendas produzidas na Europa medieval, também houve a tentativa de localizar na Gália, atual França, os restos mortais de Maria Madalena.

De acordo com essa tradição, após a morte de Cristo, Maria Madalena teria viajado da Judeia ao sul da Gália, carregando no útero uma filha, fruto de seu relacionamento com Jesus. Ali, após o nascimento da criança, teria se iniciado a chamada dinastia merovíngia de Jesus – teoria que ganhou fama em 1982 com a publicação do controverso livro *The Holy Blood and the Holy Grail* [O sangue sagrado e o Santo Graal], de Michael Baigent, Richard Leigh e Henry Lincoln.

Nesse viés, foi publicado não apenas *O código da Vinci*, mas também *O túmulo da família de Jesus*, de Simcha Jacobovici e Charles Pellegrino – livros que colocaram lenha na fogueira das controvérsias. Esse fogo, porém, provou ser apenas faísca: os pergaminhos "descobertos" em Rennes-le-Château, e que eram a base de todo o enredo, eram falsos. Em 1956, um homem chamado Pierre Plantard contratara um amigo estelionatário para forjar pergaminhos que falassem sobre a suposta descendência de Jesus. Depois, ele mesmo plantou os textos na Biblioteca de Paris, buscando vantagens por tentar provar que seria um descendente direto de Cristo e Maria Madalena.

A existência de uma suposta dinastia francesa descendente de Jesus e Maria não é uma ideia recente. Em 1050, os monges da Basílica de Santa Maria Madalena, em Vézelay, no sul da França, afirmaram ter descoberto o esqueleto de Maria sob seu convento.

A princípio, o caso ficou restrito a cochichos de corredor no Vaticano e não despertou o interesse de outros clérigos. Porém, em 1265, os religiosos fizeram um anúncio mais audacioso e, dois anos depois, levaram os pretensos ossos de Maria para uma exibição particular diante de Luís IX, rei da França. Dizem que o monarca, emocionado, teria se prostrado e reverenciado a relíquia, conferindo-lhe legitimidade.

A versão apresentada pelos monges é a de que, após a execução do apóstolo Tiago, irmão de João e filho de Zebedeu, Maria Madalena, juntamente com seus irmãos Marta e Lázaro, foi perseguida e presa pelos judeus de Jerusalém. Eles foram poupados da morte pelo temor por parte de seus inimigos de que os seguidores do cristianismo começassem uma guerra civil que prejudicaria a todos.

Assim, as autoridades romanas e judaicas de Jerusalém prepararam um pequeno barco sem remos, velas ou suprimentos e colocaram nele Maria Madalena e vários outros seguidores de Jesus, com o objetivo de que morressem à deriva no mar Mediterrâneo. Porém, a providência divina guiou miraculosamente a embarcação entre ventos e tempestades, levando-os à costa da Gália, onde passaram a viver anonimamente numa cidade hoje conhecida por Saintes-Maries-de-la-Mer, em Camarga, sul da França.

Anos depois, o corpo de Maria Madalena teria sido enterrado na localidade de Villa Latta ou Tégulata, atual Saint-Maximin-la--Sainte-Baume, uma comuna francesa na região administrativa da Provença-Alpes-Costa Azul, no departamento de Var, assim chamada por causa de certo Maximino que foi canonizado santo. Aliás, o próprio Maximino teria ficado a cargo do sepultamento de Maria. Daí foi questão de tempo até seus restos mortais serem encontrados pelos monges. Apenas o osso da mandíbula continuou desaparecido. Nos escombros da tumba havia uma tábua de madeira envolta em cera que dizia: "Aqui repousa o corpo de Maria Madalena".

Os religiosos também afirmaram ter encontrado dentro da cripta um frasco de vidro contendo terra misturada com o sangue de Cristo, que Maria teria colhido ao pé da cruz. Já a mandíbula, providencialmente não encontrada, teve sua ausência explicada na existência de outra relíquia venerada em Roma, que diziam ser o queixo de Maria Madalena.

De fato, seria estranho existirem duas mandíbulas para um mesmo cadáver. A história narrada para resolver o impasse é a de que esse osso teria sido levado a Roma a fim de escapar da pilhagem dos sarracenos em 710 d.C., e lá teria permanecido até que o papa Bonifácio VIII ordenasse seu retorno para a Gália, em 1295. Desde então, as relíquias ficaram sob os cuidados de monges dominicanos. Até hoje, elas estão guardadas numa cripta da basílica gótica Santa Maria Madalena, erguida por Carlos II de Anjou, rei de Nápoles e sobrinho do rei da França. Milhares de peregrinos visitam anualmente o santuário para venerar aquilo que pensam ser os restos mortais de Maria Madalena.

Todos os anos, no dia 22 de julho, acontece uma procissão com fiéis de toda a Europa que acompanham com rezas o andor que carrega a imagem e o relicário da Santa. Então, uma missa especial é anunciada por fiéis, alguns deles a cavalo, que percorrem a cidade fantasiados e tocando flautas, chocalhos e tambores, chamando todos para o festival religioso de Maria. Após a missa, a procissão das relíquias tem início. Considerando o caráter piedoso da expressão popular, o festival precisa ser respeitado mesmo por quem discorda do fundamentalismo católico que o sustenta. Não obstante, quando o assunto sai da piedade para o campo da heurística, perguntas sobre a legitimidade dessas relíquias começam a vir à tona.

A proibição eclesiástica de se fazer análises profundas em relíquias sagradas limita bastante o que a ciência poderia dizer quanto à sua legitimidade. O máximo que podemos fazer é levantar suspeitas. O que sabemos, por enquanto, é que realmente houve uma febre de veneração a esses ossos por toda a Europa a partir do século 13.

Foram várias as regiões que alegaram possuir um pedaço da discípula preferida de Jesus: um pé estaria na Basílica São João dos Florentinos, na Itália; a mão esquerda, no monastério de Simonopetra, na Grécia; e um dente, no Museu Metropolitano de Arte, em Nova York.

No caso específico do crânio e da mandíbula guardados na França, uma pesquisa bem limitada foi conduzida em 1974 pelo Centro Nacional Francês de Pesquisa Científica (CNRS, na sigla em francês). Os monges, no entanto, não permitiram que o material fosse retirado para uma análise laboratorial mais aprofundada, capaz, por exemplo, de identificar sua origem e datação por meio do carbono-14. Portanto, o que os peritos conseguiram constatar foi apenas que se tratava dos ossos de uma mulher na casa dos 50 anos, de origem mediterrânea, que possuía cabelos castanhos-escuros e usava argila no couro cabeludo, provavelmente como cosmético e eliminador de piolhos.

Em outro estudo, realizado em 2018 e publicado em maio de 2020,[6] um dos fios de cabelo foi analisado em um microscópio de íons de hélio que ampliava a amostra em até 50 mil vezes.

---

6. MORIN, Soizic; STRAUB, François; WEIL, Raphaël; CHARLIER, Philippe. Diatoms on the hair of Holy Mary-Magdalene relics, *Botany Letters*, v. 168, n. 1, pp. 25-31, 2021.

O que eles encontraram foi um material mineral corroído comumente utilizado por mulheres no norte da África e ao redor do Mediterrâneo para limpar e cuidar dos cabelos. Esse tipo de mistura à base de argila servia para evitar a infestação de cupins e insetos em animais e de piolhos em humanos. Também encontraram partículas de minerais de gesso, aragonita e sal, além de fragmentos de algas que indicam que os cabelos daquele crânio estiveram em contato com a água do mar. Tudo isso, no entanto, não permitiu qualquer conclusão científica de que, de fato, esses seriam os ossos de Maria Madalena.

Pesquisadores ainda esperam que a Igreja autorize a retirada dos ossos de dentro do relicário para que estudos mais específicos, como o de carbono-14 e o de DNA, sejam realizados a fim de descobrirmos se realmente se trata de uma mulher da época e localidade de Jesus. Contudo, exames feitos em amostras de cabelo contidas num relicário da basílica de Saint-Maximin-la--Sainte-Baume demonstraram que aqueles fios pertenciam a uma mulher que viveu por volta de 1260. Essa data não apenas impossibilita a referência aos cabelos de Madalena como enquadra o achado de 1279, ano em que houve a exumação do suposto cadáver de Maria Madalena por Carlos II, Rei de Nápoles e Conde de Provença, Anjou e Maine.[7]

A importância desse estudo utilizando a técnica do carbono-14 sobre a queratina capilar é o aumento da probabilidade de que Carlos II tenha inventado completamente a história de exumação para reforçar a influência de um centro urbano do seu território. Ou seja, havia uma onda de interesses políticos por trás dos supostos restos mortais de Maria Madalena, o que torna

---

7. LUCOTTE, Gérard. Radiodating of the Hairs of the Presumed Holy Maria-Magdalena. *Archaeological Discovery*, v. 9, n. 2, pp. 85-90, 2021.

suspeita a procedência de muitas de suas relíquias espalhadas pela Europa Medieval.

Sobre as motivações políticas em torno de relíquias como as de Maria, temos uma interessante pesquisa de Rebecca Lea McCarthy[8] que traça a história dos asilos de Madalena, também conhecidos como conventos ou lavanderias de Madalena, um grupo de instituições que funcionaram desde a Europa Medieval até o século 20, criadas para abrigar "mulheres caídas", das quais cerca de trinta mil estavam literalmente confinadas apenas nas instituições da Irlanda. Em 1993, sepulturas anônimas de 155 mulheres foram descobertas no terreno do convento de uma das lavanderias.

McCarthy examina significativamente "como estas instituições, influenciadas pela ascensão do sistema mundial capitalista, foram transformadas (1700-1996 d.C.) em asilos para trabalhos forçados" por causa das demandas econômicas envolvendo cultura colonialista, reorganização territorial, novas divisões trabalhistas e ascensão do capitalismo. Essas estruturas eram tão importantes que formaram a base para a nova hegemonia burguesa católica da Irlanda pós-independência.

De interesses políticos para um espírito mais de curiosidade que científico, dois estudos independentes (um brasileiro e outro francês) procuraram, a partir das relíquias ósseas, reconstruir em fotografias e imagens em 3D como seria o rosto da dona daquele suposto crânio de Maria. Os resultados, é claro, foram diferentes entre si. Mesmo assim, anúncios sensacionalistas correram o mundo alegando que cientistas haviam recriado em computador o rosto original de Maria Madalena.

---

8. Lea McCarthy, Rebecca. *Origins of the Magdalene Laundries:* An Analytical History. Jefferson, North Carolina: McFarland, 2010.

Reconstruções de Maria

No fervor de discursos fundamentalistas atuais, a busca histórica por Maria Madalena corre o risco de ser cooptada por alguma agenda preestabelecida, seja ela liberal, conservadora ou progressista. Cabe ao pesquisador lembrar que extremos não são resolvidos com a criação de novos extremos.

Essa advertência é necessária pelo fato de que alguns mais comprometidos com a dita ortodoxia cristã se aproximam de Madalena predispostos a negar-lhe qualquer *status* que não corresponda ao que a Igreja tradicionalmente apresenta. Outros, por sua vez, munidos de uma agenda feminista, transportam artificialmente para o período apostólico uma luta e uma reivindicação que não faziam parte daquele contexto. Negacionismo de um lado e anacronismo do outro.

É importante permitir que os textos mais antigos falem, o que inclui tanto os evangelhos como os elementos históricos que a arqueologia nos permite reconstruir. Eles são o relato mais próximo acerca do que de fato aconteceu. As hipóteses levantadas devem surgir de possibilidades reais, ainda que distantes de uma certeza absoluta. Embora os documentos até aqui estudados não comprovem a existência de um complô para apagar a influência de Maria Madalena no cristianismo primitivo, não podemos cair no simplismo de achar que sua figura passou ilesa perante o androcentrismo teológico que marcou a trajetória da igreja.

Um documento do século 2, a *Epistula Apostolorum*, descreve Maria encontrando Jesus ressurreto, da mesma forma que o fazem os evangelhos canônicos. O texto, porém, enfatiza a incredulidade dos apóstolos perante o testemunho dela. Eles só aceitam que Jesus realmente ressuscitou após o verem com os próprios olhos. Mas, longe de representar um ato misógino, essa incredulidade pode ser compreendida na reação de outros discípulos, como Tomé e os viajantes de Emaús, que continuavam duvidando do ocorrido mesmo com o testemunho de outros homens. Ao mesmo tempo, não é impossível, pelo menos em parte, que a *Epistula* que citamos fosse uma reação doutrinária a um cristianismo marginalizado que via em Maria um modelo útil para construir sua própria crítica à ortodoxia cristã da época.

O fato de a Igreja desde o século 5 iniciar uma veneração à Virgem Maria e não atribuir sequer um título beatífico àquela outra Maria que foi a primeira testemunha da ressurreição de Cristo é, no mínimo, intrigante. Afinal, devemos lembrar mais uma vez que Madalena é mais mencionada nos evangelhos que a mãe de Jesus, logo seu destaque bíblico parece não corresponder à sua falta de destaque teológico.

A favor da história, temos ao menos as repetidas menções a Madalena nos evangelhos canônicos, que não foram apagadas por ordem da Igreja. Elas permaneceram na Bíblia, e isso é um bom argumento, senão para negar o exagero da desconfiança histórica, para afirmar a legitimidade do relato bíblico. Em outras palavras, se de fato houve um movimento misógino na teologia católica, ele não foi grande o bastante para alterar o texto bíblico de modo a nos impedir de saber o que realmente foi dito acerca de Maria.

O que teria acontecido com ela após a subida de Cristo para os céus nós não sabemos. O máximo que podemos inferir é a sua presença entre os cerca de 120 seguidores de Jesus que, batizados com o Espírito Santo, começaram a pregar em Jerusalém no ano 31 d.C., conforme o relato de Atos 1:12-2:13. Depois disso, o silêncio abre espaço para os vários relatos ficcionais que vimos neste capítulo.

De todo modo, não devemos desanimar diante da escassez de informações. Arqueólogos e historiadores estão acostumados a trabalhar com fragmentos da história. São muitos os vultos do passado cuja biografia nos chegou aos pedaços. Pitágoras, Heráclito e Heródoto são alguns exemplos. Quase nada sabemos de suas vidas pessoais e, quando a pesquisa se volta para grandes mulheres da história, a lacuna de informações é ainda maior. Veja o caso de Hipátia, a mais antiga matemática, que morreu em Alexandria por defender o racionalismo grego em oposição ao obscurantismo de sua época.

Assim, Madalena está em boa companhia quando é mencionada ao lado de outros tantos vultos cuja história chegou até nós de forma fragmentada. Contudo, a junção desses fragmentos biográficos nos permitirá reconstruir um quadro que, embora incompleto, seja grande o suficiente para reproduzir um valioso modelo de vida, dois mil anos depois.

CAPÍTULO 3

Escavando Magdala

"Todo arqueólogo sabe em seu coração por que escava. Ele cava, com piedade e humildade, para que os mortos possam viver novamente, para que o que passou não seja perdido para sempre, para que algo possa ser salvo dos destroços do que se foi."

GEOFFREY BIBBY

A ligação entre Maria Madalena e a cidade de Magdala não é uma sugestão recente. Afinal, a homofonia é clara. Não temos nenhuma certeza de que esse seja seu lugar de origem, contudo, registros cristãos dos séculos 4 e 13, escritos por peregrinos que visitaram o local em tempos antigos, testemunham que ali foi o lugar de seu nascimento. Alguns falam, inclusive, que uma igreja do período bizantino foi erguida sobre as ruínas da casa onde Madalena morara. Segundo a tradição, foi também nessa cidade que Jesus expulsou sete demônios de seu corpo. Sendo assim, podemos trabalhar, ainda que hipoteticamente, com a ideia de Magdala ser a cidade natal de nossa protagonista.

Chama a atenção, porém, o fato de nenhuma fonte documental do século 1 mencionar uma cidade chamada Magdala na costa ocidental do mar da Galileia – com exceção da inferência bíblica já mencionada. Apenas alguns escritos cristãos medievais e os tratados judaicos do Talmude babilônico e de Jerusalém fazem referência a Magdala, localizando-a nas mediações do mar da Galileia, próxima à cidade de Tiberíades (b. *Pesahim* 46a).

O Talmude, na verdade, menciona duas cidades com o nome de Magdala: uma conhecida como Magdala Gadar, localizada no extremo sul do lado leste do mar da Galileia, e outra perto de Tiberíades, que seria a mesma de Maria Madalena. Esta segunda é chamada uma única vez no Talmude babilônico de Migdal Nunayya (talvez para distingui-la do assentamento homônimo), enquanto em outras passagens aparece com o nome de Migdal Şab'ayya.

Há um debate sobre a identificação de Migdal Şab'ayya, Magdala e Migdal Nunayya. Algumas pessoas pensam que são três cidades diferentes, outras sugerem se tratar de apenas duas: Migdal Şab'ayya, que seria a Magdala bíblica, e Migdal Nunayya, um assentamento diferente.[1] Uma opinião mais antiga sugere o contrário: Migdal Nunayya seria Magdala e Migdal Şab'ayya, outra cidade.[2] Após detida análise de todas as opiniões levantadas, chegamos à conclusão que hoje é defendida pela maioria dos historiadores: os três nomes, Migdal Şab'ayya, Magdala e Migdal Nunayya são apenas títulos diferentes para

---

1. MANNS, Frédéric. Magdala dans les Sources Littéraires. In: *Studia Hierosolymitana in Onore di P. Bellarmino Bagatti*, v. 1: *Studi Archeologici*, p. 329.
2. KLEIN, Samuel. *Beiträge zur Geographie und Geschichte Galiläas*. Leipzig: Haupt, 1909, pp. 76-85. Alguns poucos autores modernos voltaram a defender a proposta de Klein. Cf. LEIBNER, Uzi. *Settlement and History in Hellenistic, Roman, and Byzantine Galilee:* An Archaeological Survey of the Eastern Galilee. Texte und Studien zum antiken Judentum 127. Tübingen: Mohr Siebeck, 2009, pp. 214-237.

o mesmo assentamento, e todos se referem à cidade de Maria, nossa heroína.[3]

Lembremos que entre a redação desses textos rabínicos e os dias de Cristo há um hiato de pelo menos dois ou três séculos, o que é tempo o suficiente para uma cidade mudar de nome várias vezes. No Brasil, Miracema do Tocantins era chamada de Miracema do Norte até 1988, e Florianópolis, capital de Santa Catarina, já foi chamada de Ilha de Santa Catarina e de Nossa Senhora do Desterro.

Isso sem contar que em diferentes idiomas o nome também é mudado ou adaptado conforme a pronúncia dos falantes. A capital dos portugueses, Lisboa, é *Lisbon* em inglês, *Lissabon* em alemão e *Lisbonne* em francês. Enfim, há muitos lugares cujo nome varia conforme o idioma. Nós brasileiros não chamamos a capital do Reino Unido de *London*, mas de Londres.

A mesma coisa acontece com o nome da cidade de Madalena: às vezes aparece na forma aramaica usual, Magdala, que é a mesma utilizada no Novo Testamento; em outras, dá-se preferência pelo hebraico Migdal. Em ambos os idiomas, o nome quer dizer "torre". A alternância, portanto, não é um dilema se considerarmos que a versão grega do Antigo Testamento, chamada Septuaginta, invariavelmente traduz a palavra hebraica *migdal* ("torre") por *magdolos*, como em Gênesis 11:4-5; Juízes 8:9, 17; 9:46; 2Reis 9:17 etc.

Uma questão pouco comentada pelos estudiosos é que, enquanto o Talmude de Jerusalém usa a forma abreviada "Magdala", o Talmude babilônico traz "Migdal Nunayya", que quer dizer

---

3. BAUCKHAM, Richard. Magdala in Rabbinic Traditions. *In*: BAUCKHAM, Richard (org.). *Magdala of Galilee*: a Jewish City in the Hellenistic and Roman Period. Waco: Baylor University Press, 2018, pp. 307-344.

"torre do peixe" em hebraico. De fato, cidades muradas contendo torres fortificadas eram comuns nas terras bíblicas. Por isso, muitas cidades tinham seu nome associado a esse tipo particular de construção.

Tanto na Bíblia quanto na literatura cristã e rabínica posterior, encontramos várias referências a localidades com nomes de torres. Em Gênesis 35:21, temos Migdal-Éder ("Torre do Rebanho"); em Josué 15:37, Migdal-Gade ("Torre de Gade"); em Josué 19:38, Migdal-El ("Torre de Deus"); e em Juízes 9:46-49, Migdal Shechem ("Torre de Siquém"). Dado que tais nomes eram com frequência abreviados para Magdala (ou Mugdal, ou ainda Mogdala, dependendo da pronúncia local), havia risco de confusão quando se tratava de identificá-los e diferenciá-los em escritos antigos.

Sobre Migdal Şab'ayya, seu significado é "torre dos tintureiros", e não encontramos nada em Magdala que justifique historicamente esse título. Além disso, não faz muito sentido imaginar uma torre para tinturaria. Contudo, o uso dessa denominação pode ter ocorrido porque, após o século 1 d.C., a indústria pesqueira da cidade declinou, e Magdala tornou-se conhecida pela atividade na área de tingimento de tecidos.

Ainda que uma hipótese, essa explicação para o surgimento do segundo nome é bem razoável. A análise detalhada da literatura rabínica revelou que os judeus usavam o nome abreviado Magdala de forma intercambiável com a forma mais longa, Migdal Şab'ayya. No Talmude de Jerusalém, que, apesar do título, foi redigido em Tiberíades, também encontramos a forma abreviada Mūgdala, que provavelmente representa a pronúncia local da época.

De novo, não há motivos para supor qualquer vínculo entre uma torre (migdal) e a atividade têxtil (Şab'ayya). Ocorre que a cidade sempre foi chamada de Magdala ou Migdal – e assim permaneceu, mudando apenas o fato de que já não era mais a Migdal "dos peixes", e sim "dos tinteiros".

Magdala seria Tarichaea?

Tudo indica que Flávio Josefo se refere a Magdala quando escreve sobre uma rica cidade da Galileia, destruída pelos romanos na Guerra Judaica que durou de 66 a 73 d.C. (*Guerras Judaicas* II:21,3). Ele não utiliza o nome judaico, mas o grego: Tarichaea.

Josefo viveu na região da Galileia no século 1 d.C. e, portanto, estava muito próximo do tempo de Jesus e Maria Madalena. Assim, teve acesso a informações que hoje se perderam. Ele viu pessoalmente a região tal como era, algo que hoje apenas imaginamos. Josefo dizia que Tarichaea ficava às margens do lago de Genesaré (outro nome para o mar da Galileia) e estaria a 5,5 quilômetros de Tiberíades (*Vita* 157). Josefo também afirmou que Gamla, antiga fortaleza judaica descoberta em 1968, ficava em frente a Tarichaea do lado oposto do lago (*Guerras* 4.2). Ora, nenhum outro sítio, senão aquele que hoje identificamos como Magdala, se encaixa melhor nessa descrição.

Ao descrever as batalhas da Grande Revolta Judaica iniciada no ano 66 d.C., Josefo, então militar judeu bandeado para o lado dos romanos, narra como ele mesmo teve de sair de Tarichaea (Magdala) para assumir o controle da estrada que ligava Gamla à Galileia, passando por Cafarnaum e Iulias. Ferido gravemente, ele teve de dar meia-volta e retornar a Tarichaea para receber tratamento (*Vita* 398-406). Tudo isso colabora para localizar a cidade de Maria ao norte, e não ao sul do mar da Galileia.

Além disso, Tarichaea é citada por vários outros autores gregos e latinos como Cassius Longinus (*Cic., Ad Fam.* 12.11), Estrabão (*Geografia* XVI.2.45) e Suetônio (*Tit.* 4.3), o que é desconcertante considerando que nenhum deles usa o nome Magdala. Esse silêncio sobre a cidade de Maria Madalena, pelo menos em relação a seu nome judaico, pode parecer estranho, ainda mais se trabalharmos com a hipótese de que se tratava de uma grande metrópole da Galileia. Contudo, o problema se desfaz se levarmos em conta duas coisas: o estado fragmentário das fontes textuais (basicamente, resíduos de história) e o costume de alterar nomes geográficos em diferentes documentos.

No caso específico de cidades israelitas e judaicas, era muito comum que, na Antiguidade, elas tivessem dois nomes: um de origem semítica (hebraico ou aramaico) e outro de origem grega. Vemos exemplos disso em Bet Shean, que era também chamada Scythopolis; Rakkat, mais conhecida por Tiberíades; e Emaús, que em muitos textos aparece como Nicópolis.

Outro exemplo interessante é a cidade egípcia de Tebas, que foi a capital do reino durante o império novo. Ela é conhecida nas fontes antigas por uma variedade de nomes, todos descrevendo áreas ligeiramente diferentes. Alguns documentos egípcios a chamavam de Waset, que quer dizer "cetro", enquanto outros preferiam Nîwt, "a cidade", ou Nîwt-rst, "a cidade do sul", em oposição à cidade do norte de Memphis. Isso também levou ao nome Iwnw-šm*, que quer dizer "Heliópolis do sul", em referência ao homônimo religioso no norte. Nos tempos demóticos, o assentamento também era chamado de T* îpt, "templo", por causa do Templo de Karnak. Depois de tudo isso, vem o termo "Tebas", mais usado pelos egiptólogos modernos, mas que foi dado pelos gregos, embora estes também a chamassem de Diospolis Magna, por causa da associação entre os deuses

Amon e Zeus. Como podemos observar, o caso polinômio de Magdala (Tarichaea, Migdal Nunayya e Migdal Şab'ayya) não é tão estranho assim.

Por isso, apesar de alguns estudiosos terem suspeitado que Tarichaea poderia não ser Magdala,[4] a maior parte dos acadêmicos entende que se trata do mesmo assentamento e que sua localização presente confere com toda a informação das fontes antigas.

Entre as objeções apresentadas, a mais significativa é a aparente contradição das fontes sobre a localização da cidade. Se Josefo coloca Tarichaea a cerca de 5,5 quilômetros de Tiberíades, o Talmude babilônico situa Migdal Nunayya numa posição bem mais próxima, a 2 mil côvados de Tiberíades (cerca de 1 quilômetro). A solução para esse problema é inferir que Josefo apresenta a distância do centro de Tiberíades ao centro de Magdala, enquanto o Talmude traça a distância entre os limites de cada uma. Diferentemente do historiador judeu, o propósito rabínico não era um cálculo exato da distância entre as duas cidades, mas as implicações legais de uma viagem entre ambas que ocorresse no feriado religioso do sábado. De acordo com as regras rabínicas, a distância percorrida não poderia ultrapassar 2 mil côvados.

Outro problema apontado pelos mais céticos seria a posição de Tarichaea no mapa da Galileia. Josefo não explicita se ela ficava ao norte ou ao sul de Tiberíades, apenas que ficava perto. Já os escritos de Plínio, o Velho, importante historiador romano, a localizam ao sul, no lado oeste do lago da Galileia (*História Natural* 5.71). A dificuldade é que, se estava ao sul, Tarichaea

---

4. KOKKINOS, Nikos. The Location of Tarichaea: North or South of Tiberias? *Palestine Exploration Quarterly*, v. 142, n. 1, pp. 7-23, 2010.

não poderia estar próxima de Tiberíades, que fica ao norte, nem coincidir com o assentamento que hoje se acredita ser Magdala.

Essa questão foi quase resolvida em 1922, quando William F. Albright, um dos mais famosos nomes da arqueologia bíblica, publicou um longo artigo em que defendeu a localização ao norte e concluiu que Tarichaea seria a mesma cidade que Magdala, situada em uma vila chamada al-Majdal, que existiu até 1948 e preservava, em árabe, o antigo nome de Magdala, embora essa coincidência não seja a base argumentativa de Albright.[5]

Até então, os argumentos eram fundamentados sobretudo em fontes literárias, e não na arqueologia, pois, com exceção de duas curtas intervenções em 1908 e 1912, as primeiras escavações extensivas no sítio só ocorreram no início da década de 1970. Quem conduziu os primeiros trabalhos foram padres franciscanos com treinamento em arqueologia, que serviam à Custodia Terrae Sanctae, organização católica proprietária de várias terras na região, inclusive de parte da antiga vila de al-Majdal, embaixo da qual estavam as ruínas de Magdala.

Atualmente, poucos autores procuram reacender o debate propondo a localização de Tarichaea ao sul do lago e negando sua identificação com Magdala. As evidências mais recentes continuam favorecendo a posição de Albright,[6] tanto que a maioria absoluta dos acadêmicos concorda com ela.

---

5. ALBRIGHT, William F. Contributions to the Historical Geography of Palestine. *The Annual of the American School of Oriental Research in Jerusalem*, v. 2/3, pp. 1-46, 1921.
6. Veja, por exemplo, KOKKINOS, Nikos. The Location of Tarichaea: North or South of Tiberias? *Palestine Exploration Quarterly?*, v. 142, n. 1, pp. 7-23, 2010.

Cidade rica

Uma passagem de Plínio, o Velho, que chama atenção é aquela na qual ele denomina o mar da Galileia de mar de Tarichaea (*História Natural* 204.71). Essa forma de se referir ao mar, ligando-o à cidade e não o contrário – ele não diz Tarichaea da Galileia –, atesta a importância que Magdala teve para a região. Basta comparar com um exemplo brasileiro: há uma cidade conhecida como Aparecida de Goiânia, mas não Goiânia de Aparecida. A ordem das palavras no título indica o grau de proeminência política.

Quanto à economia, o elevado número de moedas de pequeno valor encontradas em Magdala, muitas em circulação desde 140 a.C. até 70 d.C., demonstra a alta rotatividade de bens e produtos no comércio local. Com o estudo de moedas e outros artefatos desenterrados, foi possível determinar que uma população majoritariamente judaica viveu nessa cidade nos dias de Madalena. Os judeus ocupavam, em especial, as zonas de rituais e o centro comercial, que ficavam na parte oeste do assentamento, junto a uma das sinagogas. Suas principais atividades eram a pesca e a salga de peixes, embora tenhamos indício de algumas ocupações menores.

Mesmo que outras cidades da região fossem fortes na arte da pesca, Magdala parece ter se sobressaído. Por exemplo, devido à falta de baías naturais, os assentamentos à margem do mar da Galileia construíram pequenas docas para atracar seus barcos – dezesseis das quais já foram escavadas, como as de Hammat Tiberíades, Genesaré, Kursi, Tabgha, Sussita e Cafarnaum. Magdala não fugiu à regra. Contudo, sua costa comportava um porto muito maior, com setecentos metros de comprimento.

No começo das guerras judaicas que atingiram a região em 66 d.C., Josefo descreve que Magdala dispunha de uma frota de

230 barcos, os quais ele mesmo pôde contar (*Guerras Judaicas* 2.635; cf. *Vita* 163). Eram embarcações pequenas, a maior parte formada por barcos de pesca; contudo, a quantidade expressiva indica a grande concentração desses profissionais vivendo em seu perímetro urbano.

Assim, tanto o nome grego da cidade, Tarichaea (Ταριχέα) – que significava "peixe em conserva" –, como a versão hebraica Migdal Nunayya – "torre dos peixes" ou "Magdala dos Peixes" – passam a fazer sentido. Esses apelidos seriam uma referência ao fato de que os peixes não apenas eram pescados ali, mas também salgados para exportação, o que os mantinha conservados por até meses, e transportados por longas distâncias.

Era assim que um rico cidadão de Jerusalém degustava o pescado da Galileia. Em um tempo em que não havia câmaras de refrigeração nem os processos de preservação conhecidos hoje, era fascinante ter à mesa algo vindo de um lugar que ficava a três dias e meio de distância! Fontes históricas como Josefo, Cícero, Suetônio e Estrabão relatam que a exportação de peixe salgado era tão bem-sucedida que Magdala (ou Tarichaea) logo se tornou um centro autossustentável na região da Galileia. Estrabão, em particular, elogia o peixe local, que era muito apreciado nos mercados de Roma. Ele diz: "No lugar chamado Tarichaea, o lago fornece peixes excelentes para decapagem" (*Geografia* XVI.2.45).

Prósperos, contraditórios e revolucionários

Quando Magdala foi fundada entre os séculos 2 e 1 a.C., sua posição foi estrategicamente definida na parte final do vale de Wadi Hamam. O objetivo era fazer do local um posto avançado de defesa do Reino Hasmoneu, além de um entroncamento de importantes rotas comerciais que atravessavam o mar da Galileia.[7] Com a chegada dos romanos, foi construída uma estrada que ia da Baixa Galileia a Damasco, o que ampliou a importância da região.

Em 19 d.C., com a fundação da cidade de Tiberíades, Magdala atingiu seu apogeu econômico. Por ter desenvolvido relações estratégicas ao longo do caminho, sua rota comercial chegava a Jerusalém, conforme evidenciado por um dos portões da cidade santa, que era chamado "Portão do Peixe" (Ne 3:3).

Mas a pesca não era tudo. Magdala desenvolveu outras atividades comerciais importantes. Análises recentes levaram a equipe de arqueólogos a propor novas teorias sobre a economia e a vida cotidiana lá. Garrafas, frascos e unguentários de vidro romano, finamente acabados, indicam que ali eram fabricados delicados objetos que eram artigo de luxo na época.

Documentos rabínicos produzidos entre os séculos 2 e 4 d.C., embora não façam afirmações diretas sobre Maria Madalena, falam da cidade e dão conta de que havia ali uma forte presença de sábios judeus, alguns dos quais ligados às famílias de sacerdotes que atuavam no templo em Jerusalém, quando este ainda existia. Até uma das sinagogas locais é mencionada nos documentos. Em uma história do Talmude, diz-se que o rabino do século 2 Shimon bar Yochai "passou em frente à sinagoga de Magdala" logo após sua partida de Tiberíades (*Pesiqta de Rab Kahana* 11.16).

---

7. Apesar de, no período helenístico, haver sinais de povoamento anterior, as estruturas urbanas e os edifícios principais datam do período hasmoneu. LEIBNER, Uzi. *Settlement and History in Hellenistic, Roman, and Byzantine Galilee:* An Archaeological Survey of the Eastern Galilee. Texte und Studien zum antiken Judentum 127. Tübingen: Mohr Siebeck, 2009, p. 184.

Ainda sobre os sábios, havia na cidade certo Isaque de Magdala, que viveu no século 3. Sua teologia, apesar de tardia, dá uma ideia de como muitas discussões religiosas do tempo de Maria tinham caráter especulativo. Por exemplo, em seu tratado sobre Gênesis, Isaque de Magdala dissertou sobre quais benefícios Deus trouxera ao mundo com a criação de mosquitos, moscas e pulgas que incomodam o ser humano.

O Talmude babilônico reconhece Magdala como uma cidade próspera e contraditória. Por um lado, devido à presença dos sábios judeus, ela era altamente religiosa; por outro, bastante imoral. Sua destruição pelas tropas romanas em 67 d.C. foi entendida por muitos judeus como uma punição divina por sua "prostituição" (*Ta'anit* 4, 69c). A alegação, é claro, pode ser interpretada como simbólica, uma vez que Magdala era considerada uma cidade helenizada – isto é, que seguia o estilo de vida e os costumes gregos. Isso não agradava os religiosos mais conservadores, que criticavam o fascínio e a idolatria dos gregos por falsos deuses, algo que era descrito nas profecias bíblicas como prostituição.

Além da prosperidade e da religiosidade controversa, Magdala também era conhecida por ser um centro de revoluções judaicas. Ela abrigava grupos revolucionários que lutavam incansavelmente contra a hegemonia de Roma. O relato de sua fundação pode ser uma boa pista para entendermos a combatividade que sempre a caracterizou.

Magdala surgiu como um povoado na época dos macabeus, no século 2 a.C., e perdurou até ser destruída por um terremoto em 363 d.C. Em todo esse período, a cidade refletiu o espírito daqueles que a fundaram: os hasmoneus, uma dinastia revolucionária inaugurada pelos Macabeus. Estes alçaram o poder por meio da guerra em 164 a.C., quando conquistaram a independência judaica, e o mantiveram até 37 a.C., quando enfim sucumbiram aos romanos.

O primeiro poder estrangeiro que os fundadores de Magdala enfrentaram era Antíoco Epifânio, rei selêucida da Síria que, ao assumir o poder, iniciou uma ferrenha perseguição aos judeus dentro de seu próprio território. Os antecessores do rei Antíoco, embora já mantivessem uma suserania sobre a Judeia, costumavam respeitar as leis judaicas e proteger suas instituições, como o templo. Antíoco, porém, fez diferente, causando perplexidade e confusão entre os judeus. Não bastasse sua desastrosa interferência na disputa para o cargo de sumo-sacerdote em Jerusalém, ele emitiu decretos proibindo práticas tradicionais para o judaísmo e perseguiu judeus mais devotos. Também dessacralizou o templo ao sacrificar um porco em cima do altar – algo totalmente ofensivo à religião dos judeus.

Antíoco ordenou, sob pena de morte, que o alto escalão do sacerdócio em Jerusalém comesse carne de porco à vista de todos, além de comandar que os livros sagrados do judaísmo – o Antigo Testamento cristão – fossem aspergidos com um caldo feito de carne suína. Finalmente, ele apagou as chamas do candelabro de ouro que ficava no templo, o que foi estopim de uma revolta popular.

A reação armada da população contra o governo de Antíoco ficou conhecida como Guerra dos Macabeus e deu origem ao principal livro deuterocanônico da Bíblia Católica: o Livro de Macabeus. Composto por dois volumes, ele relata a história desse conflito, bem como a vitória dos judeus, que, sob o comando dos líderes rebeldes, expulsaram os sírios de seu território e proclamaram independência. Após a vitória, os líderes macabeus assumiram a tarefa de restaurar Israel tal como fora nos tempos de Davi e Salomão. Para isso, iniciaram um programa de expansão das fronteiras, conquista da Galileia e construção de novas cidades, entre as quais Magdala, que em pouco tempo ganhou destaque pelo comércio pesqueiro.

Quanto ao envolvimento em outras ações revolucionárias, é sabido que, no ano 40 a.C., os moradores de Magdala apoiaram militarmente Aristóbulo II, um rei da Judeia da dinastia Hasmoneu, em sua aliança com os partos – antigo império que se levantou das ruínas da Pérsia em 256 a.C. – para enfrentar o exército romano. Os romanos eram mais fortes militarmente; acabaram vencendo a batalha e tomando Magdala para si.

O curioso é que, apesar da afronta, Roma não decretou o fim da cidade, mas permitiu que ela prosperasse, mesmo depois de sufocada sua rebelião. O senado romano até a elevou ao nível de capital da toparquia leste da Galileia, isto é, principado independente que se formou sob os auspícios do império e assim permaneceu mesmo após a fundação da cidade de Tiberíades no ano 19 d.C.

É possível que parte da expansão de Magdala para o norte, revelada nas escavações, tenha se dado nesse período de governo romano. Sua prosperidade econômica deve ter sido alavancada pelo domínio da pesca no lago da Galileia, bem como por sua posição privilegiada entre rotas comerciais que passavam pela região. O imposto nela arrecadado enriquecia muito os cofres de Roma.

Durante as Guerras Judaicas de 66 a 70 d.C., Magdala foi novamente transformada em quartel-general da resistência contra o Império Romano. O movimento rebelde, mais uma vez, fracassou. Tanto os combatentes quanto a população civil foram punidos de forma severa. Josefo afirma que, ao cercarem a cidade, os romanos, sob o comando de Tito, mataram 40 mil rebeldes e escravizaram outros 1.200 (*Guerras* 3.7.36). Em suas palavras:

"Também houve uma grande carnificina na cidade [...] então se podia ver o lago todo ensanguentado e cheio de cadáveres, pois ninguém escapou" (*Guerras* 3.10.9).

A ideia de fazer de Magdala um exemplo para desestimular rebeliões foi do general Vespasiano, futuro imperador de Roma e pai de Tito. Após cercar a cidade e matar a maioria dos combatentes, ele organizou uma pseudocorte marcial a fim de julgar os que participaram do levante. O julgamento, é claro, não passava de propaganda política. Sua intenção era punir toda a comunidade.

Os moradores, portanto, foram separados em dois grupos: os mais antigos, e supostamente inocentes, e os recém-chegados que se uniram à resistência. Então, sob o pretexto de agir com misericórdia, Vespasiano permitiu que eles se despedissem, ficando o grupo maior, dos mais velhos, em Magdala, e o menor, dos recém-chegados, seguindo pela estrada que passava por Tiberíades, oito quilômetros adiante.

Depois de caminharem certa distância, os prisioneiros foram conduzidos ao estádio público, onde os 1.200 mais velhos foram imediatamente mortos, enquanto os mais jovens, em torno de 6 mil deles, foram acorrentados e enviados para o imperador Nero, que os obrigou a trabalhar na escavação do canal de Corinto. O resto da população, cerca de 30.400 pessoas, foi leiloado no mercado escravista.

Não sabemos se Maria Madalena testemunhou esse massacre ou onde estaria durante esses eventos. Estivesse ou não presente, ela provavelmente colecionava na memória o relato de episódios semelhantes em que Magdala foi duramente atacada. Sem dúvida, seus pais e avós lhe contaram como, no ano 52 a.C., o governador romano da Síria, Caio Cássio Longino, foi à cidade e, à semelhança de Vespasiano, levou 30 mil cidadãos como escravos – este foi o conhecido massacre narrado por Herodes.

Uma cidade escondida

Apesar de sua relevância, Magdala desapareceu do mapa por séculos. Ela continuou existindo como uma pequena aldeia judaica durante os tempos bizantinos e, depois, muçulmanos, quando se tornou uma aldeia árabe, até ser abandonada em 1948. Quando Mark Twain visitou a área em 1867, tudo o que escreveu foi: "Magdala não é um lugar bonito. É completamente sírio, o que quer dizer que é feio e apertado, esquálido, desconfortável".[8]

Isso era tão verdadeiro que, se você visitasse Israel antes de 2009 e fosse à região da Galileia, talvez, com um pouco de sorte, recebesse do guia local a informação de que aos pés do monte Arbel estava a antiga cidade onde viveu Maria Madalena. Caso estivesse passando de carro ou de ônibus, deveria ficar com a câmera pronta, pois, se não fotografasse logo, em três segundos ouviria o povo dizer: "Não vi! Onde ficava?". "Já passou, atrás daquelas árvores", responderia o guia.

Eu mesmo tive a oportunidade e a decepção de ir ao local em 1998. Tudo o que vi foi um terreno baldio, com lixo, e nada que indicasse uma cidade dos tempos bíblicos. Tirei duas ou três fotos apenas para dizer que estive ali e as arquivei sem interesse de revisitá-las. Eu sabia de algumas escavações descontinuadas que foram conduzidas no local entre 1971 e 1975 por padres franciscanos da ordem Custódia da Terra Santa, mas nenhuma trouxera resultados animadores.

As únicas pistas de que se tratava da antiga cidade de Madalena eram a tradição extrabíblica e sua localização geográfica,

---

8. TWAIN, Mark [Samuel L. Clemens]. *The Innocents Abroad*. São Francisco: Hartford, 1869, cap. XLVII, p. 260. Disponível em: https://ia902700.us.archive.org/17/items/innocentsabroad02twai/innocentsabroad02twai.pdf. Acesso em: 12 dez. 2022.

pois fontes do século 1 d.C. situavam Magdala aos pés do monte Arbel – que, de fato, ficava em frente ao terreno baldio. Novamente, foi Josefo quem nos contou isso. Ao descrever Tarichaea, ele afirma que a cidade ficava no sopé de uma montanha, onde também havia uma planície (*Guerras Judaicas* III: 10, 1). Josefo não cita o nome dessa montanha, mas tudo leva a crer que seria o monte Arbel.

A próxima intervenção na localidade viria apenas entre 2007 e 2009, quando o Departamento de Antiguidades de Israel, ou Israel Antiquities Authority, realizou uma prospecção de superfície – trabalho preliminar para checar se há um sítio arqueológico em determinado local – para decidir se autorizaria ou não a construção de um prédio.

Até então, o que se sabia pelos estudos geológicos era que no final do século 1 d.C. houve uma inundação na região, o que causou grandes deslizamentos na costa do monte Arbel que, por sua vez, cobriram por completo o que estava em sua base. Posteriormente, o terremoto de 363 d.C. ajudou a sepultar de vez o território que havia escapado ao deslizamento. Por pelo menos mil e novecentos anos, Magdala permaneceu um tesouro enterrado.

Sua redescoberta aconteceu ao acaso – ou, como dizem os religiosos locais, por providência divina. Tudo começou em 2004, quando o padre católico Juan M. Solana, que dirigia o Pontifício Instituto Notre-Dame em Jerusalém, decidiu construir um centro para hospedar peregrinos cristãos na região norte de Israel. O Vaticano já tinha um local adequado em Jerusalém, mas faltava um centro equivalente nas proximidades do mar da Galileia.

Assim, após uma busca por terrenos que estivessem à venda, ele e os demais envolvidos decidiram comprar quatro lotes de uma propriedade privada na costa noroeste do mar da Galileia. O objetivo era construir um hotel para receber até trezentos peregrinos. Os religiosos também pretendiam abrir um centro de espiritualidade à beira do lago, propiciando um ambiente agradável para as preces e a devoção dos fiéis, sobretudo católicos. Para isso, precisavam, antes de qualquer coisa, seguir os trâmites da legislação civil e limpar a área, destruindo antigas cabanas de verão que pertenciam a um parque construído nos anos 1960.

Em 2009, após a limpeza ter sido concluída, um grupo de arquitetos foi contratado e as licenças de construção foram expedidas. A última etapa era conseguir o licenciamento ambiental. Para tanto, uma escavação de resgate foi realizada pelos arqueólogos do Departamento de Antiguidades, um típico trabalho de salvamento do patrimônio arqueológico reservado àquelas áreas onde são identificados sítios arqueológicos.

Por ser um procedimento rotineiro em Israel, nem a Igreja Católica nem o Departamento de Antiguidades tinham ideia do potencial arqueológico do terreno. Queriam apenas terminar as ações protocolares o mais rápido possível, com o menor custo, e iniciar a construção do hotel.

Assim que os arqueólogos começaram a escavação, veio a surpresa. A menos de trinta centímetros da superfície, desenterraram um tesouro que alteraria os planos de todos os envolvidos. Ali estavam as ruínas de uma das sinagogas mais antigas de Israel, datada do século 1 d.C. Uma construção dos tempos de Jesus e de Maria Madalena.

As plantas do hotel, é claro, foram redesenhadas para preservar o espaço da antiga sinagoga. Além disso, um parque arqueológico foi criado e outras partes da cidade começaram a ser escavadas com a supervisão de profissionais qualificados. As paredes originais do edifício ainda estavam parcialmente de pé, tendo em certas partes cerca de oitenta centímetros de altura preservada.

O salão principal media cerca de 120 metros quadrados de área construída, com o piso em mosaico e as paredes rebocadas com afrescos coloridos em tom vermelho, cor bastante cara para a época. Essas características arquitetônicas demonstram que os cidadãos da cidade tinham alto poder aquisitivo, pois sinagogas geralmente eram construídas com a ajuda dos moradores locais. Logo, os aspectos mais simples ou sofisticados de seu edifício equivalem mais ou menos às condições financeiras da população que o frequentava.

Semelhantemente a outras sinagogas, os bancos eram feitos de pedra basáltica e ficavam encostados contra a parede. Nesse caso, os assentos não eram dispostos em fileiras como em igrejas e sinagogas atuais. O centro era livre, de modo que todos os que estivessem sentados pudessem direcionar seu olhar para o meio, de onde as Escrituras eram lidas e explicadas por algum rabino convidado ou pelo chefe da sinagoga.

Foi nesse ambiente litúrgico que os arqueólogos descobriram uma preciosidade: uma pedra calcária belamente decorada que estava no centro do edifício, no mesmo lugar onde ficaria o púlpito. Seu formato quadrado com a base ligeiramente triangular aumentou a suspeita de que aquele artefato fora feito para servir de base para colocar os rolos sagrados de pergaminho, que eram lidos em voz alta para toda a assembleia presente. As Escrituras, por reverência, eram lidas em pé, e sua explicação era dada com o pregador assentado, como era a prática dos professores de então.

A pedra era gravada por todos os lados em alto-relevo, com motivos que lembravam o Templo de Jerusalém. Lâmpadas de azeite no formato de romãs estavam em ambos os lados, juntamente com ânforas de libação e colunas inspiradas no templo. Além disso, o artista fez questão de gravar na pedra uma menorá, ou candelabro de sete chamas, que ficava em pé dentro do santuário, levando alguns a crer que ele, além de escultor, seria um levita que trabalhou no templo e viu pessoalmente como eram os móveis internos que os demais não poderiam contemplar.

As chances de Cristo ter pregado nesse púlpito e de Madalena tê-lo visto são altíssimas, considerando que possivelmente se trata de sua cidade natal. Sobre a possibilidade de Jesus ter estado entre preletores da sinagoga, a evidência é ainda maior ao crermos na historicidade do que nos diz o Evangelho de Mateus 4:23: "Jesus percorria toda a Galileia, ensinando nas sinagogas, pregando o evangelho do Reino e curando todo tipo de doenças e enfermidades entre o povo".

Sinagogas tão antigas são raridade. Desde que os trabalhos arqueológicos começaram na então chamada Palestina, em 1838, apenas seis sinagogas do século 1 d.C. haviam sido encontradas. A de Magdala seria a sétima. Logo, a importância de sua descoberta não pode ser subestimada.

As pesquisas e a direção das escavações ficaram a cargo de duas arqueólogas, uma israelense e outra mexicana: Dina Avshalom-Gorni e Marcela Zapata Meza, da Universidade Anáhuac. Com base na cerâmica, em moedas e objetos vitrificados escavados no local, foi estimado que a construção do edifício se deu entre 50 a.C. e 100 d.C.

Porém, a partir de novos dados, concluiu-se que o edifício sofreu reformas estruturais por volta de 40 e 50 d.C. e que foi provavelmente abandonado em 67 d.C., quando ocorreu a Grande Revolta dos judeus contra Roma, que resultou na morte de milhares de pessoas.

Muita gente se pergunta como os arqueólogos afirmam quando essas construções foram erigidas, destruídas, reestruturadas ou abandonadas. São vários os métodos. Um deles é o estilo arquitetônico. Você certamente já ouviu falar de estilo barroco, rococó ou modernista. Mesmo leigos percebem a diferença entre um projeto desenhado por Oscar Niemeyer e um casarão antigo da cidade de Ouro Preto, em Minas Gerais, por exemplo.

Imagine agora que arqueólogos do futuro encontrem os alicerces de um casarão dos tempos coloniais e acima dele alicerces de um edifício dos anos 1970. Só o fato de um ter sido construído em cima do outro já indica que pertencem a períodos diferentes. Além disso, a diferença de estilo é nítida. O primeiro é feito de pedras; o segundo, de argamassa. O primeiro tem uma senzala; o segundo, uma garagem. E assim por diante. Pelo estilo arquitetônico é possível saber qual é o período de cada construção.

Utensílios como jarros e ferramentas encontrados no local também dão fortes pistas de quando aquele lugar foi frequentado ou abandonado. Ou seja, a presença de cerâmicas típicas de um tempo e a ausência absoluta de um modelo posterior podem indicar que o lugar deixou de ser usado. Assim como a arquitetura das casas, os objetos também carregam o estilo próprio de uma época.

De 2010 a 2017, cerca de 2.500 moedas foram encontradas nas seis áreas escavadas de Magdala, confirmando que ela foi extensivamente habitada no século 1 d.C. Dentro do reboco de paredes que restaram da sinagoga, encontrou-se uma moeda do ano 29 d.C., cunhada por ordem de Herodes Antipas, que foi governante da região de 4 a.C. a 40 d.C. Logo, esse reboco foi feito após essa moeda entrar em circulação na Galileia, mas seus alicerces indicam que o edifício era mais antigo, de modo que houve ali algum tipo de reforma nos dias do rei Antipas.

De igual modo, os arqueólogos observaram que nas adjacências da sinagoga não havia moedas, vidrarias nem cerâmicas típicas do fim daquele período. Isso indica que o edifício e o entorno deixaram de ser usados provavelmente por volta do ano 67 quando, de acordo com Flávio Josefo (*Guerras Judaicas* III:9, 7), a cidade se viu cercada e parcialmente destruída pelos romanos, sob o comando do general Tito, o mesmo que arrasaria, três anos mais tarde, o Grande Templo de Jerusalém.

A ideia de um abandono gradual do mercado e das áreas próximas à sinagoga na época da Revolta Judaica foi reforçada pela presença de detritos que enchiam os tanques de purificação localizados no entorno daquela área. Esses tanques, dos quais falaremos adiante, estavam cheios de lixo com ossos de animais, cerâmicas quebradas, pedaços de pedra e paredes de período posterior.

Nesse período, a Galileia foi mergulhada num rio de sangue que provocou tanto a morte quanto a fuga dos moradores. Porém, a presença de diferentes moedas e cerâmicas na parte leste da cidade levou os especialistas a crer que, pelo menos naquela zona, Magdala continuou habitada até por volta do século 2 d.C.

Considerando a datação da sinagoga, os visitantes do sítio arqueológico podem imaginar como deve ter sito presenciar ali um culto de sábado, com Jesus, os apóstolos e Maria Madalena, todos presentes num mesmo lugar. O que será que eles falavam? Havia discussões acaloradas sobre esportes, política, religião? Como Jesus argumentava com eles? São perguntas, por enquanto, sem respostas, mas que estimulam a busca por novas informações e teorias.

Outra surpresa de Magdala

Em 2021, do outro lado da rodovia moderna que cruza o antigo perímetro de Magdala, mais uma sinagoga foi descoberta pelos arqueólogos, também datada do século 1 d.C. É a primeira vez que duas sinagogas de um mesmo período são descobertas na mesma cidade, separadas por apenas duzentos metros.

No entanto, o achado não foi de todo surpreendente se considerarmos que, devido a seu tamanho, Magdala devia ter mais de uma sinagoga. Sua população, de acordo com Josefo, era de 40 mil habitantes (*Guerras Judaicas* II:21, 4). Bom, ainda que seja um exagero do historiador judeu e a cidade tivesse apenas um décimo disso, para os parâmetros da época estamos falando de uma verdadeira metrópole.

Logo, duas ou mais sinagogas estariam dentro do esperado para uma população desse tamanho. Além disso, tudo leva a crer que ambas as sinagogas funcionavam no mesmo período. Não parece que uma substituiu a outra.

Uma vez que as sinagogas eram separadas – uma na área residencial aos pés do Arbel e outra no centro comercial –, ambas provavelmente eram pontos de encontro da comunidade local, e não apenas, como hoje, locais para rituais de adoração e aprendizado do judaísmo. Naquele tempo, a liturgia centrava-se no sistema de sacrifícios do templo em Jerusalém. As sinagogas desempenhavam o papel de centro comunitário local, além de serem sede de cultos sabáticos e de escolas rabínicas onde crianças da comunidade aprendiam as bases da religião.

Comparando a estrutura arquitetônica das duas sinagogas, o edifício encontrado em 2021 demonstrou ser menos elaborado. Seria esse um indício de divisão de classes na cidade? Difícil afirmar com certeza. O que sabemos é que se tratava de uma construção simples, erguida em pedras de basalto e calcário. A parte principal também consistia em um salão central, com bancos laterais encostados contra a parede, e duas salas anexas. Cada uma das salas era revestida de gesso branco sem maiores detalhes arquitetônicos, embora alguns poucos desenhos possam ter sido usados em seu acabamento. Isso ainda é motivo de debate entre os especialistas, mas muitos acreditam que pelo menos uma delas servia para guardar os rolos sagrados da Torá, que equivaliam, ao menos em parte, ao atual Antigo Testamento das Bíblias cristãs.

O grande fascínio desses achados é o mosaico que eles nos levam a compor acerca de como foram aqueles dias, inalcançáveis para nós hoje. A possibilidade de Jesus e Maria terem estado pessoalmente em algum desses edifícios, cultuando a Deus como qualquer outro judeu de seu tempo, é, para dizer o mínimo, extasiante.

CAPÍTULO 4

Crescer mulher na Galileia

"Não podemos todos ter sucesso quando metade de nós fica para trás. Apelamos às nossas irmãs de todo o mundo para serem corajosas – para abraçarem a força dentro de si mesmas e realizarem todo o seu potencial."

MALALA YOUSAFZAI

A ausência de informações acerca da ancestralidade de Maria Madalena nos faz recorrer a narrativas análogas, porém mais detalhadas, que oferecem um quadro hipotético de como teria sido sua infância. Parte dessa reconstrução envolve considerar a situação comum de uma garota na Galileia do século 1 d.C., em especial na sociedade judaica, em relação a seu genitor. Por se tratar de uma sociedade patriarcal, na qual a figura paterna era a mais importante do núcleo familiar, observava-se mais a relação da menina com o pai do que com a mãe.

    Antes de recorrer a essas imagens, é preciso fazer uma advertência. O quadro idílico de uma filha dançando valsa com seu pai no aniversário de 15 anos ou sendo entregue por ele a um noivo diante do altar não representa a realidade das meninas dos tempos bíblicos. Isso não significa que fossem desprovidas de amor paterno, mas as relações familiares se distinguiam do que hoje consideramos amor, carinho e respeito. Afinal, estamos falando de uma sociedade que dista de nós pelo menos dois mil anos no passado.

Começando pela visão mais comum, vários autores entendem que a prática do "confinamento" doméstico das filhas, por motivos de segurança, era comum. Afinal, portas e muros poderiam representar a fronteira entre a hostilidade e a hospitalidade. Exemplos bíblicos do perigo fora de casa seriam o estupro de Diná (Gn 34), o assassinato de uma concubina anônima (Jz 19) e a desastrosa dança da filha de Jefté (Jz 11). Todas elas foram vitimadas por terem deixado os limites da casa paterna sem que ninguém as acompanhasse.

Os que seguem nesse entendimento concluem que, na sociedade bíblica, era desejável que a menina permanecesse em casa com a mãe até ter idade para se casar. Depois disso, continuaria reclusa, trocando a casa dos pais por sua própria casa, onde, como esposa, cuidaria de seus filhos e dos afazeres domésticos. Tal descrição social, que dificilmente escaparia ao título de misógina, é construída sob a suspeita de que a mulher dos tempos bíblicos vivia constantemente ameaçada pelo mundo exterior. Na rua, sua vida e sua integridade física estariam em risco. O problema com essa visão tantas vezes repetida é a falta de apoio nos achados arqueológicos e nos textos disponíveis.

Um exame objetivo do texto bíblico revela um bom número de mulheres, mesmo entre as solteiras, cumprindo importantes atividades fora do ambiente doméstico. É o caso de Raquel, que trabalha no campo como pastora de ovelhas (Gn 29:9); das filhas de Jetro, que foram apanhar água para dar de beber ao rebanho da família (Êx 2:16); de Sifrá e Puá, salvando meninos enquanto trabalhavam como parteiras no Egito (Êx 1:15); de

Débora, que liderou o povo nas guerras de Canaã (Jz 4 e 5); de Seerá e das filhas de Salum, todas listadas no rol de construtores da cidade de Jerusalém (1Cr 7:24; Ne 3:12). Além disso, em Provérbios 31, a mulher virtuosa é aquela que transporta sua comida de longe, compra campos, negocia terras e planta vinhas – exemplos que apontam para responsabilidades vocacionais exercidas fora da residência.

Apesar de os casos citados serem de um tempo muito anterior aos dias de Maria, não há motivos para sugerir que sua infância tenha sido diferente daquela de uma jovem dos tempos do rei Davi, por exemplo. Para quem vive hoje isso parece estranho. Afinal, os problemas de uma mulher que viveu nos anos 1920 são bem diferentes dos problemas de uma mulher que vive nos anos 2020. Contudo, a sociedade naqueles dias não era tão dinâmica como hoje. Embora haja peculiaridades próprias de cada período, em essência, os dilemas de uma cidadã de Jerusalém nos dias do rei Davi não eram tão diferentes dos de uma conterrânea que vivesse na mesma cidade, porém nos dias de Herodes.

O que podemos afirmar é que, a partir do momento em que uma criança nascia em uma família judaica, iniciava-se um processo de convivência não somente doméstica, mas também social. Esta era a forma pela qual os judeus asseguravam a continuidade da fé nos seus descendentes: a primeira escola era no lar e o currículo eram as Escrituras Sagradas. Um dos provérbios bíblicos que testemunham esse costume é: "Meu filho, ouça o ensino de seu pai e não despreze a instrução de sua mãe" (Pv 1:8).

As atuais propostas de *homeschooling*, modelo de ensino no qual crianças e adolescentes são educados em casa em vez de ir às escolas, foram uma prática comum nos dias de Maria. Na cultura bíblica, as crianças observavam e aprendiam com os mais velhos a se preparar para as atividades da vida adulta, para práticas profissionais (em geral seguindo a profissão da família) e para interpretar a cultura econômica, social, política e religiosa de sua época.

Jerusalém era o centro geográfico de tudo isso, e os livros de Moisés, a base de sua identidade. Não por menos, por gerações os judeus se autodenominaram *HaAm há'sefer*, o povo do livro, designação que ressalta a importância das Escrituras na formação judaica. Convictos de que Deus se comunicara com seus ancestrais por meio dos profetas, eles fizeram do texto bíblico e dos mandamentos o fator número um para a manutenção de suas sociedades. Nesse sentido, a principal maneira de transmitir valores a uma criança era dando um bom exemplo religioso. De acordo com a lei de Moisés, os pais deveriam despertar a curiosidade na mente de seus filhos, fosse pelo ensino de histórias bíblicas, fosse pela observância religiosa, como a celebração da Páscoa e a guarda do sábado.

Maria Madalena talvez tenha observado seu pai amarrando junto à testa e no braço esquerdo uma caixinha, de couro ou de argila, contendo um pergaminho com citações bíblicas. Então, como qualquer criança no auge da curiosidade, pode ter perguntado o que seria aquilo e se podia usar também.

Nesse diálogo imaginário, mas possível, o pai explicaria que os judeus falantes de aramaico, como ela, chamavam aquela caixinha de *tefilin*, que quer dizer "preces". Já os judeus falantes de grego chamavam o objeto de *filacterio*, que quer dizer "amuleto". Mas esse não era como um amuleto pagão. Tais caixinhas pretas eram um lembrete de que eles eram o povo escolhido de Deus e dos mandamentos que deveriam cumprir.

Assim, Maria aprenderia que, para ter suas preces atendidas, era seu dever zelar pelo que havia escrito ali dentro, ou seja, amar "o Senhor, seu Deus, de todo o seu coração, de toda a sua alma e com toda a sua força" (Dt 6:5). Ela mesma não usaria o amuleto, pois somente os homens podiam fazê-lo. Mas as bençãos recorrentes da fidelidade de alguns beneficiariam muitos.

Gênero e sociedade

Embora no universo judaico as regras de vestuário sejam inconclusas e posteriores aos tempos bíblicos, tudo leva a crer que os rabinos do século 1 d.C. não recomendavam o uso do *tefilin* pelas mulheres. O Talmude até menciona que Mical, filha do rei Saul e esposa do rei Davi, costumava colocar um em sua testa, mas esse era um caso excepcional. Os próprios rabinos supunham que, dessa forma, ela ia contra os sábios de seu tempo. Outros, porém, entendiam que Mical de fato teria o direito de usar o acessório por ser uma mulher extremamente piedosa. A proibição do uso de um adereço religioso por mulheres, apesar de ainda ser presente em muitos cultos religiosos que as separam radicalmente dos homens, não seria bem recebida em muitos setores da sociedade moderna.

No antigo Oriente Médio, desde os tempos patriarcais até o período romano, a designação dos gêneros feminino e masculino era fortemente demarcada já nos primeiros anos da criança. A infância era uma época de maturação cultural em que meninos e meninas aprendiam costumes sociais e religiosos e como contribuir para o sustento da família. Povos vizinhos a Israel tinham o hábito de oferecer presentes aos recém-nascidos de acordo com o sexo. Os hititas, por exemplo, preparavam uma espécie de chá de bebê nos primeiros dias após o nascimento da criança; na ocasião, os pais recebiam de amigos e parentes presentes de "menino" ou de "menina". Em um antigo poema sumério, as crianças são descritas a partir de itens associados a gênero: uma menina seguraria objetos de tecelagem, e um menino, armas.

A Bíblia hebraica não menciona ritos similares, mas descreve princípios semelhantes sobre a introdução da criança na sociedade israelita. Levítico 12 estabelece que bebês do sexo masculino e feminino são apresentados à comunidade em momentos diferentes, e Gênesis 17 acrescenta que a circuncisão dos meninos aconteceria no oitavo dia após o nascimento. Bebês do sexo feminino evidentemente não eram circuncidados, mas a identidade de gênero era reforçada durante o período de reclusão pelo qual a mãe passava. Mulheres que dessem à luz uma menina teriam de realizar catorze dias de reclusão, enquanto o nascimento de um menino demandava apenas sete dias. Após esse período, um novo tempo de reclusão cerimonial era prescrito, dependendo, mais uma vez, do sexo do bebê (Lv 12:1-5).

Enquanto novas, as crianças desfrutavam de experiências semelhantes por ficarem perto de suas mães. À medida que desmamavam – o que ocorria muito mais tarde que nos dias de hoje –, seu cotidiano começava a ser distinguido de acordo com o gênero, embora ainda restassem muitas tarefas que seriam deveres de ambos os sexos por toda a vida.

Diversas atividades agrícolas e pastoris, por exemplo, que por décadas foram reputadas como essencialmente masculinas, hoje são neutras em termos de gênero. Ainda que algumas funções fossem desempenhas pelo homem e outras pela mulher, não devemos atribuir maior importância a uma delas. Na sociedade antiga, o ato "masculino" de empunhar uma espada não era superior ao ato "feminino" de fazer pão para os filhos.

Várias culturas do mundo bíblico testemunharam a existência não hierárquica das tarefas. Meninas ficavam perto de casa, mas não confinadas. Aprendiam a fazer pão, preparar refeições, confeccionar tecidos e buscar água. Os meninos aprendiam o ofício do pai e o manejo de armas e serviam de mensageiros entre a casa e o campo. Tanto meninos como meninas cuidavam de rebanhos, tosquiavam ovelhas e participavam da colheita, que era uma tarefa familiar. Cada criança, a seu modo, contribuía nas tarefas domésticas rotineiras, que se perpetuariam depois de constituírem um novo núcleo familiar.

Antes de considerarmos o trabalho doméstico como exclusivamente feminino, é importante entender a natureza de um lar israelita, bem como o significado do termo "doméstico". O lar incluía a habitação, as pessoas que nela viviam e também terras, animais e artefatos. Em alguns casos, ainda imperava a cultura dos antigos clãs que, mesmo não vivendo mais em regime nômade, mantinham a cultura ancestral de peregrinar pelo deserto. Nesse modelo, várias famílias dividiam um terreno com moradias construídas em torno da casa do patriarca. Não é incomum encontrarmos nas escavações da Galileia, bem como nos relatos bíblicos, evidências de um tipo de construção chamado ínsula, no qual muitas famílias extensas viviam em unidades habitacionais em torno de um pátio aberto.

À medida que os filhos se casavam, eles construíam quartos adicionais. Normalmente, as meninas se casavam entre 12 e 15 anos de idade e iam embora da casa dos pais para constituir uma nova família com o marido. Os meninos, ao atingirem a idade de casamento, que variava entre 18 e 24 anos, levavam a noiva para morar com sua família. Em casos de casamentos arranjados, não era incomum primos de primeiro grau se casarem para que as heranças permanecessem em família.

Nem todos moravam em ínsulas, obviamente, mas não é difícil encontrar esse tipo de moradia em cidades da Galileia. Por exemplo, a provável casa de Pedro, escavada em Cafarnaum, era uma ínsula, e muitos deduzem que o próprio Jesus morou nesse tipo de residência familiar. Não é por menos que muitos episódios da vida de Cristo têm relação direta com ínsulas (Mt 12:46-13:1; Mc 2:1-2; 7:17). O próprio Jesus se baseou numa imagem assim para oferecer uma ideia de como seria o céu: "Na casa de meu Pai há muitas moradas" (Jo 14:2).

O lar era, portanto, a unidade básica mais importante da sociedade judaica, e não há razões para supor que Maria tenha sido criada num ambiente diferente. Mesmo que não crescesse numa ínsula de Magdala, ainda assim a casa de seus pais, seguindo a tendência da época, poderia ser comparada aos casarões do período colonial brasileiro, cheios de compartimentos.

A educação das mulheres

Para as famílias da Galileia, a infância era entendida como o período entre o nascimento e a juventude. À época, o conceito de adolescência não existia. Podemos considerar, para a infância, os mesmos padrões de crescimento biológico de hoje: primeiro vem a fase da dependência estrita (0 a 2 anos), depois a semidependência (3 a 5 anos), então a autonomia parcial (7 a 12 anos) e a autonomia total (após os 13 anos). Lembrando que, assim como hoje, essa autonomia não significava um rompimento automático com a autoridade dos pais. Na cultura hebraica, enquanto estivessem vivos, os genitores seguiam tendo bastante influência sobre o destino de seus descendentes.

Ao contrário do que conhecemos atualmente, a escolaridade formal era limitada a meninos de famílias abastadas. No entanto, meninas e meninos tinham, igualmente, certa "escolaridade religiosa" básica, que começava em casa com os pais e seguia na sinagoga local, sob a tutela de um professor comunitário (muitas vezes o próprio rabino).

De acordo com o Talmude e a Mishná, meninos deveriam frequentar a escola dos 6 aos 13 anos, quando eram entregues a um rabino local e aprendiam uma profissão – geralmente a mesma do pai. Nesse momento, tornavam-se aprendizes. O projeto pedagógico era um esforço conjunto que envolvia o aluno, seu pai e o professor da comunidade.

De fato, por volta do ano 75 a.C., um líder judeu chamado Shimon ben Shetah ordenou que todos os meninos entre 6 e 16 anos recebessem educação primária. O texto de sua ordem, preservado na Gemara (*Bava Basra* 21a) não menciona meninas, o que parece ser um problema para a interpretação inclusiva da educação na Galileia. Ao mesmo tempo, vale lembrar que a omissão de mulheres em textos antigos não é incomum, ainda que fizessem parte do cômputo apresentado.

Josefo, possivelmente baseado no programa educacional de ben Shetah, mostrou-se orgulhoso da elevada alfabetização do povo judeu: "Acima de tudo, podemos nos orgulhar da educação de nossos filhos, pois esta encontra-se entre os aspectos essenciais da vida na observação de nossas leis e práticas piedosas, baseadas, sobretudo, naquilo que temos recebido" (*Contra Apio* 1.12). Seria esse um programa educacional realístico? Difícil dizer. É provável que vilas pobres e inexpressivas, como Nazaré, não tivessem um professor comunitário. Já no caso de Magdala, por se tratar de um núcleo urbano mais sofisticado, essa possibilidade é maior.

Pelo que se sabe, havia três estágios de educação: o Beit Sefer, o Talmude e o Beit Midrash – cada um para uma faixa etária. Muitos especialistas defendem que meninos e meninas participavam da primeira fase, o Beit Sefer. Outros pensam que se tratava de uma escola apenas para garotos. O assunto ainda divide opiniões. Os que defendem a inclusão de meninas como Maria na Beit Sefer argumentam que a educação era independente de qualquer órgão regulador, como o sinédrio em Jerusalém. Assim, nada impedia que comunidades locais possuíssem leis e currículos próprios, embora todas baseassem seu ensino nas letras da Torá. Ademais, a inclusão das meninas poderia se dar pelo fato de que elas, ao atingirem a idade de casar e gerar filhos, seriam as primeiras responsáveis por ensinar às crianças o conteúdo das Escrituras e os ritos do judaísmo. Para tal, necessitariam de um mínimo de instrução oral e escrita.

Nessa fase inicial, portanto, meninos e meninas se reuniam na sinagoga com foco na leitura, na escrita e na memorização das histórias da Torá. Em um dos métodos de ensino, o professor pedia aos alunos que levassem a prancha em que registrariam as palavras. Então, ele colocava um favo de mel sobre cada prancha. Caso acertassem o ditado, as crianças poderiam lamber o mel; caso errassem, seriam castigadas.

Havia também o caso de o professor ter um auxiliar, o *meturgamim* (especialista em idiomas), que traduzia para o aramaico local as lições que eram ensinadas em hebraico. Com frequência, as Escrituras eram cantadas para ajudar na memorização. Por isso, os judeus usavam a expressão "chilrear de crianças" para se referir ao som cantarolado que se ouvia ao passar perto de uma sinagoga no momento em que os alunos recitavam os versos de sua lição.

Se meninas fizeram parte desse processo, sem dúvida Maria passou pela Beit Sefer. É possível que cantasse em hebraico, ainda menina, em meio a outras crianças, trechos dos Salmos. Provavelmente aprendeu a tecer e fazer contas em seu ensino mais básico. Mal sabia ela os planos que Deus tinha para sua vida!

As aulas aconteciam todos os dias da semana, inclusive no Shabat, quando os judeus, cumprindo o quarto dos dez mandamentos, paravam suas atividades no pôr do sol de sexta-feira e as retomavam quando o sol se punha no sábado. A diferença das classes sabáticas era que, por se tratar do repouso sagrado, nenhum material novo era apresentado. As crianças apenas repetiam o que haviam aprendido durante a semana.

Considerando que apenas entre 5% e 10% da população greco-romana sabia ler e escrever, os judeus representavam uma exceção, uma vez que tinham sua identidade étnica baseada nas "Escrituras". Lembre-se de que eles eram o *Am Ha'sefer*, o povo do livro. Assim, os judeus constituíam uma população majoritariamente letrada ou, pelo menos, com índices de alfabetismo muito acima das demais culturas do Império Romano. A maior parte dos acadêmicos, porém, sugere que essa seria uma visão idealista e que a parcela de judeus alfabetizados não passaria de 3%.

Seriam esses índices um argumento para excluirmos por completo as mulheres da vida acadêmica nos tempos antigos? Não necessariamente. Mesmo em Roma, com baixíssimos níveis de escolaridade, algumas cartas registradas em papiro demonstram que também mulheres dominavam a arte da escrita e da oratória. Além disso, Quintiliano e outros escritores clássicos atestam a importância da escolarização para as meninas, pelo menos no nível elementar, embora pareçam aludir apenas a algumas famílias da elite.

Considerando a romanização presente tanto entre judeus da diáspora quanto em algumas cidades da Galileia, muitos autores concluíram não haver por que pensar que os judeus negligenciariam a instrução de meninas em um período no qual outros grupos não tinham problemas com isso. Pelo contrário, considerando a importância que davam às Escrituras e a competitividade em mostrar que eles, e não os romanos, eram o povo da aliança, tudo leva a crer que os índices de alfabetização eram mais altos entre judeus no Mediterrâneo e na Galileia que no resto do Império Romano. A literatura rabínica sustenta essa ideia.

Seja como for, a maioria das crianças pobres que tinham a oportunidade de estudar encerrava os estudos com cerca de 13 anos, após a primeira fase do Beit Sefer. Alguns poucos jovens seguiam a carreira escolar, aprofundando-se nos estudos até se tornarem discípulos formais de algum grande rabino que os aceitasse. Somente muito tempo depois, quando já estivessem na casa dos 30 anos, eles teriam a oportunidade de se tornar escriba ou mestre da lei. Se tornariam, então, rabinos.

O percentual dos que alcançavam esse nível de escolaridade era muito pequeno. E quanto às mulheres? Existe chance de Maria ter chegado a um grau mais elevado de instrução? No Talmude, em geral, as mulheres são excluídas da tarefa de interpretar as Escrituras e da tomada de decisões legais no judaísmo. Contudo, o próprio Talmude menciona várias mulheres como sábias. Uma delas foi Bruriah, que viveu no século 2 d.C. e participava ativamente dos debates legais, discutindo em pé de igualdade com os rabinos da época (*Tosefta Keilim Kamma* 4:9). Outro exemplo seria Yalta, esposa do rabino Nachman, que viveu no século 3 d.C. e também foi descrita como inteligente e erudita, tendo orientado o marido sobre como proceder diante de certos dilemas éticos (*Kiddushin* 70b).

Essa postura contraditória, ora elogiando a conduta de mulheres eruditas, ora limitando seu acesso ao conhecimento, nos leva a crer que a posição delas dentro da escolaridade judaica não era uniforme. De todo modo, dizer que o ensino era vetado ao gênero feminino é simplista demais. Ao folhearmos as páginas do Antigo Testamento, lemos sobre mulheres versadas nas leis do judaísmo, ainda que excepcionais. Uma delas é a juíza Débora, que aparece nas fontes rabínicas como orientadora do povo em termos de instrução religiosa. Outro exemplo é a profetisa Hulda, especialista na lei judaica que participou ativamente da reforma religiosa promulgada pelo rei Josias.

Na coleção de manuscritos judaicos encontrada no século 18 em Geniza, no Cairo, há o relato de uma mulher, abandonada pelo marido com os filhos, que, para ganhar a vida, se tornou professora no lugar do irmão e ensinou a Bíblia hebraica para crianças por quatro anos consecutivos. Em outra carta da mesma coleção e hoje arquivada na biblioteca da Universidade de Cambridge, fala-se de um casal de judeus que ensinava em uma escola que permitia meninos e meninas na mesma sala de aula. Essa menção não é inédita, pois existem outras evidências em textos judaicos de casais exercendo juntos o magistério, em sua própria casa ou em uma escola formal. Em uma lista dos necessitados de Fustat, há menção à professora de Domyat, de uma cidade na região nordeste do delta do Nilo, e bem ao lado há menção ao "professor de Domyat", possivelmente seu marido. Talvez devido a algum problema, não registrado no texto, o casal tenha fugido para a capital.

Esses textos são posteriores ao tempo de Maria e se baseiam na dedução de que o comportamento escolar não teria mudado tanto ao longo dos anos. De qualquer modo, embora a afirmação de sua escolaridade não esteja longe de questionamento, nada impede que Madalena tenha, sim, aprendido as letras hebraicas a ponto de se tornar aluna do mestre Jesus. O próprio Talmude mostra, por meio das opiniões conflitantes de seus rabinos, que havia diferentes posições a esse respeito. Alguns, como o rabino Eliezer, que viveu no fim do século 1 d.C., chegavam à beira da misoginia ao afirmar que ensinar a Torá para uma filha seria o mesmo que lhe ensinar uma obscenidade, pois as mulheres não têm inteligência para compreendê-la. Seria melhor ver a Torá queimada que recitada pelos lábios de uma mulher (*BT Sotah* 21b).

Normalmente, as mulheres não podiam jurar em um tribunal nem ensinar em sinagogas. Contudo, em que pese a tendência de excluí-las do chamado "mundo dos homens", havia notórios rabinos que aceitavam a participação feminina nas discussões da Torá, o que implicava lhes ensinar a ler e compreender o texto hebraico. Por exemplo, o rabino Ben Azzai defendia que era obrigação de um pai ensinar a Torá para a filha. E, em passagem do Talmude (*Meguilá* 23A), fala-se da "possibilidade", ainda que desaconselhada, de que a mulher lesse a Torá em público no Shabat. Em outro trecho, os sábios afirmam que, diante dos mandamentos de Deus, os homens e as mulheres eram iguais, de modo que era até aconselhável que elas conhecessem a Torá para instruir os filhos e instar o marido a cumprir suas obrigações religiosas.

Um grupo de opinião moderada entendia que, embora os preceitos de estudo da Torá não fossem uma obrigatoriedade feminina, sua instrução não era proibida, pois as mulheres seriam beneficiadas com seu estudo. Portanto, sem sermos categóricos, não podemos reduzir a zero a possibilidade de Maria ter sido instruída em sua infância – senão formalmente, pelo menos em termos de uma educação oral recebida pelos pais.

Mulheres no judaísmo

Uma desconcertante oração dos judeus, certamente escrita por homens, levava o devoto a agradecer todos os dias por não ter nascido estrangeiro, ignorante ou mulher. Parte da liturgia tradicional judaica no conjunto de "agradecimentos a Deus" eram as conhecidas "bênçãos matinais", recitadas toda manhã ao despertar.

A leitura contemporânea dessas palavras, bem como a ideia que muitos têm da Bíblia Sagrada, sem dúvida leva o leitor a supor que a mulher era subjugada de forma completa no judaísmo antigo. Porém, devemos ter em conta que essa prece não pertence ao universo bíblico. Diferentemente das demais alusões que fizemos ao Talmude, o que temos nesse caso é uma fala ausente e contraditória ao texto escriturístico. Tal condição, somada ao fato de ser uma oração tardia, isto é, posterior aos tempos do Novo Testamento, nos faz entender que ela não reflete necessariamente o judaísmo do período dos dias de Maria. Ademais, é importante entender que seu conteúdo não foi aceito naturalmente no judaísmo posterior. Seu tom misógino não incomoda apenas a nós, que vivemos após a revolução feminista; diversas gerações judaicas consideraram essas palavras uma ruptura em relação ao judaísmo dos patriarcas.

No Talmude babilônico (*Tratado* "Menachot" 43B) lemos que "o Rabi Meir disse: 'O homem deve recitar três bênçãos cada dia, e elas são: Que me fizeste [do povo de] Israel; que não me fizeste mulher; que não me fizeste ignorante'". Nesse sentido, o rabino Joel H. Kahan explicou que a bênção não é de origem judaica. Ela procedia de um aforismo grego, citado por Platão e Sócrates, que dizia que "há três bênçãos para agradecer ao destino: a primeira, que nasci ser humano e não animal; a segunda, que nasci homem e não mulher; a terceira, que nasci grego e não bárbaro".[1] Ainda que a sequência das palavras não seja idêntica,

---

1. KOCHMANN, Sandra. O lugar da mulher no judaísmo. *Revista de Estudos da Religião*, n. 2, pp. 36-37, 2005.

a semelhança é notória: o grego se dirigia ao destino, enquanto o judeu se dirigia a Deus. Depois disso, ambos agradecem pelas mesmas coisas, em ordem distinta.

Note que no contexto da redação do texto talmúdico havia, de fato, a tendência não só de destinar um papel secundário às mulheres, mas também de diminuir sua virtude, expondo-as como um perigo para os homens. Nesse caso, o que houve foi uma apropriação de conceitos helenistas pelo judaísmo tardio – isto é, aquele oriundo do século 3 ao século 6 d.C., quando foram compostas as regras talmúdicas do cotidiano judaico. É ponto pacífico que, apesar de a mulher judia participar ativamente das manifestações sociais e religiosas no judaísmo bíblico, no período talmúdico seu papel diminuiu ou desapareceu. Consideremos, no entanto, que, sendo o Talmude uma obra de múltiplas ideias e autores, qualquer generalização desse imenso tratado judaico seria errônea. Não se trata de decidir se estamos diante de uma obra inclusiva ou misógina, mas de reconhecer em algumas partes uma ruptura com o modo como o judaísmo antigo via o papel das mulheres na sociedade hebraica.

A realidade mais ampla do texto bíblico revela mulheres em cargos de relevância na história dos hebreus. Miriam, Ana e Hulda atuaram como profetisas; Débora foi juíza e comandante militar; Mical se destacou no campo religioso; e Ester, como rainha libertadora de seu povo. Na intimidade sexual com o marido, as mulheres podiam tomar a iniciativa, como foi o caso de Raquel e Lia, bem como recusar um casamento proposto, como fez Rebeca.

Saltando para os dias de Cristo e para a formação da igreja cristã primitiva, há menção a várias mulheres que fizeram parte do ministério de Jesus, muitas convivendo com Maria Madalena. Você provavelmente já ouviu falar da irmã de Maria, Marta, ou de Salomé, mãe de Tiago e João; Maria, mulher de Clopas; e

Joana, mulher de Cuza, responsável pela residência de Herodes Antipas. Isso sem contar a mulher do poço de Jacó, que se tornou a primeira missionária em Samaria, e outras líderes da igreja, como Febe, Júnia e Cloe, contemporâneas de Paulo.

Explorando mais textos do Novo Testamento, encontramos outros casos de mulheres em posições de liderança. Em Atos 2, os dons do Espírito são derramados sobre homens e mulheres, sem nenhuma distinção de gênero. O mesmo se dá em 1Coríntios 12:1-11, em que os dons do Espírito são dados a pessoas de forma individual, independentemente de sexo, idade ou posição social. O entendimento cristão primitivo era o de que Deus não trata os indivíduos considerando seu gênero ou sua aparência, mas de acordo com seu coração. Pedro, ao perceber a sinceridade no coração de Cornélio, primeiro pagão a se batizar no cristianismo, admitiu: "Reconheço por verdade que Deus não trata as pessoas com parcialidade" (At 10:34). Ainda que essas palavras não falem de discriminação de gênero, a inclusão da temática é óbvia. O apóstolo Paulo foi enfático a esse respeito quando escreveu uma carta à comunidade cristã da Galácia, na Ásia Menor: "Assim sendo, não pode haver judeu nem grego; nem escravo nem liberto; nem homem nem mulher; porque todos vocês são um em Cristo Jesus" (Gl 3:28).

Declarações como essas não significam romantizar o passado, ignorando as dificuldades que as mulheres daquele tempo enfrentavam. O quadro que descrevemos aqui visa tão somente desmistificar uma concepção anacrônica que demoniza qualquer tempo antigo.

No que diz respeito aos tempos bíblicos, as mulheres participavam de praticamente todas as atividades da vida diária, exceto das funções levíticas do templo, pois Israel não permitia o sacerdócio feminino. Isso, em um primeiro momento, pode parecer primitivo em relação a religiões "pagãs" que tinham mulheres sacerdotisas. Não obstante, se atentarmos para o tipo de serviço exigido delas, talvez entendamos por que Moisés não sancionou a imitação da prática.

Embora nos últimos anos os acadêmicos tenham evitado a nomenclatura "prostitutas cultuais" para se referir ao sacerdócio feminino, é ponto pacífico que sua participação consistia na atuação como parceiras sexuais de homens que reproduziam no rito a libido dos deuses. Embora fossem preparadas para isso, não se tratava, necessariamente, de sexo consensual, ainda mais quando nos referimos aos cultos da fertilidade, tão comuns na terra de Canaã. Os ritos que consistiam em relações sexuais não pagas e obrigatórias eram realizados no contexto do culto religioso, possivelmente como rito de fertilidade ou casamento divino. A mulher incorporava a divindade feminina, e o homem, algum deus procriador.

A preferência moderna por chamar essa prática de "sexo sagrado", evitando o vínculo com qualquer tipo de prostituição cultual, se dá pelo fato de o sexo da prostituição ser considerado por alguns como aquele realizado em troca de dinheiro, ao passo que as sacerdotisas pagãs não cobravam para realizar o ato em templos e festivais religiosos. Contudo, esse argumento é questionável. Primeiro porque, dependendo do código moral que adotamos, a prostituição pode envolver outros tipos de "desvio de conduta" que não impliquem a comercialização do sexo. Além disso, o testemunho de autores antigos como Heródoto, Estrabão e Curtius Rufus descreve o rito de iniciação das mulheres envolvendo dinheiro para o templo e sexo com desconhecidos.

Em *Histórias*, escrito no século 5 a.C., Heródoto relata um costume babilônico seguido em outros lugares, como Chipre, e o chama de "o mais vergonhoso de todos" (*Histórias* 1.199).

Segundo ele, em vários lugares as mulheres tinham de passar por uma espécie de rito de iniciação em que se sentavam no Templo de Afrodite e esperavam que estranhos as escolhessem, pagassem uma quantia aos cofres do santuário e, então, as desvirginassem. Todas faziam isso para a manutenção do culto de Afrodite. As mais bonitas terminavam rapidamente o rito e seguiam para casa; outras, consideradas menos atraentes, podiam esperar anos para completar seu "dever sagrado". A descrição é tão forte que muitos acadêmicos modernos duvidam da veracidade do que Heródoto diz. Contudo, práticas semelhantes foram identificadas em toda a Ásia ocidental.

O rito da fertilidade, ou casamento divino, poderia ser encarado como uma violação das mulheres, pois, ainda que a prática fizesse parte da cultura da época, não seria "natural" para muitas meninas se deixar escolher por desconhecidos para fazer sexo.

É possível imaginar que, para evitar que os israelitas de imitassem tais aberrações, Moisés não tenha inserido mulheres no ritual do santuário, ainda que não as tenha excluído da liturgia. Pelo contrário, elas participavam ativamente no ministério da música (Sl 68:25), oravam (1Sm 1:12), cantavam e dançavam em procissões religiosas (Êx 15:20). Elas certamente estavam presentes no cortejo da arca da aliança em Jerusalém, pois, no momento em que Davi dança, sua esposa o repreende por pular em meio aos servos e às servas (2Sm 6:20-22). Mulheres também se faziam presentes em reuniões religiosas e até de coroamento do rei (2Sm 6:19, Ct 3:11).

As mulheres foram igualmente incluídas na aliança quando Deus instituiu o acordo de paz com seu povo (Dt 29:11) e estavam junto ao povo quando Josué releu para todos o livro da Lei. A presença delas nesses momentos de solenidade não era uma opção, mas uma obrigação religiosa, assim como para os devotos homens (Dt 31:12). Em diversas outras passagens, vemos ainda mulheres livremente envolvidas no comércio e na administração de imóveis (Pv 31), bem como no trabalho manual fora do lar (Ex 35:25; Rt 2:7; 1Sm 8:13).

No Novo Testamento, a participação feminina no movimento de Jesus e posteriormente da igreja cristã é ainda mais claro. Nos quatro evangelhos, as mulheres são as primeiras a proclamar a ressurreição de Cristo, inclusive tendo Maria Madalena como a anunciadora proeminente (Mt 28:8-10; Mc 16:9-10; Lc 24:9-10; Jo 20:17-18). Foi também uma mulher a primeira missionária de Cristo no território dos samaritanos (Jo 4:28).

Ainda que numa situação bastante específica elas sejam encorajadas por Paulo a ficar caladas dentro da igreja (1Co 14:34--35), isso tinha um contexto próprio da igreja de Corinto que nada tem a ver com misoginia. Tanto que o próprio Paulo tinha uma mulher como coobreira, Priscila, esposa de Aquila, que em Atos 18:26-28 é vista junto com seu marido ensinando a doutrina para Apolo, um "homem eloquente e poderoso nas Escrituras [...] instruído no caminho do Senhor".

Ainda em Atos 21:9 temos a menção de quatro filhas de Filipe que profetizavam, e em Lucas 2:36 Ana profetisa nas mediações do Templo de Jerusalém. Concluindo sua carta aos Romanos, Paulo menciona uma certa Maria e um casal Andrônico e Júnias, a quem relaciona como apóstolos (Rm 16:6-7).

Não à toa, como defende Carol Meyers, conhecida teóloga feminista e autora do livro *Rediscovering Eve: Ancient Israelite Women in Context* [Redescobrindo Eva: antigas mulheres israelitas em contexto], a ideia de um patriarcado no judaísmo bíblico precisa ser revisada. Ela sugere o uso "heterarquia" para chamar atenção ao fato de que as mulheres tinham um papel mais ativo e mais abrangente do que imaginamos.

A história do modelo patriarcal nas ciências sociais e nos estudos bíblicos surgiu quando os antropólogos do século 19 usaram fontes gregas e romanas (em especial textos jurídicos) para interpretar os textos bíblicos concernentes a direito, propriedade e família. Mais tarde, sociólogos europeus ampliaram o uso para incluir o domínio masculino em toda a sociedade, que foi absorvido pela erudição bíblica. Hoje, no entanto, o modelo patriarcal de interpretação bíblica vem sendo desafiado não só pela pesquisa arqueológica como por outras áreas, como estudos clássicos, pesquisas sobre mulheres israelitas e teoria feminista. Por isso, Meyers concluiu que "heterarquia", mais que patriarcado, seria o termo adequado para se referir ao contexto bíblico.

Isso não quer dizer que a mulher dos tempos de Cristo, contemporânea a Maria Madalena, não sofresse certas restrições participativas na esfera social. Porém, é anacrônico transferir para aquele tempo a noção moderna do papel da mulher na sociedade – e, mesmo que o fizéssemos, deveríamos admitir que o ministério de Jesus foi mais inclusivo em relação às mulheres do que se imagina para sua época. Talvez tenha sido esse gesto de inclusão o que mais atraiu Maria para o movimento daquele desconhecido carpinteiro de Nazaré.

CAPÍTULO 5

Pureza ritual

"A pureza perfeita é possível se você transformar sua vida em uma linha de poesia escrita com um pouco de sangue."

Yukio Mishima

Uma das grandes características do povo judeu é sua capacidade de debater ideias. Há muitos exemplos: Abraão debateu com Deus, Jacó lutou com o anjo, o povo debateu com Moisés. E o Talmude está repleto de situações em que um rabino diz uma coisa e outro o refuta.

O que para uma mente não judaica implicaria confusão, para eles era uma oportunidade de ter diferentes opiniões expressas, comparadas e testadas. Os rabinos diziam que "uma discussão por causa do céu perdurará, mas um debate que não seja por causa do céu não vai durar" (*Pirkei Avot* 5:17).

É claro que alguns elevam essa característica à potência máxima, de modo a justificar o ditado que diz: "Se houver dois judeus discutindo, certamente haverá três opiniões". Fato é que a paixão judaica pelo confronto de ideias não é novo. Estava presente desde os dias em que Maria morou em Magdala.

Até que ponto Maria participava de alguns debates é, como se viu no capítulo anterior, inconcluso. Pode ser que, ao menos no reduto familiar, ela tenha se deparado com situações éticas que envolvessem especialmente mulheres e, a partir disso, tenha debatido com familiares, construindo sua própria visão de mundo.

Uma das características marcantes da prática religiosa judaica durante o período tardio do Segundo Templo, época em que Maria viveu, foi a preocupação exacerbada com as leis de pureza ritual, que englobam, inclusive, regras matrimoniais. Na literatura desse período, incluindo apócrifos e pseudepígrafos bíblicos, os manuscritos do mar Morto, o Novo Testamento e as obras de Filão de Alexandria e Flávio Josefo, encontramos referências frequentes a regras que faziam parte do cotidiano judaico.

Essas regras não eram tratadas da mesma forma por todos. Fariseus, saduceus, essênios e zelotas tinham posições bem particulares quanto a como lidar com rituais. O povo, de modo geral, ficava à mercê da interpretação de seu líder ou de alguém com poder. Um dos exemplos mais claros das diferenças de opinião seriam os famosos debates entre Shamai e Hillel, rabinos fundadores das principais escolas do tempo do Novo Testamento. Shamai era mais duro e legalista; Hillel tendia a ser mais aberto e tolerante. Discordavam em praticamente tudo, em especial quanto ao modo de purificar utensílios domésticos.

Ou seja, é impossível oferecer um quadro social do judaísmo que cercava Maria sem passar por esses ritos de comportamento, alguns dos quais baseados na Bíblia (Lv 11-15 e Nm 19) e outros criados por tradição posterior. Tais leis se relacionam com as numerosas fontes de impureza que podiam macular um judeu no dia a dia, como fluxos genitais, sangue, doenças de pele, insetos, doenças da terra e contato com cadáveres – tanto de animais como de seres humanos.

Foi o interesse na prática das leis de pureza ritual que suscitou o surgimento de diferentes grupos dentro do judaísmo. O movimento de Jesus, seguido por Maria, pode ser visto como um deles. Interpretações conflitantes dos detalhes dessas leis desempenharam um papel fundamental nos cismas do judaísmo que caracterizaram o período.

A PUREZA DO CALCÁRIO

Até recentemente, as fontes literárias eram nossa única janela para conhecer as antigas práticas judaicas de pureza ritual. Hoje, esses textos são complementados por uma gama de achados arqueológicos que fornecem evidências da centralidade dos rituais de pureza na vida diária dos judeus em toda a Judeia e a Galileia durante o período romano. Os principais achados, que parecem ter sido usados a partir dos tempos herodianos, são tanques de purificação com água e utensílios domésticos de pedra encontrados em muitas unidades domiciliares daquele tempo. Entender o funcionamento desses materiais é essencial para compreender o mundo de Maria.

Objetos feitos de pedra sempre ocuparam posição de destaque entre os artefatos utilizados pela humanidade. Eram ferramentas, armas ou utensílios usados para moer grãos, cortar carnes ou armazenar alimentos. Escavações conduzidas na Terra Santa, incluindo Magdala, trouxeram à luz uma extraordinária cultura material do período do Segundo Templo e revelaram um tipo de vaso de pedra feito de pedra calcária que seria predominantemente judeu.

O modo disperso como esses vasos foram encontrados em diferentes sítios aponta para o uso frequente e generalizado feito deles. Também indica o aumento do rigor na observância das leis de pureza nesse período. Mais tarde, a Halakah – que é todo o corpo da lei e tradição judaica, compreendendo as leis da Bíblia e a lei oral conforme transcrita na seção legal do Talmude – sistematizaria muitas dessas leis que já estariam em vigor nos tempos de Maria Madalena.

Entre elas, havia uma preocupação exacerbada com a pureza das pessoas. Mas não se tratava de higiene, muito menos idoneidade de caráter, e sim de pureza ritualística. Imagine, por exemplo, que um judeu ultrarreligioso esbarrasse em um cidadão de outro país que tinha acabado de comer carne de porco. Pela compreensão judaica, ele estaria contaminado e, por isso, exercícios constantes de purificação deveriam ser realizados. O uso preferencial de utensílios de pedra calcária em vez de barro também fazia parte desse processo, pois os judeus criam que a pedra garantia a não contaminação do produto.

Esse ambiente rigoroso do judaísmo em que viveu Maria era resultado de um processo de autorregulação rabínica, iniciado após o longo exílio hebraico na Babilônia, quando foram criadas regras alimentares que não estavam originalmente prescritas no texto bíblico. Esse preciosismo dura até hoje. O hábito judaico de ter pratos e talheres separados para laticínios e carnes é um exemplo moderno dessas leis antigas.

O fato de ambas as sinagogas escavadas em Magdala, bem como os utensílios encontrados nelas, serem feitas de pedras basálticas e calcárias entraria nesse contexto. Embora o basalto seja mais comum na região, os construtores usaram o calcário como matéria-prima, em obediência às rigorosas leis de purificação e santidade.

Os judeus religiosos só comem comida *kosher*, alimentos que cumprem rígidos padrões alimentares. São considerados *kosher* apenas os ingredientes permitidos na longa lista de Levítico 11 e Deuteronômio 14. Os que fogem ao permitido são considerados impuros para consumo, pois contaminam os que deles se alimentam. Os únicos seres marinhos que podem ser comidos são aqueles que possuem barbatanas e escamas (frutos do mar são proibidos), e apenas mamíferos que ruminam e têm pés fendidos podem ser consumidos, o que exclui porcos e afins. Aves de rapina e predadoras também estão proscritas.

Numa sociedade plural como a Galileia do período romano, judeus tinham de conviver com os *goym*, ou gentios, termo pejorativo para se referir aos não judeus. Suas relações eram, até certo ponto, respeitosas e tolerantes. Contudo, por causa das regras de pureza e dieta, a convivência era marcada por rígidos protocolos de distanciamento social. Um judeu que morasse em Magdala, por exemplo, não poderia comer na casa de um não judeu, mesmo que este servisse apenas o que estivesse de acordo com as leis do Levítico. Como os gentios não seguiam rituais de purificação do judaísmo, os judeus mais conservadores consideravam-nos impuros e dignos de desprezo. Misturar-se a eles era um sinal de contaminação e afastamento de Deus.

Ao que tudo indica, esse costume começou nos dias do rei Herodes (cerca de 40 a.C.) e se desfez durante a rebelião de Bar Kochba, em 135 d.C. Acreditava-se que os vasos de cerâmica seriam facilmente contamináveis e, por isso, deveriam ser eliminados. A pedra, por sua vez, era considerada um material que nunca se tornaria impuro. De fato, não há indícios de outros povos que tivessem o mesmo hábito quanto ao uso de utensílios feitos de pedra. Nos tempos antigos, a maioria dos copos, pratos, panelas e potes de armazenamento era de argila. Talvez por isso o Evangelho de João descreva que no casamento de Caná, quando Jesus realizou seu primeiro milagre transformando água em vinho, os donos da casa tinham jarros de pedra "que os judeus usavam para as purificações" (João 2:6). O tamanho dos vasos é o que mais chama a atenção. Em cada um deles cabiam de duas a três metretas, algo entre 80 e 120 litros de água, para que o convidado lavasse as mãos, os pés, a cabeça e os braços antes de se dirigir à mesa.

A dificuldade na averiguação arqueológica desses pontos é que, conquanto o uso dos utensílios de calcário seja evidenciado com abundância em diversas escavações datadas do Segundo Templo, é raro encontrar o local onde se fabricavam tais objetos. Até pouco tempo atrás, apenas dois locais de produção haviam sido localizados – ambos na região de Jerusalém. Em 2017, no entanto, arqueólogos encontraram mais uma antiga zona de extração e fabricação de talhas de pedra, desta vez na Galileia. Esse achado destaca não apenas o papel fundamental dos rituais de pureza para os antigos judeus, bem como sua ampla adoção no norte do país.

Não se deve pensar, porém, que o mundo em que viveu Maria era mais ilibado por causa desses preceitos cerimoniais. A própria origem dessa prática é suspeita: ao que tudo indica, o costume sancionado pelos corruptos sacerdotes de Jerusalém visava agradar o famigerado rei Herodes, que havia levado grande número de pedreiros para o país a fim de começar arrojadas construções civis por toda parte. Jerusalém parecia um verdadeiro canteiro de obras no período herodiano.

Assim, como forma de aumentar seus próprios recursos, Herodes encomendava a esses pedreiros a confecção de vasos de pedra que seriam vendidos à população por preços nada modestos, sob o argumento de que seu uso garantia maior pureza cerimonial diante de Deus. De acordo com Levítico 11:33, vasos de barro que fossem contaminados pelo contato com algum elemento impuro deveriam ser quebrados. Contudo, o texto nada diz acerca de vasos de pedra. Logo, esses poderiam ser apenas lavados e reutilizados. Essa era a justificativa, mas o objetivo, na verdade, era lucrar – nada muito diferente do que vemos hoje.

Banhos de purificação

De acordo com registros arqueológicos, a sociedade judaica dos tempos de Maria era profundamente ligada a regras de "santidade", "moral" e "pureza" pautadas muitas vezes não por piedade sincera, mas pelo intuito de criar uma classe religiosa supostamente mais pura e santa que as demais. Para isso, tanques de purificação que os judeus chamavam de *mikva'ot* foram construídos nas casas e nas proximidades das sinagogas, a fim de que os cidadãos realizassem um mergulho cerimonial nas águas captadas da chuva ou de nascentes locais. Vale dizer que os tanques encontrados por arqueólogos eram grandes o bastante para que o indivíduo entrasse, se agachasse e submergisse durante alguns segundos. Nada, nem tecido ou roupa íntima, poderia estar entre sua pele e a água purificadora. Normalmente, a pessoa descia pelo lado direito da escada e subia pelo esquerdo, recitando, em hebraico, preces que são conhecidas apenas pela tradição posterior aos tempos bíblicos.

A lei exigia que a pessoa mergulhasse no *mikva'ot* tanto no processo de conversão ao judaísmo quanto como prática de piedade religiosa. O mergulho poderia ser diário, sabático ou como uma forma de precaução, uma vez que judeus podiam se contaminar durante atividades do dia a dia, pois viviam em um contexto não totalmente judeu. Um rabino podia, por exemplo, cumprimentar algum não judeu que tivesse acabado de comer carne suína ou, então, encostar em um banco em que alguém que tocara num cadáver havia se sentado horas antes. Tudo isso maculava o judeu, que deveria, portanto, ser purificado.

Também era exigido que as mulheres se purificassem nas águas antes de se casar e quando estivessem menstruadas. No caso de algum sangramento não associado à menstruação, aplicava-se a lei de Levítico 15:25-28:

> Quando uma mulher tiver um fluxo de sangue por muitos dias fora do tempo da sua menstruação, ou quando tiver fluxo do sangue por mais tempo do que o habitual, todos os dias do fluxo ela ficará impura, como nos dias da sua menstruação. Toda cama sobre que se deitar durante os dias do seu fluxo será como a cama em que ela se deita na sua menstruação; e toda coisa sobre que se assentar ficará impura, conforme a impureza da sua menstruação. Quem tocar estas coisas ficará impuro; portanto, lavará as suas roupas, se banhará em água e ficará impuro até a tarde. Porém, quando lhe cessar o fluxo, então se contarão sete dias, e depois estará pura.

Ao seguir as leis da *niddah* (pureza menstrual), a mulher demonstraria fidelidade ao judaísmo. Havia outras razões que implicavam a necessidade do banho de purificação (*tevilá*, em hebraico), tanto para homens quanto para mulheres, mas as necessidades femininas se destacavam nas obrigações religiosas cotidianas.

Não se sabe ao certo quando esse costume surgiu. Alguns rabinos utilizam citações descontextualizadas nos livros de Moisés como base para o rito. Outros dizem que o costume é tardio. De fato, nenhum texto do Antigo Testamento faz menção explícita a esse rito; ele só é mencionado na Mishná, coletânea de textos judaicos compilada no final do século 2 d.C.

Do ponto de vista arqueológico, no entanto, a prática pode ser observada antes disso pela descoberta dos tanques de purificação não apenas em Magdala, mas em outros sítios datados a partir dos dias de Herodes. Se o rito era praticado antes desse período, é difícil dizer. A literatura anterior a Herodes e que pudesse nos dar informações sobre a prática é limitada e inconclusa.

Um dos textos que podem nos dar algum indício está no livro *A sabedoria de Ben Sira* (34:30), escrito entre 190 e 124 a.C. Lá, é perguntado de maneira retórica o que alguém que se purificasse nas águas após ter tido contato com cadáver por meio de outra pessoa ganharia. Ou seja, se a pessoa tivesse tocado alguém que, por sua vez, tocara um morto. Nem todos, porém, estão seguros de que menções como essa de fato fazem alusão às cerimônias de mergulho em voga nos dias de Cristo.

Apenas um texto encontrado entre os manuscritos do mar Morto especifica a imersão como método de purificação. Trata-se do 4QToharot A (4Q274), ou *Normas de pureza*, que predica sobre uma possível contaminação por parte dos homens, não das mulheres: "[Qualquer um] que entrar em contato com o sêmen, seja uma pessoa, seja um objeto, deve ser imerso; e quem o carregar [imergirá]; e a roupa sobre a qual [o sêmen] está, bem como o vaso que encontrou em contato [com o fluxo], deve ser imerso [na água]" (4Q274 2i 4-6). Esse trecho, porém, está numa escrita própria dos dias de Herodes, o Grande; ou seja, seria datado de, no máximo, 40 a.C.

Assim, é mais provável que a purificação individual nas águas tenha se tornado uma prática a partir dos séculos 2 ou 1 a.C., mas não antes disso. Flávio Josefo dá a entender que os banhos de imersão foram o método predominante, senão exclusivo, de purificação dos judeus no período romano. Parafraseando as normas sobre a lavagem com água para um homem que fizesse sexo ou tivesse poluição noturna (Lv 15:16-18; 22:4-6; Dt 23:10), ele dizia que tal homem só alcançaria a purificação "submergindo-se em água fria" (*Antiguidades Judaicas* 3:263).

Alguns teólogos consideram que o Evangelho de Marcos também faz referência a essa prática, o que o tornaria um testemunho antigo ao lado da citação de Josefo e da menção nos Manuscritos do Mar Morto. Marcos, porém, não fala de mergulhar o corpo; ele alude ao costume dos fariseus de afundar nas águas utensílios domésticos que pudessem ter sido contaminados. A nota explicativa está no capítulo 7:

> Porque os fariseus e todos os judeus, observando a tradição dos anciãos, não comem sem lavar cuidadosamente as mãos. Quando voltam da praça, não comem sem se lavar. E há muitas outras coisas que receberam para observar, como a lavagem de copos, jarros e vasos de metal e camas. (Mc 7:3-4)

O Evangelho de Lucas, escrito por volta do ano 60 d.C. (embora muitos o considerem do final do século 1 d.C.), fala de um religioso que convidou Jesus para jantar e admirou-se ao ver que ele não se lavara antes de comer (Lc 11:38). Alguns comentaristas sugerem que aqui estaria em questão a prática do banho de purificação, o que me parece um equívoco. O texto talvez faça alusão à lavagem cerimonial das mãos, não do corpo inteiro.

Outra passagem dúbia é a de Hebreus 9:10, que, se for um texto paulino, também dataria aproximadamente do ano 60 d.C. Nela, o autor, descrevendo o caráter provisório das práticas do antigo santuário hebreu, fala de seus ritos como apenas "ordenanças da carne, baseadas somente em comidas, bebidas e diversas cerimônias de purificação, impostas até o tempo oportuno de reforma". Nada, porém, indica que a referência seja à prática do *tevilá* nos dias de Cristo, pois a lei mosaica orienta diversas formas de purificação com água.

Seja como for, não restam dúvidas de que nos dias de Maria Madalena o banho ritualístico *tevilá* estava em voga e era apreciado tanto pelos moradores de Jerusalém quanto pelos judeus da Galileia; ou, ainda, pelos judeus de Magdala, sua provável cidade. Até mesmo o odiado rei Herodes teria feito questão de construir em seus palácios tanques de purificação, às vezes adjuntos à casa de banhos romana – quem sabe para passar ao povo um ar de piedade religiosa que ele não possuía.

Menstruação

Embora a *tevilá* fosse dever religioso de todos, tanto de homens como de mulheres, rabinos reforçavam a obrigatoriedade feminina, em especial para as mulheres casadas, por causa da fisiologia reprodutiva e do ciclo menstrual. Até hoje, discute-se o papel desse rito no que diz respeito à mulher no judaísmo: seria ele um reforço identitário ou um símbolo de opressão?

Seja qual for a resposta, ritualizar a menstruação era parte da formação da identidade de gênero para as mulheres na cultura rabínica. Se, por um lado, é anacrônico julgar os ritos da época com base nos valores feministas de hoje, por outro, seria ingênuo negar um sexismo embutido nas atitudes dos contemporâneos de Maria em relação a mulheres e meninas.

No judaísmo tradicional, o termo para se referir a uma mulher sangrando (por menstruação ou por outro motivo) era *niddah*. A palavra também era aplicada a mulheres que ainda não tivessem se purificado com o mergulho em um *mikveh* após o ciclo menstrual. No livro de Levítico, vê-se que a Torá, desde os dias de Moisés, proibia os homens de ter relações sexuais com uma *niddah*. Tal proibição foi mantida no judaísmo tradicional e também pelos samaritanos, etnia mista não aceita pelos judeus do tempo de Jesus.

Se olharmos a motivação de leis como essa, perceberemos que a Torá, longe de prescrever misoginia, intentava salvaguardar a dignidade feminina. O mandamento indicava: "Quando uma mulher tiver um fluxo de sangue por muitos dias fora do tempo da sua menstruação, ou quando tiver fluxo do sangue por mais tempo do que o habitual, todos os dias do fluxo ela ficará impura, como nos dias da sua menstruação" (Lv 15:25). O sentido apontado por especialistas em hebraico difere daquele dado por Lauri Weissman, que afirmou que, na Bíblia, tanto a menstruação quanto o sistema reprodutivo da mulher seriam uma "ofensa a Deus, para quem as mulheres precisam de redenção através da intervenção regular da ação masculina".[1] Tal declaração confunde o que a Bíblia *descreve* com aquilo que ela *prescreve*. Essas determinações nada tinham a ver com algum tipo de ofensa ao sagrado. Suas razões eram de cunho sanitário, e isso é hoje confirmado pela ciência.

É importante perceber que o ritual de purificação indicava uma condição temporária, cujas regras valiam tanto para fluxos femininos (sangue de menstruação) quanto para fluidos masculinos (esperma). Ou seja, homens também precisavam ser purificados. "Quando um homem tiver emissão de sêmen, banhará todo o seu corpo em água e ficará impuro até a tarde. Toda roupa e toda peça de couro em que houver sêmen têm de ser lavadas

---

1. WEISSMAN, Lauri. Half Human: How Jewish Law Justifies the Exclusion and Exploitation of Women. In: GARST, Karen L. (org.). *Women v. Religion:* The Case Against Faith – and for Freedom. Durham: Pitchstone Publishing, 2018, p. 60.

em água e ficarão impuras até a tarde" (Lv 15:16-17). A diferença da permanência do estado impuro de cada um tem a ver com a duração de cada fluxo e com a frequência com que ocorriam.

É consenso entre infectologistas que qualquer fluido corporal contaminado com sangue deve ser considerado capaz de transmitir hepatite B, hepatite C e aids. O sêmen e as secreções vaginais também devem ser considerados potencialmente capazes de transmitir esses vírus. Agora, imagine como era viver em meio a nômades, como os hebreus em sua caminhada de quarenta anos pela península do Sinai. A multidão que vagueava no deserto não era formada por médicos, artistas e intelectuais. Eram especialmente homens, pessoas provincianas, rudes ou – segundo a própria Bíblia – sujeitos de "dura cerviz" (At 7:51, ARC), uma expressão que compara o povo a cavalos indomados.

Talvez por isso o tom das leis mosaicas fosse tão duro; afinal, tratava-se de palavras dirigidas a um grupo inserido numa cultura de brutalidade e desprovido dos conceitos gerais de eufemismo. Deus precisava domá-los para, então, educá-los – processo que, a princípio, demandava regras rígidas e poucas explicações.

Além disso, precisamos ter em mente que a água era escassa. Pense em mulheres sem o luxo de um banho diário sendo importunadas por maridos que não consideravam a tensão pré-menstrual ou o desconforto menstrual. Retirar tais mulheres do arraial e proibir os homens de as tocarem quando menstruadas seria, nesse contexto, um gesto sanitário, protetivo e dignificante. As hebreias, provavelmente, sentiram-se aliviadas e agradecidas pela lei de Moisés.

Já pensou como seria Israel sem essas regras? Bastaria um indivíduo ser contaminado por algum vírus letal e logo haveria um surto ou uma epidemia dizimando praticamente toda a população. Por isso, essas leis abarcavam também outras condições corporais: "Aquele que tocar no cadáver de uma pessoa ficará impuro durante sete dias" (Nm 19:11).

Também haverá um lugar fora do acampamento, para onde vocês devem ir e fazer as suas necessidades. Tenham entre as suas armas uma pá; e, quando alguém se abaixar, fora do acampamento, cavará um buraco com a pá e, virando-se, cobrirá as fezes com terra. Porque o Senhor, seu Deus, anda no meio do acampamento de vocês para livrá-los e para entregar os inimigos de vocês em suas mãos; portanto, o acampamento de vocês deve ser santo, para que ele não veja em vocês coisa indecente e se afaste de vocês (Dt 23:12-14).

No entanto, mesmo com todas essas justificativas, nos dias de Maria Madalena, o que no passado tinha função sanitária e protetiva acabou se tornando instrumento de segregação e hostilidade. É a velha questão de ler um texto fora de contexto! Essas pessoas não estavam mais no deserto nem tinham as limitações daqueles que vinham do Êxodo, mesmo assim trocaram o princípio da lei pela aplicação cultural dela e distorceram o ideal de Deus.

Maria cresceu em um contexto que enxergava o corpo feminino como o último reduto de santidade; quando se acreditava, por exemplo, que se uma mulher menstruada se sentasse sob uma árvore os frutos ficariam murchos. Se tocasse uma espada ou uma ferramenta afiada, esta perderia o corte; se bebesse água num copo de metal, o objeto teria gosto ruim.

O tabu em relação ao contato corpóreo da mulher com esses e outros objetos se dava por causa da própria noção que tinham de santidade e impureza. Ambos os termos, apesar de antagônicos em sua natureza, possuíam a mesma definição: algo intocável. O que era santo não poderia ser tocado para que não ficasse maculado, daí a expressão "Não toquem nos meus ungidos" (Sl 105:15), isto é, não lhes faça mal nem os contamine. Por outro lado, dava-se a ordem explícita: "Não toquem em coisa impura!" (Is 52:11). A mulher era a representação ambígua do que havia de mais puro e mais contaminado. Logo, a referência do não contato com seu corpo encontrava sentido nesse entendimento de santidade.

No Talmude babilônico, os rabinos escreveram que, "se uma mulher menstruada passar entre dois [homens], no início da menstruação, ela matará um deles; se estiver no fim da menstruação, causará discórdias entre eles" (*P'sachim* 111a). Por isso, a partir dos tempos do Novo Testamento, os judeus não só isolavam as mulheres menstruadas, como proibiam os familiares de falar com elas. Aqueles que ficavam responsáveis por lhes levarem comida no período de recolhimento tinham de servi-las a certa distância e sair antes que as mulheres aparecessem para recolhê-la. O que a princípio poderia ser uma lei protetora da dignidade feminina, protegendo-a na menstruação do toque inoportuno de um homem, tornou-se, em muitos ambientes, um motivo de sexismo e segregação.

Quebrando tabus

Embora este não seja o momento para falar do encontro de Maria Madalena com Cristo, é interessante adiantar que, enquanto ela e as demais mulheres eram separadas do convívio familiar uma vez por mês, a pouco menos de dez quilômetros de Magdala o tabu da menstruação era rompido não apenas por discurso, mas por um movimento que quebrou um paradigma.

O episódio aconteceu em Cafarnaum e envolveu Jesus, uma mulher menstruada e o chefe da sinagoga local, que se chamava Jairo. Tudo começou quando a filhinha de Jairo ficou gravemente doente e se viu à beira da morte. A essa altura, Jesus já havia se mudado de Nazaré para Cafarnaum, e muita gente, ouvindo a respeito de seus milagres e seus ensinos, ia para lá a fim de ver pessoalmente aquele rabino, diferente de todos os outros.

Ao encontrar Jesus, que voltara de barco com seus discípulos, Jairo implorou para que fosse à sua casa e curasse a menina. Compadecido, Jesus seguiu com ele em meio a uma pequena multidão que se aglomerava nas ruelas típicas das cidades daquele tempo. Enquanto seguiam, Jesus parou bruscamente e fez a pergunta mais sem sentido que alguém poderia fazer naquele momento: "Quem tocou na minha roupa?" (Mc 5:30). Até mesmo os discípulos mais íntimos ficaram incomodados e disseram: "O senhor está vendo que a multidão o aperta e ainda pergunta: 'Quem me tocou?'" (v. 31). Jesus respondeu com uma frase tão enigmática quanto a primeira: "Alguém me tocou, porque senti que de mim saiu poder" (Lc 8:46). O momento era tenso, a filha de Jairo estava morrendo e um minuto poderia fazer a diferença. Mas Jesus sabia exatamente o que fazia. No fim do episódio, ele ressuscitou a garota.

O que nos interessa aqui é o motivo de ele ter interrompido a caminhada: ali, em meio à multidão, havia uma mulher anônima que, por doze anos, sofria de uma doença ginecológica que fazia com que mulheres tivessem hemorragia, um fluxo constante de sangue, como se estivessem permanentemente menstruadas. Imagine como era a vida de uma mulher assim, vivendo em uma condição que a tornara intocada por doze anos. Ninguém chegava perto dela, nem vizinhos, nem parentes – provavelmente, tampouco o marido e os filhos. Ninguém podia nem mesmo dirigir-lhe a palavra.

Pelos costumes da época, só o fato de não ter uma figura masculina que procurasse Jesus em favor dela nos leva a crer que, independentemente de seu estado civil, tratava-se de uma mulher repudiada. Ninguém intercedeu por ela. Marcos 5:26 traz, ainda, a desconcertante informação de que essa mulher "havia padecido muito nas mãos de vários médicos e gastado tudo o que tinha, sem, contudo, melhorar de saúde; pelo contrário, piorava cada vez mais".

Essa nota mostra que, apesar de haver limitações à atuação das mulheres na vida pública e comercial, as leis judaicas matrimoniais e de propriedade permitiam que elas administrassem o capital adquirido por meio de dote, herança e, em caso de divórcio inocente ou viuvez, sua *ketubbah*, isto é, seu contrato nupcial.

Embora os pagamentos indenizatórios de *ketubbah* a uma viúva ou a uma divorciada incluíssem animais e propriedades, havia também uma quantidade de dinheiro adequada. Assim sendo, conquanto o contexto social pressupusesse um controle masculino sobre o destino das mulheres, há evidências de que algumas conseguiam, a duras penas, gerenciar seus próprios recursos. Essa senhora da história poderia ser uma delas.

O modo como ela se aproximou de Cristo nos leva a pensar que era de outra região e não tinha muitos conhecidos ali. Afinal, se os presentes conhecessem sua condição de impureza, não a deixariam chegar tão perto. Por isso, ela serpenteou anonimamente entre a multidão, até conseguir, com a ponta dos dedos, pegar naquilo que Lucas 8:44 (ARC) descreve como "a orla da veste" de Cristo.

A palavra traduzida como "orla" merece atenção. O grego traz o termo *kraspedon*, que equivale ao hebraico *tzitzit*. Trata-se de uma parte da indumentária dos judeus religiosos reverenciada até hoje. Talvez você já tenha visto um judeu ortodoxo usando por baixo da camisa social uma espécie de xale branco, o *tallit katan*, ou talite, com quatro cordas ou franjas amarradas e que saem abaixo da cintura e aparecem penduradas como um adereço. "Coloque franjas nos quatro cantos do manto que você usa" (Dt 22:12). É uma peça muito importante do vestuário, um lembrete dos mandamentos do judaísmo. Significa que estão na presença de Deus.

Nas ruínas da comunidade de Qumran, nos arredores do mar Morto, arqueólogos encontraram partes de talites datados do século 1 d.C., o que indica que se trata de uma tradição judaica de milênios atrás. Aliás, vemos em pelo menos duas passagens da Torá que o mandamento que deu origem a esse costume remonta aos dias de Moisés:

> Fale aos filhos de Israel e diga-lhes que ao longo das suas gerações coloquem franjas [*tzitzit*] nas extremidades das suas capas e ponham um cordão azul em cada franja [*tzitzit*]. E as franjas [*tzitzit*] estarão ali para que, ao vê-las, vocês se lembrem de todos os mandamentos do Senhor e os cumpram, para que vocês não se deixem arrastar à infidelidade, seguindo os desejos do seu coração e dos seus olhos. As franjas [*tzitzit*] estarão ali para que vocês se lembrem de todos os meus mandamentos, os cumpram e sejam santos ao Deus de vocês. Eu sou o Senhor, o Deus de vocês, que os tirei da terra do Egito, para ser o Deus de vocês. Eu sou o Senhor, o Deus de vocês.

Os judeus hoje utilizam apenas *tzitzit* na cor branca, porque acreditam não ser mais possível obter o azul original que é mencionado nos mandamentos. Portanto, nos dias de Cristo, esse manto de oração era fundamental para representar a religiosidade de um rabi. Os fariseus, por exemplo, criticados por Cristo devido à hipocrisia religiosa, são descritos em Mateus 23:5 como tecendo franjas visivelmente grandes para proclamar a todos sua ortodoxia. E foi numa dessas quatro cordas ou franjas das vestes de Cristo que a mulher tocou.

Sentindo-se imediatamente curada, ela talvez tenha tentado esquivar-se, mas Jesus parou o trajeto e perguntou quem havia tocado nele. A princípio, ela provavelmente sentiu constrangimento e medo. Pelas regras cerimoniais, havia contaminado um homem santo. Seu castigo poderia ir da repreensão pública à agressão por parte dos mais exaltados. Era difícil saber qual seria a consequência.

A reação de Cristo foi a mais inusitada possível: ele não a recriminou nem expôs publicamente sua condição. Apenas disse, com bondade: "Filha, a sua fé salvou você. Vá em paz" (Lc 8:48). Essa, aliás, foi a única ocasião de que temos registro em que ele usou a palavra "filha" para se dirigir a uma mulher. É possível que, após esse encontro de cura e restauração, ela tenha seguido Jesus em companhia de outras mulheres curadas ou redimidas que faziam parte de seu séquito de discípulos, conforme lemos em Lucas 8:1-3: Jesus "andava de cidade em cidade e de aldeia em aldeia, pregando [...]. Iam com ele os doze discípulos, e também algumas mulheres que haviam sido curadas [...]: Maria, chamada Madalena, [...] Joana, mulher de Cuza, procurador de Herodes; Suzana e muitas outras, as quais, com os seus bens, ajudavam Jesus e os seus discípulos".

Seguir Jesus num mundo de impurezas

Seria um erro supor que Jesus não dava valor às regras de pureza. Em que pese sua crítica aos exageros e à hipocrisia de muitos religiosos de seu tempo, Jesus não invalidou as leis que eles seguiam. "Não pensem que vim revogar a Lei ou os Profetas", disse no Sermão da Montanha, "não vim para revogar, mas para cumprir" (Mt 5:17).

Não podemos deixar nosso afã por encontrar em Jesus um endosso para a igualdade de gênero nos fazer negar que ele era um perfeito judeu. Isso seria trocar um preconceito por outro. Jesus cumpriu a lei de Moisés, mas condenou as distorções dela.

Alguns pensam que, ao dizer "Vocês ouviram o que foi dito aos antigos [...]. Eu, porém, lhes digo [...]" (v. 21,22; cf. vv. 27,31,33,38,43), Jesus estaria citando a Torá e contrapondo-se a ela. Ledo engano! Isso contraria a abertura do sermão em que ele afirma ter vindo cumprir a lei e que, enquanto houvesse céus e terra, nenhum mandamento seria caduco (Mt 5:18). A forma como Jesus citava as Escrituras era sempre marcada por frases do tipo "está escrito", "vocês nunca leram?" (cf. Mt 4:6,7,10; 11:10; 12:3,5; 19:4; 21:13 etc.). Nas referidas antíteses do Sermão do Monte, nenhuma dessas fórmulas é usada, de modo que, quando Jesus diz "vocês ouviram", ele faz referência ao modo como escribas e fariseus, seus principais oponentes, interpretavam as Escrituras. Os rabinos chamavam essa tradição oral de "tradição dos anciãos" (Mc 7:3,5,8,9,13), e era a ela que Jesus se opunha.

Uma evidência de que Jesus valorizava os princípios do judaísmo é o momento de seu batismo. João Batista se surpreende com o fato de Jesus ir até ele a fim de realizar aquele rito e o interpela, dizendo: "Eu que preciso ser batizado por você, e é você que vem a mim?" (Mt 3:14). A enigmática resposta de Cristo foi: "Deixe por enquanto, porque assim nos convém cumprir toda a justiça" (v. 15). E o que seria a justiça senão os preceitos e as ordenanças de Deus aos judeus?

Por isso, os evangelistas retratam Jesus como um legítimo judeu cumpridor da lei. Ele é apresentado no templo e depois circuncidado (Lc 2:21-24); sua mãe se purifica após seu nascimento exatamente como qualquer mulher israelita (Lc 2:22; Lv 12:2-6). Aos 12 anos, Jesus volta ao templo para fazer o que muitos entendem como o rito do *bar mitzvah*, ainda que fontes tardias indiquem que essa cerimônia ocorria somente aos 13 anos.

Enfim, são muitos os exemplos de que Jesus valorizava os preceitos da religião judaica. Ele estava tão preocupado com as questões de pureza quanto qualquer outro judeu de seu tempo. O que diferenciava seu ensino era a denúncia daquilo que contaminava as pessoas. Para Jesus, não eram somente alimentos, emissões corporais ou contato com cadáveres. Tinha a ver com o que flui do coração em forma de palavras, pensamentos e ações (Mt 15:17-20).

Entendendo isso, vemos que certas regras de pureza do antigo Israel tinham sentido e eram bem instrutivas caso fossem corretamente adaptadas para um novo contexto. A pretensão de Cristo não era revogar antigos preceitos, mas ampliá-los e colocá-los em seu devido lugar. A ideia não era afrouxar os laços, e sim compreender que as pessoas piedosas deveriam ampliar a lista de impurezas com adultério, calúnia e discriminação.

Os rabinos da Galileia encaravam a impureza como uma ameaça a sua autoridade. Considerando o contágio um risco externo, eles se cercavam de inúmeros ritos de proteção. O medo excessivo misturado com o orgulho os fazia crer que a impureza estava a cada esquina esperando para contaminá-los. Tal fobia os levava a seguir um estilo de vida restrito e discriminador em relação ao próximo. Era uma vivência de ostracismo, uma vez que pessoas, lugares e objetos poderiam transmitir impurezas.

Jesus, enquanto rabino, ensinava seus seguidores a não viverem com medo. Pelo contrário, instruía a se comunicarem com o mundo e os pensamentos maus. Deveriam andar por assassinatos, roubos e fornicações sem medo de contaminação, pois a verdadeira pureza vem de dentro, não de fora.

É claro que mulheres menstruadas precisavam se purificar, ou se higienizar, assim como qualquer homem com fluxo seminal, por exemplo. Porém, um assassino ou caluniador espalharia mais impurezas que uma mulher sangrando. A questão não é desconsiderar a necessidade higiênica, mas acentuar que fluxos humanos se lavam com água, enquanto a sujeira da alma nem as Cataratas do Niágara são capazes de limpar.

Assim, a mensagem de Jesus ia no âmago da questão, denunciando a inversão de valores promovida pela sociedade. Coisas muito mais contaminantes eram toleradas, enquanto impurezas menores eram tratadas como casos de calamidade pública. O resultado disso eram a discriminação, o julgamento e os preconceitos.

CAPÍTULO 6

O mundo em que Maria cresceu

"*A escuridão não pode dissipar a escuridão; apenas a luz pode fazer isso. O ódio não pode dissipar o ódio; apenas o amor pode fazer isso.*"
MARTIN LUTHER KING JR.

A manhã de 14 de março de 4 a.C. é a data provável do relato que se segue. A comitiva do rei Herodes se prepara às pressas para deixar seu palácio de inverno em Jericó, um lugar paradisíaco no vale do Jordão, com direito a piscinas, hidromassagens, jardins ostensivos e até uma plantação de bonsais. O normal seria seguirem para Jerusalém, 25 quilômetros ao norte, uma vez que a Páscoa estava chegando. Mas o destino eram as termas de Calírroe no mar Morto, cerca de quarenta quilômetros a sudeste de Jericó. O motivo do deslocamento era o estado de saúde do rei, que não estava nada bem naqueles dias.

Flávio Josefo, que viveu na segunda metade do século 1 d.C., descreve os eventos da ocasião a partir das anotações de Nicolau de Damasco, escritor e historiador grego que era amigo pessoal do rei. Tendo sobrevivido a guerras, acidentes e epidemias, Herodes parecia ter uma saúde de ferro, até que estranhos sintomas começaram a surgir em seu corpo. Entre eles, coceira intensa, dor intestinal, falta de ar, convulsões e gangrena da genitália. Em 2002, o doutor Jan Hirschmann, professor de medicina na Universidade de Washington, se valeu desses antigos testemunhos para dar seu próprio diagnóstico. Antes disso, muitos acreditavam que complicações da gonorreia tinham causado a enfermidade do monarca. No entanto, os sintomas sugerem que o maléfico Herodes, conhecido por assassinar parentes e ordenar a morte de crianças em Belém, sofria de uma doença renal crônica, agravada por uma infecção incomum da genitália chamada gangrena de Fournier.

Pouco mais de quinhentos casos desse mal foram documentados no mundo, o que faz dessa enfermidade algo bastante raro. Ela é causada pela bactéria *Staphylococcus aureus*, que infecta e mata as células rapidamente, tornando o tecido preto e malcheiroso. Na época, Herodes tinha cerca de 69 anos.

Nenhum tratamento, nem mesmo nas águas termais, fez efeito. Ele sabia que estava morrendo e, já sem esperanças de melhora, seu comportamento se tornou ainda mais selvagem. Tratava a todos com aspereza e se tornou raivosamente irracional. Corria o boato de que seu sofrimento era castigo divino. Foi nesse período que Herodes ordenou que o levassem de volta a Jericó e elaborou o que seria seu último ato de brutalidade. Sabendo que a maioria dos judeus o odiava, ele determinou em seu testamento que, em um dia específico, os principais líderes judeus fossem reunidos em Jericó. Ao atenderem à convocação do rei, todos foram aprisionados para serem executados no dia de sua morte. Herodes queria que, de uma forma ou de outra, houvesse grande luto quando ele morresse. Felizmente, sua vontade não foi atendida. Depois de seu último suspiro, sua irmã Salomé ordenou a soltura de todos e os enviou de volta para casa. Quando o testamento foi lido, já não havia ninguém a ser executado.

O dia da morte de Herodes – ironia das ironias – tornou-se um feriado de celebração no calendário judaico. Conforme seu último desejo, o reino foi dividido entre os filhos que ele decidiu não assassinar – apenas um deles, que vivia em Roma, não participou da partilha. Arquelau, um de seus filhos com Maltace, recebeu o melhor território, que incluía a Judeia, a Idumeia e a Samaria. Herodes Filipe, filho de Cleópatra, sua quinta mulher, ficou com a Transjordânia; e Herodes Antipas, outro filho com Maltace, herdou a Pereia e grande parte da Galileia, incluindo a cidade de Magdala, onde começa a história de Maria.

Não podemos precisar o ano exato em que Maria Madalena nasceu, mas, sem dúvida, foi na época em que os herdeiros de Herodes disputavam o território judeu. Isso porque, apesar do que estava expresso no testamento real, a divisão do reino tinha de ser sancionada por Roma.

Após a morte do monarca, os três herdeiros correram para pedir a benção de Augusto César. Nenhum deles, contudo, era amado pelo povo. Pelo contrário, o ódio que as pessoas nutriam pelo pai se acirrou ainda mais em relação aos filhos. Nesse quesito, Arquelau foi o pior deles, pois sua incompetência e sua tirania foram tais que o próprio César retirou dele o direito de reinar sobre a Judeia, banindo-o para a Gália. Quanto a Herodes Filipe e Herodes Antipas, Augusto praticamente não alterou o que lhes estava prescrito.

Enquanto isso, revoltas anti-herodianas explodiam pelo país, ainda que fossem reprimidas com violência pelo exército romano. Em Jerusalém, mais de 2 mil rebeldes foram crucificados em um só dia pelo governador da Síria, e os tumultos se espalharam por outras partes, alcançando a Pereia e a Samaria. Nenhum lugar, porém, teve mais focos de rebelião que o entorno do mar da Galileia. Portanto, sabemos que Maria cresceu em meio a grande agito popular e podemos intuir que não era fácil, como menina, gravitar entre o medo da punição e o sonho de liberdade.

A política dos Herodes havia criado um mundo que agradava progressistas e revoltava conservadores, e grande parte da paisagem que Maria Madalena conheceu havia sido construída ou remodelada por alguém da família herodiana. Um exemplo era o Templo de Jerusalém – orgulho para alguns, abominação para outros. Havia também as estradas, os portos, as fortalezas e as cidades recém-inauguradas na Galileia. A própria cidade de Tiberíades, verdadeiro balneário romano, foi construída nos anos 20 d.C. a apenas oito quilômetros de onde morava Maria. Ela certamente viu as festas de inauguração e ouviu, de sua casa, as acaloradas conversas em torno desses projetos urbanísticos.

No campo político, as perspectivas eram desanimadoras. O povo estava cansado dos líderes e da corrupção em Jerusalém. Eram muitos os crimes em nome de Deus. Confiar na intenção dos homens se tornara difícil. Tentando aproveitar-se do vácuo de uma liderança eficaz, vários pretensos messias surgiram, com a promessa de triunfo sobre os romanos. Suas palavras de ordem contavam com o apelo da "novidade" e do espírito nacionalista, o que aumentava a força de seu argumento, especialmente entre os mais jovens que, como Maria, sonhavam com um mundo melhor.

Nacionalismo judeu

A crise que teve início com a morte do rei Herodes desencadeou uma sucessão de atos políticos por parte do povo, com diversas consequências para as ideologias de vários líderes que passaram pela Galileia. O nacionalismo radical que eles pregavam não era uma ideia de todo nova, embora tivesse certo frescor. Os judeus já haviam sido submetidos, vez após vez, a regimes estrangeiros, e nem todos foram de caráter violento. Os persas, por exemplo, trataram os exilados com dignidade, não apenas permitindo seu retorno a Jerusalém, como facilitando a reconstrução dos muros e do templo que os babilônios haviam destruído.

As divisões e as queixas entre o povo judeu ganharam força durante a administração dos romanos e dos filhos de Herodes. Festas como o Hanucá, que comemora o dia em que os macabeus expulsaram os gregos de Jerusalém, ganharam feições escatológicas no imaginário popular, o que inspirou a criação de comunidades messiânicas. Esses grupos viviam em lugares ermos a fim de se preparar para a guerra dos filhos das trevas contra os filhos da luz.

Os famosos manuscritos do mar Morto foram produzidos por uma dessas comunidades, provavelmente a dos essênios, que migraram para o deserto da Judeia. Na guerra do bem contra o mal, romanos e sacerdotes corruptos formavam o exército das trevas, enquanto os membros da seita formavam os soldados da luz. Para os essênios, no entanto, a guerra era espiritual, ao passo que para outros, como os zelotas, o combate era real. Eles entendiam a tributação romana como o fim da autonomia judaica e um desafio à autoridade de Deus, que decretara a vitória de Israel, seu povo escolhido. Questões de ordem econômica somadas à corrupção no Templo de Jerusalém também contribuíram para a agitação na Judeia, na Galileia, na Idumeia e em outros territórios judeus.

Nesse contexto, ideias nacionalistas de sabor apocalíptico tomaram conta das massas – e Maria cresceu convivendo com esses assuntos. A rápida proliferação de movimentos de massa desafiando Roma fazia supor que todos estavam à espera de um líder. O problema era separar o joio do trigo, pois muitos demagogos apareciam oferecendo falsas esperanças para um povo cansado de esperar pelo verdadeiro messias.

Na tentativa de agradar o governante à época, Josefo fala de Herodes livrando a Galileia dos ladrões (em grego, *lestai*). A escolha do termo é elucidativa. Diferentemente de *kleptês* ou de *kleptai*, palavras comuns para "ladrão" e "ladrões", Josefo utiliza *lestai*, cujo significado seria "bandidos que praticam pilhagem e usam de violência contra indefesos a fim de levar a cabo seus planos".[1] Por não suportarem a contraposição de ideias, os *lestai* punham sua agenda acima da liberdade humana. Se tal terminologia procede, podemos afirmar que eram verdadeiros terroristas, com práticas que envolviam sequestro, assassinato e até ataques a civis. Na guerra judaica de 66 a 70 d.C., um grupo de rebeldes zelotas invadiu a vila judaica de En-Gedi buscando suprimentos e, no decorrer do saque, mataram setecentos moradores, incluindo mulheres e crianças. Em outra ocasião, atearam fogo nos silos de Jerusalém apenas para obrigar o povo, faminto, a lutar contra seus inimigos.

Claro que nem todos concordavam com essas barbáries; havia os moderados e os mais extremistas. Ademais, a falta de um líder que unificasse todos em torno de um só propósito permitia que os mais exaltados assumissem ações com características de guerra civil. Brigas internas pela liderança, somadas ao oportunismo de muitos, faziam com que os movimentos se desviassem de seus objetivos. O grande problema para uns era a pesada

---

1. LIDDELL, H. G.; SCOTT, R. "λῃστής". *In: A Greek-English Lexicon*, Oxford: Clarendon Press, 1940.

cobrança de impostos; para outros, era a libertação de Jerusalém; e, para outros ainda, era o ódio a Roma e à dinastia de Herodes. Essas disputas oferecem argumento para a tradição rabínica seguinte, que responsabilizou os rebeldes pela destruição do templo no ano 70 d.C. Foram tais ações desastrosas que resultaram na fúria romana atiçada pelo que o Talmude chamou de *sin'at chinam* (ódio infundado) dos rebeldes, que, na verdade, não tinha nada a ver com a luta contra um opressor externo (*b. Yoma* 9b). O pobre e o marginalizado, nesse discurso, eram elementos de demagogia para justificar a conexão entre tribulação e liberdade nacionalista.

As revolucionárias

Além de questões econômicas e sociais, o elemento religioso também se fez presente na luta armada dos judeus. Os movimentos nacionalistas não tinham, na maioria dos casos, contornos apocalípticos, ou seja, as revoltas não visavam a um cataclismo que transformasse fundamentalmente a humanidade. Muitas ações revolucionárias tinham motivação mais antropocêntrica que teológica. Mesmo assim, a tensão e a instabilidade causadas pelos conflitos com as autoridades deram espaço a figuras messiânicas que conferiram tom profético a movimentos que não seriam, a princípio, religiosos. Por isso, é difícil para nós, hoje, separar o secular do sagrado na história dessas revoluções.

Outra dificuldade atrelada ao aspecto religioso dessas lutas armadas era até que ponto mulheres teriam ou não participado da resistência. No campo de estudo da sociologia da religião, é ponto pacífico que, mesmo em religiões de matriz patriarcal, elas sempre foram mais zelosas na fé que os homens. Estes podem aparentar maior participação por terem papéis mais destacados numa liturgia predominantemente masculina. No judaísmo que dominou a Galileia nos tempos de Maria, o papel da mulher parece bem apagado, em especial porque temos a impressão de que as mulheres eram relegadas à condição de criaturas "domésticas", isto é, se mantinham confinadas em casa, enquanto os homens atuavam como sujeitos públicos, sociais e políticos.

De acordo com as concepções greco-romanas de gênero, a vitória romana na Primeira Revolta Judaica deixou os judeus emasculados. Talvez por isso Flávio Josefo procura, em suas reconstruções históricas, sobrevalorizar a "masculinidade" de seu povo. Ao marginalizar a conduta dos rebeldes – pois Josefo não queria desagradar os romanos –, ele retrata os governantes leais a Roma como inegavelmente masculinos, as mulheres judias como inquestionavelmente femininas e os líderes rebeldes como vergonhosamente efeminados. Ao falar das guerras judaicas contra outros povos que não os romanos, Josefo muda a descrição e destaca a virilidade militar dos judeus, valentes e honrosamente masculinos.

Foi nesse ambiente que se desenvolveu a comunidade rabínica com a qual conviveu Maria, cidadã de Magdala. Tácito, historiador romano contemporâneo a ela, mencionou o engajamento de mulheres de todas as idades na defesa de Jerusalém na guerra de 66-70 d.C. Embora saibamos que foi o incêndio nos armazéns que obrigou os judeus confinados a lutarem, o relato prossegue dizendo que todos os que podiam pegar em armas o fizeram e que ambos os sexos mostraram igual determinação, preferindo a morte a uma vida que envolvesse sua expulsão do país (*História*, Livro 5:13).

Se lembrarmos de figuras como Veleda, profetisa germânica envolvida na revolta de Caio Júlio Civil contra o exército romano em 69 d.C., fica evidente que mulheres podiam desempenhar um papel fundamental em movimentos revolucionários. Embora ocorrido com um povo não judeu, esse evento serve para demonstrar a presença feminina em grupos de resistência, mesmo que seu nome não apareça nos textos históricos.

No caso de Maria, é fundamental ter isso em mente para que vislumbremos os caminhos que ela poderia ter trilhado caso não tivesse seguido Jesus. Se não há como afirmar muita coisa sobre suas ações, ao entender seu contexto é possível especular as alternativas que teriam se apresentado a ela enquanto crescia cercada por discussões políticas e ameaças constantes de um novo conflito – e, por que não, considerar a chance de Madalena ter se envolvido com grupos rebeldes antes de ser encontrada por Jesus.

Banditismo, martírio e nacionalismo

A história judaica conta com vários casos de pragmatismo revolucionário cuja máxima eram valores religiosos mais que políticos; sem grupos armados, apenas resistência pacífica. Os movimentos de Qumran e de João Batista, contemporâneos a Maria Madalena, servem de exemplo, pois sua cosmovisão contemplava um sentido supramundano da realidade que apontava para a intervenção última de Deus, no Dia do Juízo Final. Era para essa data que todos deveriam estar preparados.

O cenário inspirava o surgimento de mártires do judaísmo, e Josefo relata como ideais de autossacrifício em prol da causa judaica permeavam alguns desses movimentos. Até hoje os judeus chamam o martírio de *kiddush ha-Shem*, isto é, "santificação do nome [de Deus]", cujo oposto seria o *hillul ha-Shem*, "difamação do nome [de Deus]". Em última instância, tal difamação representaria uma negação de Deus, resultado de um ato de covardia que leva o indivíduo a negar sua identidade judaica para evitar sofrimento. As expressões podem ser de um hebraico tardio, mas o conceito remete aos tempos antigos. Temos como exemplo o sacrifício de dois homens que se suicidaram para derrubar uma águia romana exposta no portão do Templo de Jerusalém. Ambos se mostravam felizes com a decisão.

Imaginemos Maria Madalena criança ou adolescente recebendo essas informações. No âmbito religioso, falava-se muito das guerras travadas em nome do Deus de Israel. A história do povo, desde a saída do Egito até a conquista de Canaã, envolvia constantes ações militares contra canaanitas, filisteus, amalequitas e outros grupos. Logo, se quisessem novamente o favor divino, era imperativo combater seus inimigos.

Assim, o nacionalismo foi uma marca registrada dos judeus contemporâneos de Maria, principalmente dos galileus, que, apesar da péssima reputação em Jerusalém, mostraram-se mais comprometidos com a causa que seus irmãos do sul. O objetivo era libertar Israel da dominação pagã de Roma e da opressão da família herodiana, que era odiada pela maioria da população. Afinal, a presença deles no domínio da "terra da promessa" era uma permanente antítese à ideia de povo eleito do Senhor.

Um exemplo de ação paramilitar na Galileia foi o movimento de Judas Bar Ezequias, ou Judas Galileu, citado em Atos 5:37. Seus guerrilheiros atacavam legionários, sabotavam o governo e saqueavam carregamentos de prata transportados por cobradores de impostos – que eram uma das classes mais odiadas pelo povo. Para muitos, a morte de um judeu cobrador de impostos seria uma vingança justa, não um assassinato condenável.

Muitos viam os líderes desses movimentos como messias. Conforme o testemunho de Josefo, "onde quer que um grupo de revoltosos se reunisse, [imediatamente] começavam a escolher seu novo 'rei'" (*Ant.* 10. 27). Judas Galileu foi um desses que, com cerca de 3 mil homens, começou uma revolta na Judeia. Ele seguiu para a Galileia e, por fim, invadiu a fortaleza de Séforis, fazendo dela seu palácio real. Sua vitória, porém, durou pouco. A mando de Roma, Públio Quintílio Varo mobilizou um grande contingente de soldados, que matou a maioria dos revoltosos e escravizou os sobreviventes. A bela cidade de Séforis foi arrasada e, embora não se tenha registro de como teria sido a morte do próprio Judas, ele possivelmente foi crucificado. Uma breve menção a ele no livro de Atos apenas informa que teria morrido e que seus seguidores ficaram dispersos, embora alguns pensem que os famosos sicários e zelotas, reprimidos na destruição do Templo de Jerusalém, seriam o remanescente de seu movimento.

Memórias de sangue

Cercada de montanhas e ornamentada pelo lago de Tiberíades (também conhecido como mar de Genesaré ou mar da Galileia), a cidade de Maria Madalena situava-se, como vimos em capítulos anteriores, no sopé do monte Arbel. Entre o mar da Galileia e a estrada romana que vinha do leste, Magdala era o primeiro ponto de parada para qualquer viajante que saísse de Nazaré rumo à Galileia – como fez Jesus.

No topo do monte, o clima era bastante agradável, e a vista, privilegiada: era possível enxergar todo o lago e as cidades ao redor dele. Há quem diga que o Arbel seria um local mais apropriado para o Sermão da Montanha que o monte das Beatitudes, um grande ponto turístico do atual Israel. Seja como for, aquele belo cenário encerra um capítulo dramático da história local.

Desde antes do nascimento de Maria, algumas famílias faziam suas casas na montanha, por causa das várias grutas da região. Lá, os arqueólogos encontraram tanques de purificação para banhos rituais, um sofisticado sistema de cisternas e escadas internas que ligavam um cômodo ao outro. Alguns ambientes eram ampliados para ficarem mais confortáveis. Nos momentos de turbulência e luta civil, essas casas na pedra eram fortificadas e conectadas por passagens internas, como fortalezas naturais para os rebeldes.

Além das grutas habitadas, foram encontradas ruínas de vilas judaicas, algumas do período romano, ao redor das falésias da montanha. Magdala ficava bem em frente a uma delas. Também existiu uma sinagoga provavelmente usada nos dias de Maria, e rastreou-se o clima de instabilidade política desde, pelo menos, o século 8 a.C., quando tropas moabitas e assírias atacaram o lugar.

Em 161 a.C., o comandante grego Báquides passou pelo Arbel no caminho para combater os macabeus em Jerusalém. A população local se levantou para enfrentá-lo, mas foi derrotada. Os que não morreram ao fio da espada buscaram inutilmente refúgio nas grutas, mas foram capturados e escravizados pelo exército selêucida.

De todos os massacres, porém, o mais doloroso para os contemporâneos de Maria foi, sem dúvida, o ocorrido em 38 a.C. Poucos meses antes de Herodes, o Grande, conquistar o título de monarca da Judeia, os galileus testemunharam o morticínio de vários cidadãos do Arbel. Magdala certamente foi afetada. Os partidários de Antígono, o último rei hasmoneu, estavam lutando contra Herodes, que, com apoio dos romanos, queria conquistar o território. A ofensiva anti-herodiana resistia bravamente, até que os combatentes, inclusive mulheres, idosos e crianças, refugiaram-se em Magdala e nas grutas do Arbel, entrincheirados como podiam. Eles lutavam pela própria vida e pela sobrevivência de seus filhos. Como a entrada de várias dessas grutas ficava no paredão do monte e só poderia ser alcançada através de cordas, os refugiados acreditavam que os romanos não conseguiriam desalojá-los.

Contudo, Herodes teve uma ideia sinistra: usando correntes, mandou baixar os soldados em gaiolas de ferro e, à medida que desciam, eles entravam nas cavernas e matavam os ocupantes ou simplesmente colocavam fogo na entrada, incinerando e sufocando os que estavam lá dentro. Muitas famílias preferiram pular e morrer a serem capturadas. A resistência fracassou, mas o quinhão da vergonha ficou para o rei Herodes e sua coleção de atrocidades. Aquele que se dizia rei dos judeus provocou uma carnificina contra o próprio povo. Os moradores de Magdala jamais esqueceram isso.

Maria Madalena provavelmente ouviu essa história várias vezes – e da boca de testemunhas do genocídio. O lugar de extermínio de seus antepassados estava ali, diante de seus olhos. Assim, tanto o trauma quanto o ódio às milícias romanas e aos descendentes de Herodes faziam parte não só da juventude de Maria, como da vida de todos os que cresciam na região. E a grande montanha do Arbel lá estava, testemunha silenciosa de um horror que poderia se repetir a qualquer momento.

Galileia dos estrangeiros

No século 8 a.C., o profeta Isaías escreveu um poema dedicado à parte norte do reino setentrional de Israel dizendo que, apesar de serem a primeira região atacada pelos assírios, eles seriam abençoados pelo nascimento de uma criança que quebraria o "jugo que pesava sobre eles" (Is 9:4). Esse bebê seria chamado "'Maravilhoso Conselheiro', 'Deus Forte', 'Pai da Eternidade', 'Príncipe da Paz'" (v. 6).

Antes, o profeta chama a região de "Galileia dos gentios", isto é, Galileia dos povos estrangeiros, um lugar repleto de pessoas que andavam em trevas (Is 9:1). Apenas para lembrar, "gentio" era a alcunha pouco amistosa para falar de qualquer um que não fosse judeu. O tom do vaticínio, no entanto, era de esperança, pois o Deus de Israel prometia que uma luz brilharia sobre aquele território em trevas. O Novo Testamento aplicará à pregação de Jesus o cumprimento dessa profecia (Mt 4:15).

A expressão "Galileia dos gentios" não se dá por causa de qualquer miscigenação entre judeus e outros povos. A razão para o apelido estaria no quadro demográfico do território: além da Via Maris, que cortava a região, lotando-a de transeuntes e comerciantes estrangeiros, a parte leste do mar da Galileia era contornada pelo Decápolis, um conjunto de dez cidades de cultura romana localizadas na Transjordânia (que incluía o norte da Galileia e a Síria), cujos moradores não eram bem-vindos na convivência com os judeus mais zelosos da Lei. Essas cidades foram fundadas por negociantes gregos e outros imigrantes interessados no comércio local e na rota dos nabateus. Eram centros urbanos altamente paganizados, cuja cultura era repetida em outras cidades construídas pelos filhos de Herodes para adular os romanos e provocar os conterrâneos.

Era o caso de Séforis, Tiberíades e Cesareia de Filipe. Séforis foi reconstruída por Herodes Antipas após a cidade antiga ter sido arrasada por Verus, governador da Síria, que a devastou por ter se convertido em quartel-general da rebelião de Judas Galileu. Além do estilo pagão da nova arquitetura, Séforis também se tornou símbolo de outro grande problema dos galileus: altos impostos. Usada como sede do governo até que a construção de Tiberíades fosse terminada, Séforis demandava uma quantia exorbitante de recursos públicos. Assim, Herodes fez com que a situação das demais aldeias da Galileia ficasse cada vez mais insustentável, devido às altas taxas que cobrava em nome de Roma, das obras públicas locais e do Templo de Jerusalém.

Então, teve vez a construção de Tiberíades, inaugurada por volta do ano 20 d.C. Era uma das principais cidades do entorno do lago, também construída por Herodes Antipas para ser uma vitrine romana da região – por alguma razão não totalmente esclarecida, ele ordenou que fosse erguida em cima de um antigo cemitério. Muitos pensam que sua intenção era provocar os judeus, que não aceitariam caminhar sobre sepulturas.

Os centros urbanos que Herodes Antipas erguia eram caracterizados pela opulência e pela diversidade étnica, que não eram características das demais vilas da Galileia. Além disso, Josefo conta que Antipas encheu Tiberíades de estrangeiros e indigentes e lhes deu boas casas, almejando que a cidade fosse habitada (*Antiguidades* 18. 36-38). É interessante que os evangelhos, embora mencionem Jesus falando com uma samaritana e comendo com pecadores, não relatem sua presença em Tiberíades ou Séforis, ainda que esta última estivesse a apenas sete ou oito quilômetros de Nazaré, onde ele passou a infância.

Por fim, a não menos gloriosa Cesareia de Filipe era situada a quarenta quilômetros do mar da Galileia, bem ao pé do monte Hermon, em uma das principais nascentes do rio Jordão. Essa cidade foi reedificada por Herodes Filipe, atraía cultos pagãos e tinha templos dedicados a diferentes deuses, inclusive Augusto César. Esses templos ornamentavam o sopé da montanha, sendo que muitos foram erigidos ou restaurados com desvios de recursos públicos.[2]

Do urbanismo ao comportamento de seus moradores, tudo nesses lugares mencionados minava a fama da Galileia diante de outros territórios judeus. Sem falar na predisposição natural de essas cidades romanizadas se unirem aos inimigos num eventual ataque às cidades de Israel. O povo, portanto, vivia constantemente sob a tensão de novos conflitos.

Tanto Séforis quanto Tiberíades – e também Magdala – estavam localizadas na chamada Baixa Galileia, região que desce pela rota transgalileana, passando por Cafarnaum e cruzando o território em direção ao sul do país. A Baixa Galileia faz fronteira com o mar da Galileia a leste e com o mar Mediterrâneo a oeste. Ali, as pessoas tinham o hábito de falar aramaico e hebraico – tal qual os vizinhos da Alta Galileia –, mas também dominavam o grego, principalmente por causa do comércio na Via Maris.

Além disso, a arqueologia demonstrou que, apesar do nacionalismo, os moradores desse território eram mais tolerantes. Por exemplo, suas cidades continham mais imagens e motivos gregos que seus vizinhos da Judeia, da Pereia ou do extremo norte do país. Isso não significa que fossem adeptos de algum sincretismo, pois, como veremos, a população tinha regras rígidas de não contaminação com coisas estrangeiras. Talvez a falta de opção os fizesse suportar a presença estrangeira como meio de sobreviver em sua própria terra.

Elementos como esses nos dão uma ideia de quão diversa era a cultura do mundo em que Maria foi criada. É claro que a situação geográfica de sua cidade expunha tanto ela quanto os

---

2. WILSON, John Francis. *Caesarea Philippi*: Banias, The Lost City of Pan. New York: Palgrave, 2004. p. 54.

demais galileus a um mosaico de culturas distantes do judaísmo tradicional.

A despeito dos já mencionados esforços de não contaminação, o contato com elementos estrangeiros era inevitável. Nenhuma vila estava isenta de ter estrangeiros como habitantes – nem mesmo aquelas cidades que, como Magdala, estavam fora do circuito da Decápolis e dos centros romanizados. Os religiosos mais radicais, é claro, não conviviam bem com isso. Um exemplo do horror externado por judeus mais conservadores pode ser visto numa passagem do Talmude de Jerusalém que recorda o desespero de um sábio judeu do século 1, Yohanan ben Zakkai; após passar dezoito anos ensinando na Galileia, ele exclamou: "Ó Galileia, ó Galileia! No fim das contas, você vai acabar cheia de malfeitores!".

Talvez para reagir a essa má fama, os galileus procuravam ser mais nacionalistas que as outras regiões. Por exemplo, seu receio em enviar ofertas para o templo não se dava por desprezarem a Lei, mas como forma de protesto contra os saduceus e o Sinédrio (conselho dos anciãos) que o administravam.

Para complicar, a Judeia se via comandada por um prefeito romano que vivia em Cesareia Marítima, na região da Samaria. Nesse sentido, os galileus preferiam sua tradição de autonomia política, que remetia a séculos antes de Cristo. Decidir entre um romano e um filho de Herodes era como ficar entre a cruz e a espada.

Não bastasse, por estarem fora da jurisdição do procurador de Roma, quase nenhum galileu podia participar da representatividade judaica reunida regularmente no Sinédrio em Jerusalém, o que dava a sensação de que eram excluídos da elite política do judaísmo. Assim, em algumas circunstâncias, o termo "galileu" passou a ser sinônimo pejorativo de "estrangeiro". Os moradores de Jerusalém, em especial escribas e anciãos do povo, consideravam-nos fracos de mente. Não que fossem rudes ou de pouco conhecimento, mas, por serem obstinados em sua crítica, se viam marginalizados pelos líderes judeus da época (Jo 1:46; 7:52).

Quando o rabino Nicodemos buscou seus companheiros para falar acerca da pregação de Jesus de Nazaré, a resposta irônica que recebeu foi: "Você também é da Galileia? Examine e verá que da Galileia não se levanta profeta" (Jo 7:52). Natanael também questionou: "De Nazaré pode sair alguma coisa boa?" (Jo 1:46). Esse raciocínio, além de preconceituoso, inclui um erro histórico. Na verdade, vários profetas vieram da Galileia: Jonas é descrito como natural de uma cidade de Zebulom, na Baixa Galileia (2Rs 14:25); Naum também era galileu; e Oseias, embora não fosse exatamente de lá, procedia dos arredores. Afirmações como essas, no entanto, ecoam o preconceito existente na época contra judeus da região em que Jesus e Maria Madalena foram criados. "Se alguém quiser ter riquezas," dizia um provérbio rabínico, "vá para o Norte [para a Galileia]; se quer ter sabedoria, venha para o sul [Judeia e Jerusalém]".

Até o sotaque galileu era motivo de deboche entre os religiosos. A região norte de Israel tinha uma forma bem própria de se expressar, com um sotaque aramaico incomum, caracterizado por descuido gramatical e pronúncia indistinta de algumas letras. Os rabinos diziam que era perigoso deixar um galileu ler a Torá em voz alta no Yom Kippur, pois a pronúncia errada do nome de Deus ofenderia os anjos. Não por menos, Pedro foi imediatamente reconhecido pela empregada de Caifás quando estavam no pátio por ocasião do aprisionamento de Cristo (Mt 26:73).

Contemporâneos de Jesus certamente se espantavam de ver um rabino galileu cercado de outros galileus, como Maria Madalena, pois a fama de quem vinha da Galileia – como ainda veremos – era questionada já naqueles dias. De fato, dos doze apóstolos, o único que provavelmente não procedia da Galileia seria Judas Iscariotes, o apóstolo traidor, que era natural de Queriote, cidade no sul da Judeia.

Além da procedência, outro problema era o percurso de Jesus e seus discípulos. Um exame rápido dos evangelhos revelará que as principais cidades pelas quais Jesus se movimentava ficavam no entorno do mar da Galileia: Cafarnaum (Mt 17:24; Mc 1:21-28); Corazim (Mt 11:21), Betsaida (Mt 11:21; Jo 1:44), Caná (Jo 2:1; 21:2), Genesaré (Mc 6:53-56), Magdala (Mt 15:39),[3] Gergesa ou Gadara (Mt 8:28; Lc 8:26) e Naim (Lc 7:11-17). Não parecia ser o melhor itinerário para um profeta. Não foi por menos que os irmãos de Jesus, mesmo que mal-intencionados em relação a ele, sugeriram que seguisse para Jerusalém, pois seu ministério seria mais bem-sucedido lá que na terra dos galileus. "Então os irmãos de Jesus se dirigiram a ele e disseram: — Deixe este lugar e vá para a Judeia, para que também os seus discípulos vejam as obras que você faz. Porque, se alguém quer ser conhecido, não pode realizar os seus feitos em segredo. Já que você faz essas coisas, manifeste-se ao mundo. Acontece que nem mesmo os irmãos de Jesus criam nele" (Jo 7:3-5).

Líderes do Templo de Jerusalém chegavam a insinuar que os galileus, assim como os samaritanos, talvez não fossem judeus genuínos. De fato, era comum a ideia de que os galileus descendiam dos itureanos, estrangeiros que na época de Aristóbulo (c. 106 a.C.) foram levados para a região e forçados a se converter

---

3. Isso caso entendamos que, neste texto, o nome Magadã se refira à Magdala. Na passagem paralela, Marcos 8:10, seu lugar é ocupado por Dalmanuta. Dessas duas passagens, é razoável inferir que "as fronteiras de Magadã" e "as partes de Dalmanuta" eram contíguas. Talvez possamos deduzir pela narrativa que ambas ficavam na costa ocidental do Mar da Galileia.

ao judaísmo. Seu pai, João Hircano, já havia feito o mesmo com os idumeus, de modo que os galileus seriam etnicamente "distintos" dos que viviam na Judeia.

As evidências contrariam o preconceito. Achados arqueológicos comprovam que, apesar da grande presença de estrangeiros na Galileia, tanto as cerâmicas quanto os utensílios domésticos e as estruturas arquitetônicas locais são praticamente idênticos aos encontrados na Judeia, ainda que haja uma ou outra peculiaridade. Além disso, nada da cultura material própria das tribos itureanas escavada em abundância no extremo norte da Galileia foi encontrado na região do lago ou na Baixa Galileia. Pelo contrário, os achados arqueológicos mostraram que apenas após a tomada da região pelos hasmoneus houve um aumento acentuado de moradores na Galileia, e que os objetos que usavam eram tão conectados com Jerusalém que só haveria uma explicação para o fenômeno: os galileus da época de Maria não eram estrangeiros convertidos à força, mas imigrantes recém-chegados da Judeia!

Escavações em Magdala, Cafarnaum, Corazim e a provável Betsaida confirmam a suposição: objetos encontrados revelam que os que ali residiam tinham comportamento religioso similar aos moradores de Jerusalém. A dieta local não continha nada proibido em Levítico 11. Nenhum osso de porco foi encontrado nas cozinhas, no mercado ou nos lugares de refeições comunitárias.

Por fim, são três os indicadores materiais da continuidade entre a religiosidade de Jerusalém e da Galileia: a presença comum de jarros e vasos de pedra calcária, usados para a purificação dos judeus; tanques escalonados conhecidos como *mikva'ot*, que serviam para banhos ritualísticos (vários deles encontrados em Magdala); e sepultamentos secundários com ossuários em lóculos tumulares separados, permitindo o sepultamento de vários membros de uma mesma família no mesmo lugar.

A cultura material das cidades da Galileia, incluindo Magdala, também revelou ser errônea a suposição de que seus habitantes eram incultos, rudes ou sem expressividade religiosa. A presença de duas sinagogas em Magdala e de vários *mikva'ot* privativos concorre para a afirmação de que ali havia judeus ricos e pobres, bem como intelectuais e provincianos, todos com o mesmo grau de comprometimento religioso encontrado em outras cidades da Judeia.

Isso não refuta, porém, a existência de acentuadas rivalidades entre ambas as regiões. Além das disputas teológicas, as ofertas e os impostos levados para Jerusalém eram motivo de acalorado debate. Emissários dos sacerdotes, bem como do partido dos fariseus, iam constantemente à Galileia fiscalizar como o povo lidava com a remessa de dízimos e as ofertas para a manutenção do templo. Certa vez, esses emissários procuraram Pedro na porta de sua casa em Cafarnaum e questionaram se Jesus não pagaria o tributo de duas dracmas, isto é, duas moedas de prata referente à manutenção do templo. A resposta positiva permite supor que Jesus nunca incentivou a sonegação desse tributo, mesmo que discordasse da forma abusiva como era cobrado: "Mas, para que não os escandalizemos, vá ao mar, jogue o anzol e puxe o primeiro peixe que fisgar. Ao abrir a boca do peixe, você encontrará uma moeda [estáter]. Pegue essa moeda e entregue aos cobradores, para pagar o meu imposto e o seu" (Mt 17:27). Estáter era uma moeda grega de prata que valia exatamente quatro dracmas – duas por Pedro e duas por Cristo.

Imagine agora Maria, ainda criança, em meio a tantas opiniões sobre leis e costumes do judaísmo. Em diversas ocasiões, ela deve ter ouvido os mais velhos conversarem sobre política e religião, reclamando do estado calamitoso em que Jerusalém se encontrava. Talvez seu pai algumas vezes tenha se indignado com os altos impostos cobrados por Roma e pelos representantes do templo.

O lado curioso de tudo isso era que, a despeito de suas críticas e espírito combativo, os galileus seguiam teimosamente judeus. Pelo menos três vezes por ano, centenas de caravanas deixavam o entorno do mar da Galileia para peregrinar caminhando por três ou quatro dias até Jerusalém, onde os integrantes participariam de festas solenes do judaísmo, sob olhares discriminatórios no momento da chegada ao templo.

Roupas novas deveriam ser confeccionadas para que o peregrino pudesse comparecer ao pátio dos adoradores, e esse não era um processo barato. Um modo mais econômico de cumprir o requisito, mas que também envolvia custos, era mandar lavar as roupas usadas e então vesti-las durante a cerimônia. Demandaria certo sacrifício financeiro para um camponês realizar qualquer uma dessas tarefas litúrgicas.

Soma-se a isso a revolta que muitos galileus sentiam por causa da corrupção dos sacerdotes e, então, temos a receita exata dos sentimentos conflitantes que se passavam no coração daqueles que, como Maria, se esforçavam tanto para visitar o templo que todos diziam ser a casa de Deus. Ela certamente acompanhou várias caravanas de peregrinos – prática que, aliás, manteve mesmo depois que se filiou ao movimento de Jesus, pois é vista entre as mulheres que acompanhavam o grupo desde a Galileia, quando subiam para ir a Jerusalém.

Imagens do sítio arqueológico de Magdala, uma pequena aldeia da Galileia tida como local de nascimento de Maria Madalena. Especula-se que seu nome seria proveniente da cidade. Maria Madalena seria, portanto, Maria de Magdala. © Arquivos do autor.

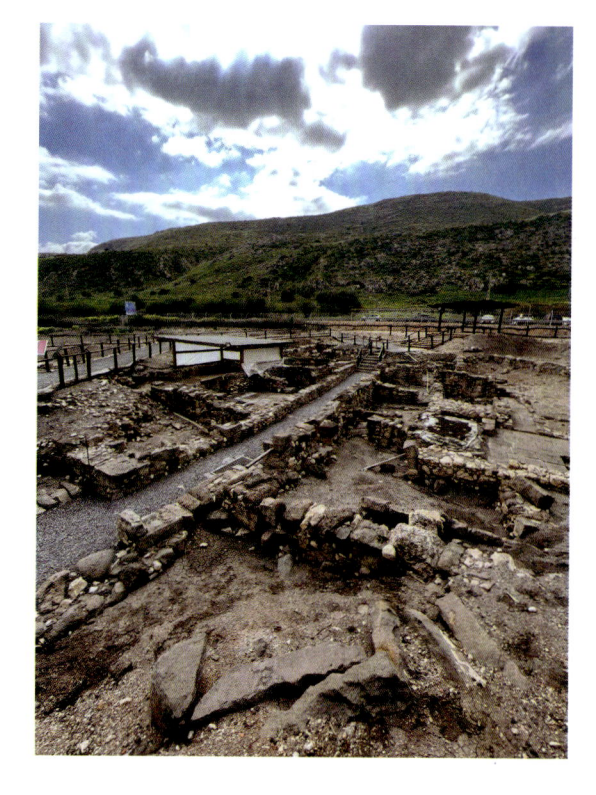

Resquícios de um antigo piso em mosaico da sinagoga de Magdala descoberta em 2009. © Arquivos do autor.

Resquícios de uma das antigas sinagogas de Magdala, datada dos tempos de Cristo. © Arquivos do autor.

Vista de cima do sítio arqueológico que abriga a segunda sinagoga de Magdala, encontrada em 2021. © Marcela Zapata Meza.

Antigo tanque de purificação judaico encontrado em Magdala. © Roman Yanushevsky/Shutterstock.

Vista do monte Arbel. Em seu sopé, jaz o sítio arqueológico que acreditam ser a cidade de Magdala. © Arquivos do autor.

Caverna em Saint-Maximin-la-Sainte-Baume, na França, onde Maria Madalena supostamente teria passado os últimos trinta anos de vida. © Drozdin Vladimir/Shutterstock.

Saintes-Maries-de-la-Mer, comuna francesa cujo nome é uma homenagem à Maria Madalena. É um famoso ponto de peregrinação na França. © kavram/Shutterstock.

Suposto crânio de Maria Madalena exposto na Basílica Saint-Maximin-la-Sainte-Baume, na França. © Itto Ogami/Wikipedia Commons.

Relíquia do século 12 de Maria Madalena na Basílica de Santa Maria Madalena, em Vézelay, na França. O relicário é adornado com um bispo, um rei, dois anjos, um monge e uma rainha. Os monges de Vézelay afirmam ter trazido uma costela de Maria Madalena depois que ela supostamente morreu no sul da França. É um dos locais mais visitados por peregrinos da santa católica. © Pierre Andre LeClercq/Wikipedia Commons.

Noli me tangere (c. 1525), de Antônio Correggio (c. 1489-1534), que está no Museu do Prado, em Madrid. A cena icônica de Jesus ressuscitado se revelando a Maria Madalena inspirou inúmeras obras de arte. A frase em latim significa "Não me toques", presente em João 20:17. © Bridgeman Images/Fotoarena.

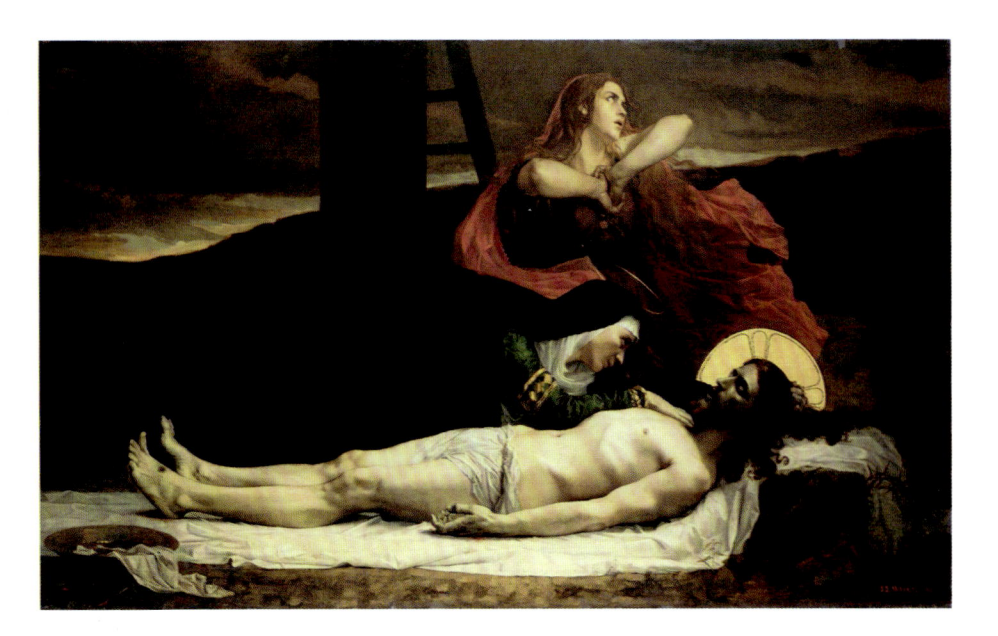

Em pinturas, é comum encontrar Maria Madalena ao lado de Maria, mãe de Jesus, como podemos ver na obra *A descida de Cristo da cruz*, de Jean-Joseph Weerts (1846-1927). É comum que ela apareça segurando ou ungindo o corpo de Cristo. © Bridgerman Images/Fotoarena.

Calvário (c. 1600-1633), de Abraham Janssens van Nuyssen (1567-1632), disposta no Museu de Belas Artes de Valenciennes, na França. Nos pés de Cristo, vemos a Virgem Maria e, abraçada à cruz, Maria Madalena. © Bridgeman Images/Fotoarena.

Maria Madalena em êxtase (1613), de Caravaggio (1571-1610), copiada pelo artista flamengo Louis Finson (1580-1617). Após ir para o sul da França, acredita-se que Maria Madalena teria sido transportada para a presença de Deus em mais de uma ocasião. Com frequência, esse momento é representado por uma ascensão aos céus, mas Caravaggio optou por representá-lo como um processo interior.
© Bridgeman Images/Fotoarena.

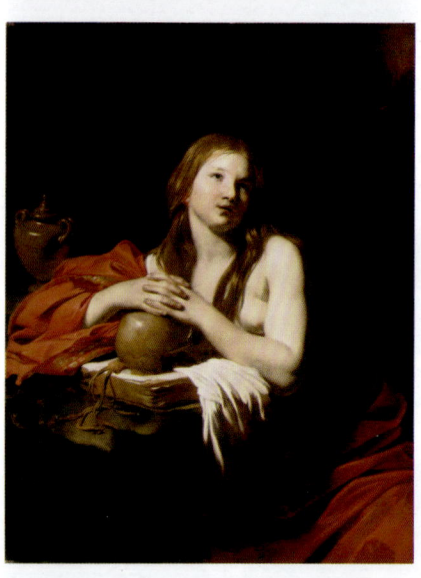

(Esquerda) Na pintura de Nicolas Regnier (1590-1667), *A Madalena arrependida* (1625), vemos Maria Madalena retratada com um jarro, um crânio e um livro, símbolos ao qual é constantemente associada. O crânio representa a ressurreição e a penitência; o livro, o Novo Testamento; o jarro, o perfume com o qual ungiu o corpo de Jesus. © Detroit Institute of Arts/Bridgeman Images/Fotoarena.

(Direita) A obra de Piero di Cosimo (c. 1462-1522), *Santa Maria Madalena* (c. 1500-10), representa Maria Madalena com um livro e um jarro, que também alude ao cálice sagrado. © Bridgeman Images/Fotoarena.

CAPÍTULO 7

Convivendo com o inimigo

> *"Sua dignidade pode ser ridicularizada, abusada, comprometida, manipulada, rebaixada e até difamada, mas nunca tirada de você. Você tem hoje o poder de redefinir seus limites, restaurar sua imagem, recomeçar com valores renovados e reconstruir o que aconteceu no passado."*
>
> SHANNON L. ALDER

Em 27 de outubro de 312 d.C., um dia antes da decisiva Batalha da Ponte Mílvia, por volta de meio-dia, Constantino, o Grande, teve uma visão: no céu, ele vislumbrou o sol seguido de uma cruz e as enigmáticas palavras gregas "Ἐν Τούτῳ Νίκα", que significam "nisto você vencerá". Alguns defendem que, na verdade, a frase estava em latim e dizia *"in hoc signo vinces"*, ou "neste símbolo você vai vencer". Constantino entendeu que esse era um sinal de vitória. No dia seguinte, ele afirmou ter sonhado que Cristo lhe explicara a visão, ordenando-o a usar o sinal da cruz contra seus inimigos. Ele obedeceu ao sonho e ganhou a batalha.

Muitos dizem que tudo não passou de uma farsa, uma mera estratégia política para unificar o reino – isto é, cristãos e pagãos – e garantir o poder sobre todo o império, o que realmente aconteceu dias depois. De todo modo, fato é que esse episódio inverteu o destino religioso de Roma, inaugurando o Império Bizantino e, com ele, a hegemonia do cristianismo no Ocidente.

Dezoito anos após a coroação de Constantino, sua mãe, Helena, que também se tornara cristã devota, viajou para a Palestina a fim de encontrar a verdadeira cruz de Cristo. Muitas lendas cercam essa viagem, que não apenas viabilizou várias relíquias para a Europa, como demarcou – às vezes com argumentos duvidosos – os locais onde teriam ocorrido os principais eventos da vida de Jesus.

Foi assim que surgiram as igrejas da Natividade, em Belém; do Santo Sepulcro, em Jerusalém; e da Ascensão, no monte das Oliveiras. E essas não foram as únicas. Mais tarde, entre os séculos 8 e 11, surgiram documentos cristãos falando de certa igreja, na vila de Magdala, construída sob as ordens de Helena sobre a casa original de Maria Madalena, onde Jesus a teria exorcizado de sete demônios.[1]

Essas informações foram reforçadas pela onda de peregrinação para a Terra Santa que tomou conta da Europa no século 12. Vários peregrinos produziram relatos que sobrevivem até nossos dias; neles, contam sobre sua visita à Galileia, incluindo Magdala. Alguns, de fato, descreveram a "emoção" ao adentrar o que supunham ser a "casa de Maria Madalena". Riccoldo de Montecroce chegou a mencionar a presença de uma igreja e da casa original, que ainda estava de pé.[2]

Mesmo se tratando de fontes tardias e com pouca credibilidade, esses testemunhos não deixam de ter valor. Afinal, possíveis

---

1. *VITA CONSTANTINI VIII*. Essa obra tardia não deve ser confundida com o homônimo escrito por Eusébio no século 4 d.C. Cf. GUIDI, Michelangelo (org.). *Un bios di Costantino*. (BHG 364). Roma: Tipografia della R. Accademia dei Lincei, 1908, pp. 49-50.
2. PRINGLE, Denys. *The Churches of the Crusader Kingdom of Jerusalem:* a corpus. Cambridge: Cambridge University Press, 1998. v. 2, p. 28.

vestígios dessa igreja e de um monastério medieval foram descobertos na década de 1970 – ainda hoje, os sítios não estão abertos ao público. Até que sejam feitas novas investigações, não há como afirmar se as ruínas seriam as mesmas descritas no relato dos peregrinos, se sob elas existiria alguma casa do século 1 d.C. e, caso positivo, se essa casa fora a verdadeira morada de Madalena.

O que sabemos em termos arqueológicos é que uma construção desmoronada por volta do ano 67 apoia a narrativa de Flávio Josefo sobre a destruição de Magdala durante a Grande Revolta dos Judeus (66 d.C.-73 d.C.). Depois disso, a população da cidade, bastante reduzida, transferiu-se para o norte, concentrando-se ali durante o período bizantino e o começo do período islâmico. Se Maria morou lá, não é possível confirmar.

Estado civil de Maria

Maria provavelmente seria uma mulher sozinha, sem cônjuge nem filhos. Essa convicção vem do fato de não haver menção a vínculos familiares no texto bíblico, exceto, provavelmente, em relação a Marta e um menor chamado Lázaro, que ainda analisaremos. Tal condição, portanto, equivale a um atestado de solidão social. Nos parâmetros da sociedade da época, a alusão a uma figura masculina era imprescindível na apresentação de uma mulher. A ausência de tal informação não era admitida, a menos que tais laços fossem de conhecimento público, os dados estivem disponíveis em outra fonte textual ou caso se tratasse de uma mulher do mundo greco-romano, que não se prendia a tais convenções sociais.

Como já comentamos, a maioria das mulheres judias é citada nos evangelhos com notas familiares. Alguns exemplos são

Maria, mãe de Jesus; Isabel, esposa de Zacarias; Herodias, esposa de Filipe; Joana, esposa de Cuza; Salomé, esposa de Zebedeu e mãe de Tiago e João; Maria, mulher de Clopas; Maria, mãe de João Marcos. Os epítetos indicavam os laços e a condição social de cada uma. As demais, como Ana, Suzana e Tabita, possivelmente viviam sozinhas – órfãs, divorciadas, repudiadas, viúvas ou sem filhos. O mesmo vale para aquelas designadas anonimamente como "mulher samaritana", "mulher com fluxo de sangue", "mulher adúltera" ou "mulher cananeia". O fato de uma mulher aparecer no texto suplicando diretamente um favor a Jesus, como a mãe que tinha uma filha endemoniada, já indica se tratar de uma pessoa socialmente desfavorecida. Em geral, o marido seria o autor da súplica.

A situação era tão séria que, ao prever uma guerra com muitas baixas, o profeta Isaías descreve a situação social de Judá e Jerusalém: "Naquele dia, sete mulheres hão de agarrar um só homem, dizendo: 'Nós providenciaremos a nossa comida e as nossas roupas; apenas queremos ser chamadas pelo seu nome; livre-nos da nossa vergonha'" (Is 4:1). O oráculo indica que, no tempo calamitoso da batalha, haveria tanta escassez de homens entre os judeus que um grupo de mulheres haveria de agarrar o primeiro sujeito e propor-lhe casamento a fim de garantir proteção. Elas chegariam a desobrigar o pretendente de prover-lhes roupa e alimento, renunciando até mesmo aos direitos legais de uma esposa (Êx 21:10), desde que garantissem um estado civil que não as conduzisse à mendicância, à prostituição ou ao abandono – tampouco à fome (Ez 36:30), à miséria (Jó 19:5) e à falta de abrigo (Ne 2:17).

A possível ausência masculina na vida de Maria Madalena permite supor que ela fosse viúva, solteira ou estéril. Contudo, há quem considere que a Bíblia menciona dois familiares. As opiniões sobre isso não eram consenso entre os pais da Igreja

– os primeiros autores cristãos após o período apostólico. Para alguns, como Tertuliano, Gregório Magno e vertentes da Igreja latina, Maria era irmã de Marta e Lázaro (veja, entre outros, Jo 11:1-44). Já os padres da Igreja Grega, começando com Orígenes, supunham que a Maria desses relatos bíblicos e Madalena seriam pessoas diferentes. De minha parte, com base nas evidências bíblicas que ainda serão discutidas neste livro, creio que nossa heroína seja a mesma mulher que os evangelhos descrevem como Maria, irmã de Marta e Lázaro.

A dificuldade primária seria o lugar de origem, pois Maria, irmã de Lázaro, procede da Betânia, na Judeia, enquanto Madalena seria natural de Magdala, na Galileia. Contudo, a incongruência se desfaz ao entendermos que, em algum momento da vida, Maria teria deixado seu lar em Magdala e seguido para Betânia por razões familiares. Isso não contradiz nenhuma evidência bíblica, ainda que vá além delas.

Sobre seu estado civil, a forma como ela se comporta na casa de Marta (Lc 10:38-42) e na morte de Lázaro – o que inclui o modo como Marta vai buscá-la (Jo 11:28-44) – condiz mais com o de uma mulher solteira que com o de uma mulher casada ou viúva. No episódio em que ela aprende de Jesus na casa de sua irmã, a cena é compatível com o ensino de mulheres no período talmúdico. De acordo com um estudo feito por Judith Hauptman, do Jewish Theological Seminary, de Nova York, diferentemente do que dizem passagens isoladas do Talmude, as mulheres judias poderiam aprender os preceitos da Torá em casa. Geralmente, quem as ensinava ou transmitia suas dúvidas a um rabino visitante seria o homem da família, no caso, seu pai ou seu marido.[3]

---

3. HAUPTMAN, Judith. A New View of Women and Torah Study in the Talmudic Period. *Jewish Studies: An Internet Journal*, n. 9, pp. 249-292, 2010.

Assim, a ausência de uma figura masculina no diálogo entre Jesus, Marta e Maria faz supor que essa última estaria quebrando um protocolo por não ter um homem que pudesse se dirigir ao rabino Jesus por ela. Igualmente, por ocasião da morte de Lázaro, era esperado que seu marido, caso tivesse um, fosse chamá-la em vez de sua própria irmã.

Logo, Maria talvez fosse uma jovem sem marido e sem pai, de modo que, mesmo pertencendo a uma família com posses, essas só seriam dela após a maioridade ou casamento. Na condição em que estava, caso fosse menor de idade, a única forma de sobrevivência, mesmo com herança a receber, seria ficar sob a tutela de algum parente ou guardião legal.

No caso dos irmãos, nenhum dos dois poderia ser seu guardião: Marta, por ser mulher, e Lázaro, porque provavelmente seria uma criança. Mais à frente falaremos disso, mas basta adiantar que ele é passivo demais nos relatos que envolvem sua família, o que, pelo contexto narrativo da época, nos faz suspeitar que fosse um jovem solteiro, mais novo que suas irmãs. Do contrário, ele tomaria a iniciativa de certos diálogos envolvendo suas irmãs – note que Jesus o tinha em grande estima e, mesmo assim, não o levou consigo como discípulo, o que indica que não estava em idade apropriada para deixar seu lar.

Um texto que ilustra a condição de orfandade daqueles tempos é Gálatas 4:1-2, no qual Paulo se refere à situação de um herdeiro, menor de idade, vivendo sob a autoridade de um tutor, que talvez morasse em sua própria casa. Para os judeus, a maioridade era alcançada aos 13 anos para os meninos e 12 para as meninas. A possibilidade de Maria ser órfã aumenta exponencialmente se levarmos em consideração as estatísticas de Krause, segundo as quais, nos tempos de Roma, a proporção de filhos e filhas órfãos antes dos 14 anos era de 40 a 45%, dependendo da região.[4]

Maria de Magdala ou de Betânia?

Por muitos séculos, a Igreja Católica Romana ensinou que Maria Madalena e Maria de Betânia (irmã de Marta e Lázaro) eram a mesma pessoa. Essa identificação aparece, por exemplo, numa homilia do papa Gregório Magno que, apesar de ter sido proferida no ano 591, certamente ecoa uma crença mais antiga. A associação foi reforçada pelo calendário geral romano, no qual a festa de Maria Madalena (22 de julho) incluía uma coleta referente a Maria de Betânia. Somente a partir de 1969 as duas passaram a ter celebrações diferentes: Maria Madalena ficou com o 22 de julho e Maria de Betânia ficou com o dia 29 do mesmo mês, em conjunto com seus irmãos, Marta e Lázaro.

Ao que tudo indica, essa revisão do calendário litúrgico da Igreja segue a interpretação atual de grande parte dos teólogos católicos, que consideram Maria Madalena e Maria de Betânia duas mulheres distintas. A mudança de entendimento pode ter sido influenciada pela Igreja Ortodoxa Oriental e por alguns teólogos protestantes que sempre tenderam a considerá-las como duas pessoas.

Conquanto a Bíblia seja nossa fonte primária, podemos, com parcimônia, buscar para além dela possibilidades contextuais de reconstrução da história como um todo. Por isso recorremos à arqueologia, à cultura da época – muitas vezes revelada nas

---

4. KRAUSE, Jens-Uwe. *Witwen und Waisen im Römischen Reich:* Rechtliche und soziale Stellung von Waisen. Stuttgart: Steiner Franz Verlag, 1994. v. 3.

entrelinhas do texto – e a outras fontes históricas que iluminam a passagem bíblica.

O ponto de partida para o levantamento deste caso é o episódio em que Jesus é ungido com perfume por uma mulher pecadora durante uma refeição solene. Os quatro evangelistas falam disso, e é recomendável ler os relatos em alguma versão bíblica (Mt 26:6-13; Mc 14:3-9; Lc 7:36-50 e Jo 12:1-8). Por ora, interessa saber se todos os autores bíblicos se referem à mesma mulher em todos eles e se esta seria Maria de Betânia, Maria Madalena ou ambas.

Mateus, Marcos e Lucas não citam o nome da mulher. Quem a identifica inequivocamente como Maria, irmã de Marta e de Lázaro, é o Evangelho de João, tanto na perícope em que narra seu gesto quanto em anotação anterior, que diz: "Esta Maria, cujo irmão Lázaro estava doente, era a mesma que ungiu o Senhor com perfume e lhe enxugou os pés com os seus cabelos" (Jo 11:2). Lucas também identifica Maria como irmã de Marta, embora silencie a respeito de Lázaro e deixe anônimo o evento da unção descrito no capítulo 7. Além disso, há três diferenças cruciais entre as narrativas que merecem ser consideradas.

A primeira é que Marcos e Mateus afirmam que a mulher anônima ungiu a cabeça de Jesus, mas não citam como a teria enxugado. Lucas e João, por sua vez, afirmam que ela ungiu os pés de Cristo (com perfume e lágrimas, segundo Lucas) e os enxugou com os próprios cabelos. A segunda diferença tem a ver com o local em que a cena teria ocorrido. Mateus, Marcos e João citam Betânia, aldeia da Judeia três quilômetros a leste de Jerusalém, separada da cidade velha apenas pelo vale do Cedron e pelo monte das Oliveiras. Já Lucas localiza o evento em alguma cidade da Galileia. Para ele, tudo ocorreu na casa de um dos principais fariseus; para Mateus e Marcos, na casa de um leproso;

para João, em uma casa onde estavam Marta, Maria e Lázaro. Com exceção dessa ocorrência, todas as demais, indistintamente, dizem que o dono da residência se chamava Simão.

Em terceiro lugar, temos a questão cronológica. A unção descrita por Lucas parece ter ocorrido no início do ministério de Jesus na Galileia, ao passo que as demais narrativas são claras sobre o evento ter ocorrido nos últimos dias de seu ministério, quando Cristo estava na iminência de ser preso e crucificado em Jerusalém. É verdade que Mateus e Marcos datam o jantar de Betânia dois dias antes da Páscoa, enquanto João diz que Jesus chegou a Betânia seis dias antes da Páscoa. Contudo, o texto não afirma que o jantar em questão ocorreu no primeiro dia da chegada. Portanto, não se trata de uma contradição real.

No caso de Lucas, o deslocamento do evento para um tempo e geografia diferentes dos demais evangelhos pode se dar por questões literárias. O texto não é específico quanto ao local do acontecimento. A localização na Galileia fica por conta da imaginação dos leitores. Ademais, escrevendo primariamente para uma audiência de não judeus, o autor talvez desejasse evitar a impressão de que Jesus não teria tido apoio de nenhum líder de seu tempo, o que não era verdade. Por isso, deliberadamente demarcou sua narrativa com três eventos em que Jesus janta na casa de um líder fariseu (cf. Lc 7:36; 11:37; 14:1).

A questão que se levanta é a possibilidade de uma mulher pecadora, carregando um precioso perfume em um vaso de alabastro, entrar anonimamente em uma sala de refeição repleta de homens religiosos e tocar num homem santo sem ser repelida pelos demais. O contexto parece com o de um simpósio grego envolvendo um anfitrião, seus comensais e o convidado de honra. A mulher que unge é o único elemento dissonante. Seria difícil supor que duas mulheres distintas conseguiriam o mesmo feito. Quanto aos demais detalhes, se Cristo foi ungido nos pés ou na cabeça, quem sabe em ambas as partes, não faz muita diferença para a reconstrução do cenário.

Isso também vale para certas omissões de uma versão para outra, como o nome da mulher. Sua identidade pode ter sido ocultada pelo evangelista por falta de conhecimento ou porque Maria e seus parentes faziam parte da primeira geração do cristianismo. A menção de seu nome junto ao adjetivo "pecadora" poderia gerar uma situação constrangedora. Note que o próprio autor do Evangelho de João jamais se refere a si mesmo nominalmente. Nos episódios em que esteve presente, ele se coloca como personagem anônimo ou usa a enigmática expressão "o discípulo que Jesus amava".

Alguns podem objetar que o anonimato de Maria Madalena no episódio da unção ou a mudança de seu aposto para Maria, "irmã de Marta e de Lázaro", não faz sentido. Afinal, o evangelho já a havia apresentado como "Maria Madalena" e não teria por que deixá-la anônima ou alterar sua identificação.

Uma análise detalhada, no entanto, revela que essa não era uma preocupação estilística dos redatores bíblicos. Marcos não parece ter se importado com isso ao chamar um dos apóstolos primeiro de Levi, filho de Alfeu (Mc 2:13-17), e depois alterar para Mateus, sem vinculá-lo e deixar claro que se tratava da mesma pessoa (Mc 3:18). De igual modo, Tiago e João são denominados, desde o início, de filhos de Zebedeu; no entanto, Mateus omite seus nomes no episódio em que sua mãe pede a Jesus que lhes dê um cargo de confiança em seu reino (Mt 20:20-28). Posteriormente, no relato da crucificação, o mesmo evangelista fala das mulheres ao pé da cruz e menciona Maria, mãe de Tiago e José, mas não diz o nome da mulher seguinte. Apenas a chama de mulher de Zebedeu, sem dizer que era a mãe de Tiago e João, o que seria mais lógico, considerando como identificou a mulher imediatamente antes dela (Mt 27:56).

Por isso, a omissão do nome de Madalena ou mesmo a alteração de seu referente para "irmã de Marta" não é um ilogismo incontornável. Ademais, o termo "Maria de Betânia", que alguns citam para contrapor à procedência de Magdala, não existe na Bíblia – nem há ali informação de que essa seria sua cidade natal ou de seus irmãos, Lázaro e Marta. A informação de que Lázaro era de Betânia, "aldeia de Maria e sua irmã Marta" (Jo 11:1), não é conclusiva. Jesus nascera em Belém, mas ficou conhecido por "Jesus de Nazaré" nos evangelhos. Mesmo que alguns indiquem que o nascimento em Belém seria uma licença poética do evangelista (o que a meu ver não procede), ainda temos um exemplo textual que menciona, sem qualquer contradição, duas procedências distintas para um mesmo indivíduo: uma a partir de seu nascimento, outra de sua moradia.

As informações são esparsas, mas elucidativas o bastante para demonstrar que apelidos de procedência (Paulo de Tarso, Jesus de Nazaré etc.) poderiam ser adaptados de acordo com a conveniência. Acerca disso, lemos uma nota interessante no Evangelho de João: "Esse Filipe era de Betsaida, cidade de André e de Pedro" (1:44). A construção em grego é a mesma de João 11:1, relacionada à aldeia de Maria e sua irmã Marta. Contudo, as informações são claras em dizer que nem Pedro nem André moravam em Betsaida, mas em Cafarnaum.

Talvez Maria Madalena tenha nascido em Betânia, assim como Jesus de Nazaré nasceu em Belém. Em um primeiro momento, não podemos descartar essa possibilidade. Contudo, pelas condições históricas da fundação de Betânia, há mais chance de Madalena ter nascido em Magdala, na Galileia.

Em que pese tudo isso, é importante admitir que os pontos levantados demonstram que as objeções à correspondência entre Maria de Betânia e Maria de Magdala não são inquestionáveis. Contudo, existe algum elemento bíblico que aponte numa direção menos especulativa? Sim. Os Evangelhos de Marcos e de Mateus dizem que, após ser ungido com perfume pela mulher, Jesus declara que aquele ato era uma preparação para seu sepultamento e que o mundo inteiro saberia o que ela fez, para memória dela (Mt 26:13; Mc 14:9). Ora, tal promessa só faria sentido se a mulher estivesse no túmulo de Cristo para completar o que havia começado. De acordo com todos os quatro evangelhos, uma mulher chamada Maria estava na tumba para fazer exatamente o que fora prometido naquela noite em Betânia. E essa mulher era Maria Madalena.

Note o que diz o texto de João: "Que ela guarde isto [o vaso de perfume] para o dia do meu sepultamento" (Jo 12:7). Ora, se aquela Maria que ungiu o corpo de Jesus em Betânia deveria guardar o que sobrou do unguento para o sepultamento de Cristo é porque ela estaria ali no dia em que seu corpo fosse colocado no túmulo. Isso é o que a continuidade do Evangelho de João narra: "Ali, [...] colocaram o corpo de Jesus. No primeiro dia da semana, de madrugada, quando ainda estava escuro, Maria Madalena foi ao túmulo" (Jo 19:42-20:1).

Embora os outros evangelhos narrem mais de uma mulher preparando unguentos para Jesus, a que se destaca é Maria Madalena, que sempre foi retratada pela iconografia segurando um vaso de alabastro. Lucas, a bem da verdade, menciona outra Maria que seguiu com as mulheres levando perfumes para o túmulo (Lc 24:1,10). Mas era a mãe de Tiago, sem relação alguma com a irmã de Marta e Lázaro.

Novamente "Maria de Betânia" ou "Maria, irmã de Marta e de Lázaro", aparece nos eventos seguintes envolvendo o cortejo fúnebre de Cristo. No Evangelho de João, quem carrega os óleos perfumados são dois homens: José de Arimateia e Nicodemos. Mas o procedimento é interrompido (ou nem é iniciado), por conta do Shabat, e quem segue no domingo para dar continuidade ou realizar a unção é Maria Madalena (Jo 19:38-20:1).

Essa ênfase na pessoa de Madalena é interessante porque João foi justamente o evangelista que deu nome à autora da unção em Betânia, identificando-a como a irmã de Marta e de Lázaro. Logo, não teria sentido João preservar a promessa de Cristo de tornar memorável o que ela fez e, depois, dar o destaque final para a ação de outra mulher.

Outro detalhe que sugere que se trata da mesma pessoa é que a unção de Jesus, descrita em Lucas, fala de uma "mulher da cidade, pecadora" (Lc 7:37) – quase certamente era Maria Madalena, apresentada em destaque na sequência do texto (Lc 8:2).

Assim, a combinação desse texto com a anotação joanina de que Maria de Betânia era a mulher que ungiu a Cristo (Jo 11:2) torna bastante plausível supor que se trata da mesma pessoa. Além disso, ambas as Marias são descritas como discípulas de Jesus que ajudavam com recursos financeiros o ministério que ele exerce. Portanto, mesmo que teoricamente, não é inverossímil identificar Maria Madalena como Maria, irmã de Marta e de Lázaro.

Há apenas uma última questão: por que Maria teria permissão para entrar naquela casa e tocar Jesus de maneira tão pessoal em público? Se era uma pecadora, como obteve tão fácil acesso àquele ambiente?

Jantando com fariseus

Pode-se considerar que a primeira menção a Maria Madalena se dá em Lucas 7:36-50, quando Jesus estaria iniciando seu ministério na Galileia. Trata-se de um jantar na casa de um importante fariseu, chamado Simão. Embora esse evento pareça ser o mesmo jantar em Betânia descrito nos outros evangelhos, vamos examiná-lo de perto para identificarmos os objetivos literários, mas não necessariamente cronológicos de Lucas.

O convite ao jantar era inesperado, considerando as constantes rusgas entre Jesus e os membros do farisaísmo. O texto começa dizendo que "um dos fariseus convidou Jesus para que fosse jantar com ele" (v. 36). No antigo Oriente Médio, chamar alguém para uma refeição em casa era atribuir-lhe um *status* elevado; significava grande consideração, ainda mais se fosse um evento à noite.

Um resumo dos hábitos alimentares talvez esclareça a dinâmica do evento. Diferentemente de hoje, o desjejum era servido a qualquer hora entre o nascer do sol e o meio-dia e seguia um cardápio leve que não exigia grandes preparos ou cozimentos: um lanche de pão, coalhada, azeitonas, cebola, verdura ou qualquer outra fruta da estação. Um café da manhã farto era culturalmente reprovável (Ec 10:16).

Lembre-se de que eles descendiam de nômades do deserto, onde não seria sensato comer tudo pela manhã, pois a comida para a noite não estava garantida. Logo, era questão de bom senso comer pela manhã como mendigo, ao meio-dia como príncipe e à tardinha como rei. Se faltasse pão pela manhã, durante o dia o encontrariam. À noite, a tarefa era mais complicada.

Depois do desjejum, apenas os que trabalhavam no campo e as crianças pequenas tinham o privilégio de uma segunda refeição, por volta de meio-dia. Esta podia incluir mais itens, como pão embebido em vinho, grãos de trigo e cevada torrados e peixe grelhado acompanhado de garo ou mel silvestre (Jo 21:9,13).

Ao entardecer, vinha a ceia, ou jantar, a principal e mais sofisticada refeição do dia, com um cardápio reforçado – uma espécie de recompensa pelo trabalho árduo. Em geral, era servida no terraço das casas, ambiente mais descontraído numa residência comum (Rt 3:2-7; Lc 17:7-8). Em ocasiões especiais e quando o poder aquisitivo permitia, a refeição da noite incluía carne vermelha, vegetais, leguminosas, pão, manteiga e vinho.

Embora nem todos os fariseus fossem abastados, o texto indica que Simão pertencia a uma classe privilegiada. Também é lógico supor que nutrisse certo interesse pela pessoa de Cristo, quem sabe para convidá-lo a unir-se ao partido. Afinal, Jesus era um jovem rabino que argumentava bem, fazia milagres e atraía multidões com seu discurso. Era o candidato perfeito à lacuna deixada por João Batista, líder carismático morto por ordem do rei Herodes.

Os fariseus, cujo nome vinha do hebraico *perushim* [separados], constituíam um partido religioso ultraconservador do judaísmo que procurava demonstrar, por palavras e gestos, elevada piedade e compromisso tanto com as leis do Antigo Testamento quanto com a tradição oral que começara a se formar cento e cinquenta anos antes. Eram os mais agressivos oponentes de Cristo. Tratavam-se como "companheiros", organizavam-se em agremiações e faziam refeições em grupo. Também tinham o hábito de fazer intervenções públicas, se fosse preciso. O regime de admissão e exclusão do grupo era severo, e ninguém poderia se voluntariar a ser fariseu. Era preciso ser escolhido por um membro influente. Ou seja, os fariseus se consideravam uma casta superior, melhores até mesmo que os sacerdotes saduceus que cuidavam do Templo de Jerusalém, aqueles a quem os demais deveriam recorrer em busca de orientação espiritual.

Não foram poucas as vezes em que Jesus teve embates teológicos com eles. Seus líderes enviavam infiltrados para os grupos de Cristo, a fim de pegá-lo em contradição ou deslize. Eram obcecados por sua pessoa, pois, se não o tornassem aliado, talvez tivessem nessa figura seu mais perigoso inimigo.

O curioso é que os fariseus não eram necessariamente ricos. Embora houvesse integrantes detentores de muitos bens, como parece ter sido o caso de Simão, a maioria era oriunda da classe trabalhadora. Muitos, antes de serem recrutados para o partido, haviam sido artesãos ou pequenos comerciantes. Josefo diz que havia 6 mil fariseus em seu tempo (*Ant.* 17.2.4 [17.42]). O contraditório é que, apesar da modéstia e da erudição que usavam para impressionar os mais simples, os fariseus eram sedentos por poder e por prestígio. Por isso, a suposta piedade era seu cartão de visitas. Eles amavam recitar orações em público, ostentar mantos de consagração e filactérios e demonstrar preocupação com cerimônias de purificação e a guarda do Shabat.

Até mesmo a tradição rabínica posterior retratou com ironia o separatismo dos fariseus. Num típico humor judaico, os rabinos escreveram que um fariseu jamais comeria na presença de um homem com doença venérea, mesmo que ele próprio tivesse a doença. Para um fariseu raiz, a obediência estrita aos mandamentos era o único caminho para chegar ao Paraíso.

É quase certo que Cristo se referia a eles quando descreveu certos hipócritas que gostavam de "orar de pé nas sinagogas e nos cantos das praças, para serem vistos pelos outros" (Mt 6:5) e, também, quando falou sobre aqueles que, ao jejuar, desfiguravam o rosto "a fim de parecer aos outros" que estavam mesmo jejuando (Mt 6:16).

Por isso, é surpreendente que Lucas mencione pelo menos três ocasiões em que Jesus aceitou o convite para comer na casa de um fariseu. Talvez o fizesse por elegância ou na intenção de encontrar no grupo pelo menos alguns homens sinceros. Afinal, se o evangelho do Reino aceitava prostitutas e cobradores de impostos, por que não aceitaria um fariseu arrependido?

O Evangelho de João fala que "muitos dentre as próprias autoridades creram em Jesus, mas, por causa dos fariseus, não o confessavam, para não serem expulsos da sinagoga" (Jo 12:42). Alguns, é claro, por covardia, como diz a continuação do texto: "Porque amaram mais a glória dos homens do que a glória de Deus" (Jo 12:43). Outros nem tanto, como Nicodemos e José de Arimateia, respectivamente, um fariseu e um membro do Sinédrio que se tornaram fiéis discípulos de Cristo (Lc 23:50-51; Jo 19:38). Em Atos 15:5, ainda lemos sobre outros fariseus que se filiaram ao movimento de Jesus.

Retomando o episódio do convite, Lucas não explicita se Simão tinha boas intenções. Considerando o modo como ele descreve a difícil relação entre Jesus e os fariseus, não podemos ser muito otimistas, embora nada impeça que Simão tenha se arrependido num outro momento de sua vida. Nesse episódio específico, uma situação lida nas entrelinhas denuncia que seus sentimentos não eram inteiramente bons. O texto diz que "Jesus, entrando na casa do fariseu, tomou lugar à mesa" (Lc 7:36). Essa é uma tradução dinâmica; o texto grego é mais literal e diz que Jesus *reclinou-se* – algo comum durante a refeição judaica nos tempos bíblicos. Tanto em círculos judaicos como em outras sociedades do mundo greco-romano, as pessoas em geral não se assentavam, mas se reclinavam sobre um acolchoado. Este, por sua vez, ficava em frente a um tablado de madeira quase rente ao chão, o "triclínio". Em vez de talheres, usava-se a mão direita para pegar o alimento, cuidadosamente tocado com a ponta dos dedos. O pão sírio era utilizado na degustação dos caldos servidos.

As mulheres da casa organizavam o ambiente e serviam os pratos, mas não costumavam participar da refeição, que era franqueada apenas aos homens da casa e seus convidados. Segundo Lucas 7:49, nesse caso havia outros convidados presentes, também curiosos acerca de Cristo. Simão provavelmente chamara seus amigos mais influentes na esperança de que a honraria oferecida ao nazareno o constrangesse a considerar um convite para se filiar ao partido. Mas Jesus aceitou participar do evento por outro motivo. Ele queria ganhar o coração daqueles presentes.

A narrativa da ceia é interrompida por uma nota desconcertante: "E eis que uma mulher da cidade, pecadora, sabendo que ele estava jantando na casa do fariseu, foi até lá com um frasco feito de alabastro cheio de perfume" (Lc 7:37). De acordo com o texto original, o sentido não era que a mulher teria vindo de uma cidade distante, mas que se tratava de alguém cosmopolita – o que, no meu entendimento, seria uma referência a Magdala. Sua qualificação como "pecadora" (*hamartolós*) tem sido interpretada por comentaristas respeitados como sinônimo de "prostituta".[5] Pode ser uma dedução inexata, ainda mais se considerarmos que o grego tinha um termo específico para prostituta, *pornê*, que não aparece nesse trecho de Lucas.

Contudo, a classificação de Maria como "pecadora" não a define apenas como alguém que comete pecados, algo que, em tese, caberia a todos, sem exceção. O sentido é mais específico. Nos evangelhos, o termo descreve certo grupo de pessoas marginalizadas

---

5. Interpretados pelos estudos bíblicos de Gills Ellicott, Cambridge e Expositor's Greek Testament. Disponíveis em: https://biblehub.com/commentaries/luke/7-37.htm. Acesso em: 27 set. 2023.

por sua conduta, entre as quais estariam os que praticavam imoralidade sexual e os cobradores de impostos, considerada, como vimos, a mais odiosa classe de cidadãos, perdendo apenas para os leprosos, os samaritanos e os próprios romanos.

A expressão "publicanos e pecadores", tantas vezes repetida nos evangelhos para identificar aqueles a quem Cristo recebia, reflete um jeito semita de discursar, no qual uma classe específica é seguida por uma categoria generalizada, a fim de indicar uma sequência resumida de pessoas. Como os evangelistas se referiam a grupos indesejados, seria como dizer "os traficantes e afins". A definição de Nolland é a que mais se aproxima disso: "O termo deve ser entendido em termos sociológicos como identificando aqueles conhecidos publicamente como tipos desagradáveis que viveram além do limite da sociedade respeitável".[6] Isso reitera que Jesus se relacionava com pessoas que viviam à margem da sociedade.

É claro que ele não era leniente com ilegalidades nem coadunava com a redução de pecadores à categoria de coitados. O que Jesus promovia com sua mensagem era uma mudança radical na vida dessas pessoas. Esse foi o caso de Zaqueu, que o recebeu para jantar como sujeito corrupto e terminou a refeição como um benemérito honesto (Lc 19:1-9). Contudo, na sociedade daquele tempo – assim como na nossa –, muitos dos considerados "pecadores" eram cidadãos marginalizados pela miséria, pela fome e pelas injustiças sociais. Não há como falar do movimento e da mensagem de Cristo sem considerar esse fato.

---

6. NOLLAND, John. Luke 1-9:20. *Word Biblical Commentary*, v. 35A, p. 246. Cf. NEALE, David A. None but the Sinners: Religious Categories in the Gospel of Luke, *JSNT*, v. 18, n. 2, pp. 40-67, 1997. Suppl. 58.

Assim, ainda que a expressão "mulher pecadora" não signifique "prostituta", certamente carrega algum grau de desvio de conduta sexual. A própria fama da cidade de Magdala corroborava esse entendimento, tanto que o Talmude babilônico – embora a reconhecesse como metrópole próspera e até certo ponto religiosa, pela presença dos sábios que lá viviam –, também a reputava por cidade imoral, repleta de prostituição. Essa seria a razão pela qual Deus permitira sua destruição pelos romanos (*Ta'anit* 4, 69c). A alegação, é claro, pode ser simbólica, uma vez que Magdala era descrita como uma cidade helenizada, repleta de práticas pagãs. O jogo retórico, porém, não anula o aliciamento de mulheres para a prostituição.

Seria esse o primeiro encontro dela com Jesus? Se considerarmos que a refeição tenha ocorrido em Betânia, certamente não. Além disso, é muito provável que ela já tivesse conhecido Cristo em um daqueles jantares em que ele recebia "publicanos e pecadores" na casa de Levi Mateus, em Cafarnaum. Conforme diz o Evangelho:

> Dias depois, Jesus entrou de novo em Cafarnaum, e logo se ouviu dizer que ele estava em casa. Muitos se reuniram ali, a ponto de não haver lugar nem mesmo junto à porta. E Jesus anunciava-lhes a palavra. [...] De novo, Jesus foi para junto do mar, e toda a multidão vinha ao encontro dele, e ele os ensinava. Quando ia passando, viu Levi [Mateus], filho de Alfeu, sentado na coletoria e lhe disse: "Siga-me!". Ele se levantou e o seguiu. Achando-se Jesus à mesa, na casa de Levi, estavam junto com ele e com seus discípulos muitos publicanos e pecadores; porque estes eram muitos e também o seguiam. Os escribas dos fariseus, vendo Jesus comer em companhia de pecadores e publicanos, perguntavam aos discípulos dele: "Por que ele come e bebe com publicanos e pecadores?". Tendo ouvido isto, Jesus

lhes respondeu: "Os sãos não precisam de médico, e sim os doentes; eu não vim chamar justos, e sim pecadores" (Mc 2:1-2; 13-17).

Embora seja difícil precisar se Maria estava nesse grupo de seguidores, não é impossível que isso tenha acontecido. De qualquer modo, a presença dela no jantar de Simão tinha um significado muito maior. Algo que mereceria entrar para a história do cristianismo.

Bela num mundo de feras

Nada era mais precioso à estrutura familiar do judaísmo que a moralidade. Métodos de comprovação da virgindade – válidos apenas para meninas – eram um atestado de que o pai poderia lançar mão no momento de entregar sua filha em casamento para algum pretendente. O método para descobrir se uma jovem era virgem configurava um ato público. Em Deuteronômio 22:13-21, por exemplo, caso o noivo repudiasse sua noiva, os pais dela poderiam mostrar em juízo os panos sujos de sangue proveniente do rompimento do hímen na noite de núpcias.

Leis cerimoniais também indicavam que o levita que aspirasse a se tornar sumo sacerdote não poderia se casar com mulher que não fosse virgem (Lv 21:13-14). Caso se apaixonasse por uma jovem assim, teria de escolher entre o amor e a carreira.

Desviando um pouco da moralidade voltada exclusivamente à mulher, em caso de relações pré-maritais, se tivesse sido estupro, o homem que atacou a mulher deveria ser morto (possivelmente por apedrejamento). Se a relação tivesse sido consensual, ele deveria pagar uma indenização ao pai da moça e casar-se imediatamente com ela, perdendo o direito de repudiá-la. Os casos de relação sexual que implicam infidelidade tornavam ambos, homem e mulher, passivos de morte (cf. Dt 22:23-30).

Tais leis eram muito mais avançadas em termos de proteção da mulher se comparadas, por exemplo, às leis romanas que imperavam nos tempos de Cristo. As primeiras leis de Roma sujeitavam as mulheres aos maridos e davam aos homens o poder de matá-las em circunstâncias socialmente "aceitáveis" pelas normas vigentes.[7] Não bastasse a cultura da selvageria, as motivações para inocentar um homem do crime de feminicídio eram absurdas.

Houve o caso de Egnatius Metellus, cidadão romano que matou a esposa a pauladas e teve sua peça jurídica preservada até nossos dias. Nos autos do processo que o inocentava, é dito que a esposa bebera um pouco a mais do vinho dele, sem que este consentisse. Por causa disso, ele a matou com requintes de crueldade. Ninguém no júri o condenou pelo homicídio; pelo contrário, Metellus tornou-se um símbolo de rigor e justiça. O relator do caso foi Valerius Maximus, escritor romano que viveu nos tempos de Tibério e foi contemporâneo de Jesus e Maria Madalena.[8]

Com um pensamento assim, não é de admirar que relatos de violência contra a mulher sejam raros nos registros antigos. E, se o feminicídio era difícil de ser punido, imagine o estupro. Alguns estudiosos ainda acrescentam que o estupro, além de ser uma agressão ao corpo, constitui uma violação à autonomia da pessoa. No entanto, difere significativamente da concepção de violência sexual na Roma antiga. De fato, "não há uma única

---

7. LEFKOWITZ, Mary R.; FANT, Maureen B. *Women's Life in Greece and Rome:* A Source Book in Translation. Baltimore: Johns Hopkins University Press, 2005, pp. 83-87.
8. VALERIUS MAXIMUS. *Memorable Deeds and Sayings:* One Thousand Tales from Ancient Rome. Trad. Henry John Walker. Indianapolis: Hackett, 2004.

palavra em [...] latim com o mesmo campo semântico do termo moderno 'estupro'".[9]

Assim, conquanto houvesse acusações formais de tentativa de sedução, adultério ou sequestro, não havia prescrição legal tratando apenas do estupro em si. Da mesma forma, a determinação do que seria violência sexual dependeria juridicamente da vítima. O que de fato aconteceu não tinha consequências legais, a menos que a mulher se enquadrasse em determinada categoria social. Isto é, se fosse membro de uma família abastada e algum homem da família resolvesse acusar formalmente o molestador. O testemunho feminino não tinha valor jurídico.

Fora dessas situações excepcionais, as violências dentro dos limites domésticos dificilmente eram consideradas. A normalização do abuso era tão generalizada que poetas latinos como Propércio, Tibulo e Ovídio escreviam à vontade sobre casos de amor não correspondidos em que o sujeito, tomado pela sedução, se descontrola e rasga a roupa da mulher, forçando-se sobre ela.

Em *Amores*, compilado de poemas eróticos, Olvídio dedicou um poema inteiro para falar da resistência feminina ao assédio e de como a raiva de um rapaz apaixonado o fez bater na namorada que não queria fazer sexo com ele. Depois de conseguir o que queria, o estuprador não se desculpa e ainda manda a jovem arrumar o cabelo para não o lembrar da violência que praticou. É o que poderíamos chamar de "escravidão romântica", situação em que o homem é descrito como prisioneiro de emoções que podem levá-lo ao suicídio ou à violência contra o objeto de seus desejos. Sendo, porém, o suicídio uma atitude abjeta, reserva-se

---

9. NGUYEN, Nghiem L. Roman Rape: An Overview of Roman Rape Laws from the Republican Period to Justinian's Reign. *13 Mich. J. Gender & L.*, v. 75, p. 76, 2006.

ao falso dilema a opção de conseguir o que quer à força. Se era assim em Roma, seria diferente na Galileia?

Em que pese a superioridade dos preceitos de Moisés sobre as leis romanas, isso não significa que os galileus fossem mais nobres com as mulheres. É claro que o conservadorismo judaico talvez pudesse tornar menos frequentes os casos de abuso, mas certamente não os impediria de todo. O que temos no caso de Simão e a mulher "pecadora" coincide em muito com a situação de alguém que sofria perto de um assediador impune.

Como aquela mulher entrou naquele ambiente cheio de homens religiosos que não se misturavam com pecadores? Esse é um ponto relevante, considerando se tratar da casa de um fariseu, que não fazia refeições ao lado de pessoas impuras. Em condições normais, seria impossível uma "pecadora" ter acesso àquele recinto. Ainda mais no sagrado momento da refeição. Existe, contudo, uma questão mais profunda: o silêncio de Simão e dos demais convivas. Por que ninguém a repreendeu no momento em que começou a tocar os pés de Jesus? Por que ninguém o questionou por deixar-se tocar?

A situação é diferente daquela em que um hidrópico é trazido à presença de Cristo sob os olhares observadores dos presentes (Lc 14:1-2). Ambos os eventos ocorreram em um banquete oferecido por um líder fariseu, mas, no segundo caso, trata-se de uma armadilha: queriam testar o que Jesus faria. Aqui, as motivações parecem ser outras. Enquanto a mulher unge Cristo e beija seus pés, Simão permanece calado – e seu silêncio o denuncia. Como anfitrião, ele deveria esbravejar com a mulher inoportuna, ordenando que saísse da sala e em seguida pedisse perdão aos presentes, em especial para o convidado principal.

Em vez disso, Simão analisou a legitimidade de Jesus como profeta. "Se este fosse profeta, bem saberia quem e que tipo de mulher é esta que está tocando nele, porque é uma pecadora" (Lc 7:39). Note que ele falou consigo mesmo, e parece ser o único a ter feito tal questionamento. Os pensamentos de Simão são reveladores. Se Maria Madalena fosse uma prostituta conhecida, não haveria vantagem em saber que mulher encostava em Cristo. A menos que a suposta promiscuidade não fosse tão pública assim, mas consistisse em um segredo que apenas ela e Simão conheciam.

No relato do Evangelho de João temos a informação de que "Marta servia" (Jo 12:2). O tempo verbal difere dos demais verbos do versículo. Ele implica um ato contínuo de servir, enquanto os outros verbos declaram o fato como finalizado. Ora, "Marta servia" segue imediatamente a uma oração de sujeito indefinido "prepararam-lhe [a Cristo], ali, uma ceia" (v. 1). Em um primeiro momento, o texto não diz quem preparou a ceia, mas, pela continuidade, é natural imaginar que os convidados estavam na casa de Marta.

Se tivéssemos apenas o relato de João, entenderíamos que essa unção de Cristo ocorreu na casa de Marta, Maria e Lázaro. Porém, Marcos 14:3 e Mateus 26:6 contam o mesmo episódio dizendo que foi na casa de Simão, o leproso, que possivelmente havia sido curado por Cristo e tinha algum parentesco com Lázaro e suas irmãs. Note que Lázaro não era o anfitrião, e sim "um dos que estavam à mesa com Jesus" (Jo 12:2).

Pelo costume da época, caso Simão fosse pai ou tio dos três irmãos, era de esperar que tal informação aparecesse no texto. Ademais, se fosse a casa de Lázaro e Maria, o primeiro não estaria entre os convidados e a última não apareceria anonimamente para ungir Jesus; ela estaria fazendo os preparativos com a irmã ou sentada à mesa com o irmão.

Assim, por eliminação, não era a casa de Maria nem de Lázaro. Seria a casa de Marta ou de Simão? Por que não supor que seria a casa de ambos? Se assim fosse, ironia das ironias, formariam um casal, em que Marta seria a esposa piedosa e Simão, o marido inescrupuloso com aparência de piedade. Em se tratando de um trio de irmãos órfãos cuidados por um tutor, talvez fosse um casamento incestuoso. Digo isso porque não era estranho um tutor se casar com uma das órfãs cuidadas por ele.

Nas sociedades que aderiram à fé judaica, por vezes esses casamentos eram permitidos. Talmude e Maimônides encorajavam, por exemplo, casamentos entre tios e sobrinhas – o chamado "casamento avuncular" –, embora segmentos religiosos como os saduceus e os essênios protestassem contra o costume.[10]

Pensemos, então, sobre essa possibilidade de Marta ser mulher de Simão e, por conseguinte, dona das duas casas que receberam Jesus (uma na Galileia e outra na Judeia). Sendo Maria irmã da dona da casa e cunhada do anfitrião, era normal que tivesse livre acesso à residência. O fato de se inclinar chorando aos pés de Jesus indica uma súplica por ajuda. Algo não estava bem, e a razão de seus problemas estava bem ali: era Simão, o único que parecia saber de seu problema, quem sabe por ser ele mesmo o causador de seus males.

Uma hipótese é inferir como seria difícil para Maria, sem a presença de um pai que a protegesse, conviver com um homem, marido da irmã, que violava regras para satisfazer sua lascívia. E, pior, ele seria o guardião dos bens, pois, casado com Marta, assumiria o lugar do patriarca da família. Quem sabe o próprio Simão tirou a virgindade de Maria, viabilizando a continuidade

---

10. SCHECHTER, Solomon (org.). *Documents of Jewish Sectaries:* Fragments of a Zadokite Work. Cambridge: Cambridge University Press, 1910. v. 1, p. 5. Cf. KLEIN, Reuven C. Avunculate Marriage in the Bible. In: RABINOWITZ, Dan *et al.* The Seforim Blog. 25 out. 2015. Disponível em: https://seforimblog.com/2015/10/avunculate-marriage-in-bible/. Acesso em: 5 fev. 2023.

de abusos sobre uma menina que não teria para quem reclamar? Além disso, ela não teria como aceitar a proposta de um bom pretendente, por não ser mais virgem. Seu destino de infortúnios estava traçado.[11]

Se hoje, com leis protetivas, muitas vítimas de abuso demoram anos para denunciar seu agressor, como seria num tempo em que o testemunho de mulher não tinha sequer valor jurídico? Maria não tinha chance contra seu opressor. Quem sabe não seria Jesus aquele que lhe daria uma esperança de vida? Afinal, diziam que ele fazia milagres e era disposto a receber pecadores e comer com eles. Mesmo com o risco de ser rejeitada, ela não pensou duas vezes e correu ao encontro dele.

---

11. De acordo com a lei judaica, qualquer mulher que fosse apanhada em relação de adultério seria apedrejada. Contudo, nos tempos de Roma, os judeus não poderiam oficialmente decretar a morte de alguém. Sendo assim, uma forma clandestina de cumprir a lei do apedrejamento sem infringir a proibição romana era jogar a vítima do alto de um precipício e, depois, lançar pedras de cima. Não importava se era a pedra que batia no corpo ou se era o corpo que batia na pedra. Qualquer alternativa representava a morte do indivíduo. Assim, o que poderia ser considerado acidente era, na verdade, um linchamento. Como o que fizeram com Estevão e pretenderam fazer com Cristo.

CAPÍTULO 8

A oportunidade de Deus

"Às vezes Deus apresenta oportunidades que parecem insignificantes ou bastante comuns. Talvez você não veja como elas se encaixam no quadro geral de sua vida. Mas, se Deus está pedindo para você fazer algo, ele tem um propósito para isso."

VICTORIA OSTEEN

Dia de festa em Magdala, preparativos finalizados, convidados animados. O noivo de Marta chegaria a qualquer instante para buscá-la. A hora exata ninguém sabia, apenas tinham ciência de que já estava a caminho. Pelos costumes da época, o pretendente ia buscar a noiva para morar com ele na casa que construiu, em um lote de terra herdado. Um ano antes, ambas as famílias faziam um acordo nupcial sobre o casamento de seus filhos, estipulavam as cláusulas e os diferentes dotes a ser pagos. Um deles seria entregue pelo noivo ao sogro, como gesto de boa vontade por retirar de casa a filha amada. À noiva também cabia certa quantia em dinheiro, a qual ela mesma guardava para momentos de escassez, na ausência do esposo ou quando qualquer outra adversidade a obrigasse a voltar para a casa paterna.

Marta estava nervosa, e não por menos. A qualquer momento Simão chegaria com sua comitiva. Ela andava de um lado para o outro perguntando mil vezes se estava tudo em ordem, se a recepção seguia conforme o planejado. As flores, a tenda de núpcias, os perfumes, os músicos, a comida. Nada podia dar errado. No auge de seus 13 anos – sim, essa era idade das meninas quando se casavam –, Marta mal podia esperar para se tornar esposa de Simão de Magdala.

Não sabemos se seus pais ainda eram vivos. A ausência deles no sepultamento de Lázaro dá a impressão de que já teriam morrido ou não estavam presentes por qualquer motivo, o que tornaria os três irmãos órfãos. Assim, é possível que o casamento arranjado de Marta – tão comum naqueles dias – fosse um acerto entre a família de Simão e o representante legal dos jovens. Ou o próprio Simão era o tutor que resolveu se casar com uma das órfãs. Em qualquer hipótese, como marido de Marta, ele cuidaria de Lázaro e ficaria incumbido de providenciar um esposo para Maria.

Se Marta tinha 13 anos, Maria seria ainda mais nova. O modo como Marta se dirige a ela em certas ocasiões denota que era mais velha. Além disso, a ausência de cônjuge ou filhos chorando no funeral também indica que Lázaro era um jovem que ainda não atingira a idade de casamento – talvez fosse ainda mais novo que Maria. Em João 11, há vários indícios de que Lázaro seria o mais jovem dos três. É pela referência a Maria e a Marta que a cidade é designada: "[Da] aldeia de Maria e de sua irmã Marta" (Jo 11:1). Ademais, em João 11:5 e 19 Lázaro é citado por último em relação às suas irmãs. Geralmente, a forma de mencionar textualmente os filhos de uma mesma família era começando do mais velho para o mais novo. Assim, Marta seria a mais velha, seguida de Maria e de Lázaro, o caçula dos três. A exceção fica por conta de João 11:1. Ali, Maria é citada antes de Marta, provavelmente por ser uma referência geográfica da cidade onde tudo aconteceu. Maria era a mais conhecida entre os discípulos, devido aos atos mencionados em João 11:2.

Alguém da comunidade – que atuaria no lugar do pai da noiva – deveria proferir as bênçãos e pronunciar Simão e Marta como marido e mulher. Era essa mesma pessoa que deveria entregar para a noiva um pano branco onde ela limparia o sangue do rompimento de seu hímen, provando que era virgem antes de deitar-se com seu esposo.

Essa descrição do casamento de Marta pode ser um episódio fantasioso, mas é verossímil. Ela, como Maria, era uma jovem comum, com sonhos e destino comuns a qualquer menina de sua idade. Imagine a cena: com a chegada da comitiva de Simão, Marta se dirige a ele acompanhada de suas damas de honra. "Em roupas bordadas conduzem-na diante do rei; as virgens, suas companheiras que a seguem" (Sl 45:14). Era uma grande festa que começava na casa da noiva e terminava na casa do noivo. Jesus, que certamente vira muitos casamentos, também usou a festa para ilustrar seus ensinos na parábola das dez virgens.

As virgens, ou damas de honra, seriam meninas da aldeia que ainda não haviam se casado e acompanhariam o cortejo, como uma forma de despedida da amiga que passaria a ser uma senhora do lar, e não mais uma parceira de brincadeiras. Na época, as roupas eram artigo de luxo, no sentido de que o preço não era acessível às pessoas comuns, que tinham, no máximo, uma ou duas trocas e, fora isso, uma veste feita para uma ocasião solene, como um casamento ou a ida ao Templo de Jerusalém. Diz o profeta Isaías: "A minha alma se alegra no meu Deus, porque me cobriu [...] como noivo que se adorna de turbante, como noiva que se enfeita com as suas joias" (Is 61:10).

Penso em Maria, com menos de 13 anos, seguindo o cortejo da irmã, dançando e cantando ao som dos instrumentos, como nos dias de Rute, heroína do Antigo Testamento cuja história ela certamente conhecia. Rute era uma jovem órfã e viúva. Na companhia da sogra, foi para a terra de Israel como estrangeira, sem saber que recepção teria. Trabalhando como agricultora, conheceu Boaz, com quem se casou em uma das mais belas histórias de amor do povo hebreu. No dia da cerimônia, o povo de Belém estava no portão da cidade acenando para os noivos enquanto os anciãos diziam a Boaz: "Que o Senhor faça a esta mulher, que está entrando na sua família, como fez a Raquel e Lia, que edificaram a casa de Israel. E que você, Boaz, seja um homem poderoso em Efrata, e que o seu nome se torne famoso em Belém. Que, com os filhos que o Senhor lhe der dessa jovem, a sua casa seja como a de Perez, o filho que Tamar deu a Judá" (Rt 4:11-12).

Se é correto dizer que o adulto é filho da criança, isto é, que somos o resultado da nossa infância, podemos afirmar que a Maria adulta – destemida ao pés da cruz, audaciosa na morte de Lázaro e ingênua perante Jesus ressuscitado – era apenas a versão atualizada de uma menina que viveu feliz como qualquer outra na cidade de Magdala, até que eventuais infortúnios interrompessem seus sonhos.

A ausência de pais (que por razão desconhecida não aparecem em sua história) seria agravada com o surgimento de um risco: o próprio noivo da irmã, uma combinação de mente inescrupulosa com aparência de piedade. E pior: ele possivelmente seria tutor dela e de seu irmão, Lázaro. O guardião legal tinha autoridade até para administrar a partilha de bens dos órfãos que estivessem sob seus cuidados (*Mas. Kiddushin* 42a).

Infelizmente, não temos muitos casos na Bíblia para servir de modelo dessa hipotética tutoria de Simão sobre os irmãos de sua mulher. O exemplo mais próximo seria o de Ester, retratada como órfã que foi criada na casa de seu primo Mordecai (Et 2:7). O *Midrash* acrescenta que o pai de Ester morreu quando a mulher estava grávida, e a mãe morreu no trabalho de parto (*Esth. Rabbah* 6:5; *BT Megillah* 13a). Mordecai teve de cuidar até da amamentação de Ester, além de prepará-la para algum pretendente digno.

Essa talvez seria, em parte, a obrigação moral de Simão para com Maria. O conteúdo de seus deveres pode ser ilustrado por alguns documentos legais da comunidade judaica da ilha de Elefantina, Egito, datados do século 5 a.C. e encontrados no fim do século 19. Embora sejam de um tempo bem anterior ao de Maria, não é anacronismo usá-los para entender, ao menos em parte, o *status* das mulheres da Galileia nos tempos do Novo Testamento. Certos aspectos culturais permaneceram inalterados por séculos no seio do judaísmo, e o papel da mulher na sociedade é um deles.

O que surpreendeu pesquisadores foi o papel proeminente que as mulheres desempenharam em um sistema patriarcal. Elas foram nomeadas explicitamente e sem os qualificadores de marido ou pai, como era comum nos casos bíblicos que comentamos em capítulos anteriores. Essa diferença é intrigante, e uma possível explicação para isso é o fato de aquela comunidade existir num país distante, com outra cultura, uma que obrigava as mulheres a serem socialmente ativas. Por causa do alto número de casos de viuvez, muitas tinham de tomar para si certas funções masculinas, a fim de não dependerem de um marido pagão com o qual seriam obrigadas a se casar devido à falta de bons pretendentes judeus.

Ou seja, o que no contexto de Maria Madalena seria possível, ainda que raro, em Elefantina era mais comum do que imaginávamos. Consideremos duas mulheres mencionadas em documentos: uma se chamava Mibtahiah e era extremamente rica; a outra,

Tamet, era uma simples serva. Ambas as histórias mostram como as mulheres podiam efetivamente herdar uma propriedade caso o pai ou o cônjuge morresse, deixando-as sozinhas, e retratam uma sociedade em que as mulheres tinham direitos significativos.

Começando por Mibtahiah, aprendemos em um dos documentos que seu pai lhe deixou de herança uma casa que poderia ser de usufruto do homem com quem ela se casasse. Então, ela se casou com Jazanias, filho de Urias, que também tinha uma propriedade. O curioso é que eles se mudaram para a casa da noiva, não para a do marido – um caso interessante de poder social da mulher. Outro documento narra que Jazanias morreu antes que o casal tivesse filhos, de modo que Mibtahiah se casou novamente, dessa vez com um construtor egípcio chamado Eshor, filho de Djeho. Quando Mibtahiah morreu, os filhos do segundo casamento dividiram entre si dois dos quatro egípcios escravizados herdados, mantendo os dois restantes – uma mãe e um filho – em guarda compartilhada. Ou seja, por esses documentos aprendemos que uma mulher judia podia herdar bens e administrá-los com ou sem a presença de um homem em sua vida. Muito interessante.

Embora os textos não mencionem a guarda de filhos menores na eventual perda dos pais, subentende-se pelas regras do Talmude Babilônico (*Mas. Kiddushin* 42a) que, caso o herdeiro ainda fosse criança, seria necessária a nomeação de um tutor que assumisse o controle de suas propriedades até que se tornasse adulto. Como já foi dito, o guardião legal teria a responsabilidade, inclusive, de arranjar casamento para os menores que estivessem sob sua tutela, bem como de decidir a repartição dos bens entre os herdeiros quando atingissem a maioridade.

A segunda mulher, Tamet, foi uma escravizada, provavelmente de origem egípcia, casada com Ananias, um oficial do templo judeu de Elefantina, filho de Azarias. O registro de casamento apresenta rasuras, além de acréscimos grosseiros acima e abaixo das linhas, indicando que se tratou de um acordo bastante negociado, com o objetivo de aumentar o *status* dela diante do pretendente. Seu dote não era tão elevado: correspondia a um terço do dote de Mibtahiah. Mas Tamet tinha um menino, e este entrou na negociação como argumento para aumentar seu valor. O dono da escravizada até se propôs, por escrito, a não reclamar direitos legais sobre a posse do filho dela.

Tamet engravidou novamente e deu à luz uma menina. Então, Ananias lhe deu o direito de usufruto de um cômodo em uma de suas casas, que ele mesmo havia adquirido três anos antes como propriedade abandonada. Passados dezesseis anos, ele escreveu um segundo testamento, desta vez concedendo à esposa seus títulos, sem direito de reclamações por parte de outros herdeiros. Isso faria de Tamet uma mulher livre. Em outro documento, registrou-se que a transferência da propriedade para ela duraria "para sempre", como um "presente compensador" de algo que deveria ter sido concedido por ocasião de seu casamento. O texto segue dizendo que a filha do casal foi emancipada e adotada para tivesse um dote maior que o que teria como filha de uma ex-escravizada.

Ou seja, mulheres poderiam ser proprietárias de imóveis e até mesmo negociá-los, o que implica a existência de senhoras ricas ou financeiramente estruturadas mesmo em um universo dominado por homens. Não significa, porém, que a vida de tais "empreendedoras" era fácil.

A MAIORIDADE DA MULHER

E no caso de uma menor de idade que tivesse bens para herdar de pais falecidos? Essa pergunta foi parcialmente respondida quando abordamos a nomeação de guardiões. Falta esmiuçar esse processo; para tanto, voltemos ao Talmude.

Em primeiro lugar, não havia separação da fase que chamamos adolescência. A criança saltava, por um rito de iniciação, da infância para a fase adulta, em que já era considerada responsável por seus atos e apta a exercer seus direitos. Por isso, era feita a demarcação de 12 anos para meninas e 13 anos para meninos, embora em alguns casos esse limite etário fosse adiado. De acordo com o capítulo quatro do *Sefer ha-Bagrut*, se a pessoa atingiu a maioridade, desenvolveu dois pelos púbicos, compreende os preços de mercado e é competente em seus negócios, já pode ser liberada da tutela. Se não houver pelos púbicos, a tutela permanece até, no máximo, os 20 anos.

Além de comprimento, espaçamento e posição dos pelos na região pubiana (*Nidá* 6:12, BT *Nidá* 52b), fontes rabínicas discutiam a importância do desenvolvimento dos seios nas meninas (*Nidá* 6:1; BT *Nidá* 48a). Esses sinais físicos, somados à primeira menstruação ou à gravidez, tornavam a menina adulta perante a lei.

Uma curiosa parábola mencionada em *Mishná Nidá* 5:7 compara os estágios de maturidade da mulher ao desenvolvimento de um figo: o fruto verde seria a menina menor de idade, o maduro, a donzela, e o colhido, a mulher adulta. Os dois primeiros, ainda presos à figueira, representam a menina vivendo sob a tutela do pai ou do guardião, enquanto o figo colhido, já fora da árvore, resume a condição da mulher emancipada. O paralelismo fica ainda mais inusitado quando percebemos que os diferentes tamanhos do figo representavam o crescimento do seio feminino.

O interessante no processo são as liberdades adquiridas por mulheres no universo patriarcal do judaísmo rabínico. Embora as opiniões variassem, para um grupo de rabinos, se a menina atingisse a maioridade legal, poderia aceitar ou não, em seu próprio nome, um *kiddushin*; isto é, uma proposta de casamento. Ou seja, ela não era obrigada a se casar com quem não quisesse. Além disso, estaria livre para receber o próprio ganho e teria direito ao *halizah*, que é quando ela desobrigava um parente de propor-lhe casamento em caso de viuvez. A lógica desse "casamento de levirato" era evitar que a viúva passasse necessidades, em especial se não tivesse filhos. Um parente do falecido marido se casava com ela e os filhos que tivessem desse novo matrimônio seriam descendentes daquele que morreu, garantindo – ainda que simbolicamente – a continuidade de sua linhagem.

Outro modo rabínico para determinar o progresso de uma menina em direção à maturidade legal é discutido em BT *Gittin* 65a, 59a (*Sefer ha-Bagrut* 6:17-29). O ponto levantado nesse texto é a habilidade de fazer distinções. Se a menina tivesse mais de 6 anos e jogasse fora uma pedra recebida, ao passo que guardasse uma noz que lhe fosse dada, significava ser capaz de adquirir bens por si mesma; ou seja, poderia dizer sim ou não para um casamento.

Note que isso ainda não é a maioridade, mas o caminho em direção a ela. Aos 10 anos, a menina se tornaria plenamente apta ao discernimento, podendo rejeitar ou aceitar uma proposta de casamento. Isso implica que sua recusa anterior a esse estágio, ainda que considerada, não era formalizada. Nesse novo período, para recusar um pretendente, ela tinha de realizar um *me'um*, fazê-lo em uma cerimônia pública.

O terreno comum entre todos os casos que exemplificam a aplicação dessas regras era o "documento de casamento" (*spr'ntw*). Não importava o *status* social, as mulheres podiam ter essencialmente os mesmos direitos em caso de morte e repúdio. Se o marido morresse e o casal não tivesse filhos, a propriedade do falecido seria transferida para a esposa (TAD B2.6:17-22; B3.3:10-13, 3.8:28-36). Caso ela decidisse não se casar outra vez, teria uma vida mais difícil, mas não estaria impedida de administrar os bens da família. Mais significativo ainda eram as cláusulas de proteção da herança no caso de ela ser uma filha solteira que ficou órfã – como, supostamente, seria a condição de Maria. Caso fosse menor de idade, seus bens seriam administrados por um guardião legal, como mencionado.

Seguindo a linha de reconstrução hipotética dos fatos, é possível que Simão, ao se casar com Marta, tenha sido o guardião legal de Maria e Lázaro. Então, em algum momento, ele teria abusado sexualmente da cunhada. Eis uma questão bastante delicada e difícil, que precisa ser tratada com discrição e, ao mesmo tempo, clareza. Assim como hoje, os sinais do abuso de Maria poderiam ser sutis. A vítima não se expõe, e seu silêncio é a garantia do agressor.

De acordo com o Ministério Público Federal, 80% dos casos de abuso, especialmente abuso infantil, acontecem dentro de casa, e o abusador é um cuidador, um parente ou alguma pessoa de confiança.[1] Talvez não fosse diferente no tempo de Maria Madalena, afinal, é sob o mesmo teto da vítima que vivem muitos abusadores em potencial. Tanto que uma evidência de que o perigo do abuso doméstico já ocorreria naqueles dias é a prescrição

---

1. Programa Na Mão Certa. Disponível em: http://www.namaocerta.org.br/. Acesso em: 15 jul. 2023.

encontrada no Talmude de Jerusalém (*M Kiddushin* 4:12). Reconhecendo a situação comum em que dormiriam todos os membros da família no mesmo quarto, determinava que as meninas deveriam dormir enroladas em panos quando estivessem num mesmo ambiente junto a outros membros homens da família.[2]

Vale notar que "mulheres", "abusos sexuais" e "intrigas domésticas" são temas proeminentes nos textos de Flávio Josefo, historiador que já citamos algumas vezes. A razão disso é que, embora a primeira parte de sua narrativa apresente o famoso rei Herodes como monarca subserviente aos romanos, a segunda o descreve como sujeito desajustado, incapaz de controlar impulsos e pensamentos.

A atenção ao drama doméstico da família herodiana refletia a própria sociedade daquela época: um país de violências, onde o ideal era uma teocracia representada por líderes religiosos. O problema era que os próprios representantes de Deus, tanto sacerdotes como fariseus, poderiam ser os mais perigosos abusadores, encobrindo sua perversidade com aparência de piedade.

Agora fica mais fácil entender o comportamento de Maria durante a ceia na casa de Simão, bem como o tom dissimulado com que ele reflete sobre o que Maria fazia ao ungir os pés de Cristo. "Se este fosse profeta, bem saberia quem e que tipo de mulher é esta que está tocando nele, porque é uma pecadora" (Lc 7:39). O próprio Simão era responsável pela situação dela. Quantas vezes não deve tê-la aliciado, forçando-a a fazer o que não queria... Por isso, seria condenado pela mesma censura que usou para desmerecer seu gesto e desacreditar de Jesus.

---

2. HAUPTMAN, Judith. Rereading the Rabbis; A Woman's Voice. *Commentary in Sefaria*, [s.d.]. Disponível em: https://www.sefaria.org/Rereading_the_Rabbis;_A_Woman's_Voice?tab=contents. Acesso em: 26 nov. 2023.

Mesmo já estando entre os seguidores de Jesus, Maria ainda se sentiria suja pelo seu passado, usada, sem virtude – sentimentos que, aliás, dominam a maioria das vítimas de abuso.[3] O conceito que tinha de si não era elevado, ela se via num labirinto confuso de vergonha, estigmatização e ofensa, em que o desejo de ser invisível misturava-se com o instinto de sobrevivência. Isso impulsionava seu pedido de socorro.

O SIGNIFICADO DE UM GESTO

O gesto de Maria não se resumia a uma mistura confusa de emoções. A notar pelo tipo de postura acanhada típica de vítimas de abuso, evitando pessoas e eventos públicos, fico me perguntando o que a teria motivado a romper o ciclo do anonimato, entrando naquela sala e lavando os pés de Jesus. Certamente, tratava-se de um pedido de socorro; contudo, o impulso inicial dela pode ter sido outro: a falta de cortesia de Simão em relação a Cristo. Ali houve uma quebra de vários protocolos de hospitalidade que merecem ser contextualizados.

Veja que, ao defender o gesto da mulher pecadora, Jesus recriminou o dono da casa:

> Você está vendo esta mulher? Quando entrei aqui em sua casa, você não me ofereceu água para lavar os pés; esta, porém, molhou os meus pés com lágrimas e os enxugou com os seus cabelos. Você não me recebeu com um beijo na face; ela, porém, desde que entrei, não deixou de me beijar os pés. Você não ungiu a minha cabeça com óleo, mas esta, com perfume, ungiu os meus pés (Lc 7:44-46).

---

3. EARLY, Emmett. *The Raven's Return:* The Influence of Psychological Trauma on Individuals and Culture. Wilmette: Chiron, 1993, pp. 258-755.

Alguns gestos eram, então, regras de hospitalidade, e seu descumprimento poderia resultar numa advertência pública dada por qualquer pessoa presente ou até mesmo pelo próprio convidado de honra. Ao chegar como comensal à casa de um anfitrião, era de bom-tom que este o recebesse com um beijo de boas-vindas. Em seguida, providenciava-se água para refrescar seus pés ao mesmo tempo que um óleo aromático era aspergido em sua cabeça, deixando-o perfumado para o momento da refeição. A ausência de todos esses elementos era sinal de que as coisas não foram feitas como deveriam. Simão não cumpriu todos os protocolos, o que pode indicar algo a respeito de seu caráter.

Apesar da aparente cordialidade em chamar Jesus de "Mestre", o comportamento do fariseu revela que havia tensão no ar. Alguma coisa não estava bem, e a presença daquele convidado rapidamente passou de promissora a duvidosa e inconveniente. Não que faltasse a Jesus qualquer regra de etiqueta; era o motivo interesseiro do dono da casa, somado à sua conduta secreta, que fazia daquela uma refeição indigesta.

Maria estava na expectativa de falar com Jesus, de implorar por ajuda e restauração. Ao ver os convidados chegarem, um após o outro, sua esperança se desvanecia, pois percebeu que dificilmente teria acesso ao Mestre. O sentimento de baixa autoestima certamente a feriu naquele momento e, como uma gata borralheira, Maria ficou recolhida em um canto, atenta ao que se passava.

Marta estaria preparando o banquete, demonstrando sua habilidade de organizar eventos sociais. Porém, o lava-pés, o beijo na entrada e a unção com óleo aromático eram responsabilidade do dono da casa. Seja qual fosse o motivo, o interesse político que Simão teve na pessoa de Jesus parece ter desvanecido durante o jantar desastroso. Maria talvez espiasse de longe, quem sabe através de uma janela ou uma cortina, como faziam muitas mulheres no antigo Oriente Médio – Sara, por exemplo, ficou atrás da cortina prestando atenção no que Abraão conversava com três forasteiros que haviam chegado em seu acampamento (Gn 18). Eu mesmo já presenciei esse comportamento quando convidado para comer em um acampamento de beduínos do deserto. Enquanto comíamos, era possível ver a fresta da cortina se abrindo e mulheres curiosas prestando atenção em tudo.

Assim, ao ver que Jesus não estava recebendo as honras que lhe eram devidas, Maria agiu com o amor de uma verdadeira discípula. Superou o medo e a tendência ao ostracismo e correu para fazer o que Simão negligenciara. Esses gestos tinham um significado maior do que se imagina. Para os judeus, recordavam a aparição de Deus a Abraão sob os carvalhos de Manre.[4] Gênesis conta que, ao ver Deus e dois anjos disfarçados de três peregrinos, Abraão os convidou para uma refeição e providenciou para que lavassem os pés:

> Abraão levantou os olhos, olhou, e eis que três homens estavam em pé diante dele. Ao vê-los, Abraão correu da porta da tenda ao encontro deles, prostrou-se em terra e disse: "Senhor meu, se eu puder obter favor diante de seus olhos, peço que não passe adiante sem ficar um pouco com este seu servo. Vou pedir que se traga um pouco de água, para que lavem os pés e descansem debaixo desta árvore. Trarei um pouco de comida, para que refaçam as forças, visto que chegaram até este servo de vocês; depois, poderão seguir adiante" (Gn 18:2-5).

---

4. COLOE, Mary L. Welcome into the Household of God: The Foot Washing in John 13. *The Catholic Biblical Quarterly*, v. 66, n. 3, pp. 400-415, 2004.

Embora providenciar água para os pés do convidado fosse um costume em todo o antigo Oriente Médio, o ato de Abraão se tornou conhecido na tradição judaica como modelo de hospitalidade. Certamente o autor de Hebreus se referiu a esse patriarca quando recomendou à audiência: "Não se esqueçam da hospitalidade, pois alguns, praticando-a, sem o saber acolheram anjos" (Hb 13:2).

O costume também incluía um fator pragmático e, ao mesmo tempo, simbólico. Em um contexto de deserto e de vida nômade, lavar os pés era a primeira necessidade de um viajante ao ser recebido numa casa (Jz 19:21). Isso se dava não apenas porque os pés, protegidos somente por sandálias, estariam sujos da poeira das estradas, mas porque, ao serem mergulhados na água fria, refrescariam todo o corpo, aliviando a fadiga causada pelo calor da viagem.

Em lugares menos requintados, o próprio convidado poderia lavar seus pés, sendo responsabilidade do anfitrião apenas providenciar a bacia e a água limpa. Contudo, em ambientes mais sofisticados, como a casa de Simão, ordenava-se que o menor dos servos cuidasse dessa função. O dono da residência apenas beijaria o convidado de honra e derramaria o óleo aromático.

O texto de Gênesis explicita que Abraão mandou que trouxessem água e não esclarece quem lavou os pés dos forasteiros. Contudo, a versão do *Targum Neofiti* – paráfrase aramaica do Gênesis, datada por alguns como escrita nos tempos de Cristo[5] – diz que foi o próprio Abraão que lavou os pés de seus convidados, devido à honra que mereciam.

---

5. Os principais autores que datam o *Targum* do primeiro ou segundo século são Diez Macho e Kahle. Cf. o debate em YORK, Anthony D. The Dating of Targumic Literature. *Journal for the Study of Judaism in the Persian, Hellenistic, and Roman Period*, v. 5, n. 1, pp. 49-62, 1974.

Lembre-se de que um considerável número de judeus no tempo de Cristo não tinha tanta fluência no hebraico como imaginamos atualmente. Desde o fim do exílio da Babilônia, o aramaico havia dominado as camadas mais pobres da sociedade, de modo que paráfrases bíblicas como essa do *Targum Neofiti* eram mais conhecidas que o texto hebraico em si.

Teria sido esse texto ou alguma outra versão dele que motivou Maria Madalena a agir como agiu? Ali estava aquele que, conforme diziam, era o maior rabino de todos os tempos, possivelmente o tão esperado Messias. As honras de sua recepção não podiam ser menores que aquelas demonstradas por Abraão diante de Deus e seus anjos. Sem hesitar, ela agiu. Seu choro compulsivo era um gesto de emoção, arrependimento, adoração e, por que não, um pedido de socorro. Se as mais lindas orações nem sempre requerem palavras, as lágrimas de Maria seriam uma delas.

Para registrar, o gesto também representava a submissão daquele que lava em relação a quem recebe o ato. Maria não apenas cumpriu um protocolo negligenciado, como se colocou a serviço de Cristo, mesmo que não passasse de "uma mulher pecadora" (Lc 7:37).

O QUE ERA CONSIDERADO PECADO

A tradição judaico-cristã tem muito a dizer sobre a pecaminosidade e a queda da raça humana, mas muito da linguagem bíblica – em especial, termos como "pecado" e "pecador(a)" – soa arcaico aos ouvidos modernos. Infelizmente, isso faz com que muitos acreditem que os ensinamentos bíblicos estão fora de moda. A solução apresentada por alguns para atualizar a mensagem cristã seria deixar de lado a noção de pecado, adotando em seu lugar expressões como "mancha", "transgressão" ou "fardo".

Para aqueles mais engajados na luta de classes, em vez de pecado, devemos denunciar a opressão dos ricos sobre os mais pobres. Jesus não morreu por nossos pecados, e sim porque se colocou contra regimes de opressão. Seu sacrifício não configura uma morte redentora, mas um martírio em nome de pautas sociais.

É verdade que, num primeiro momento, a própria Bíblia usa essas figuras de linguagem para falar do pecado enquanto experiência humana. Contudo, devemos tomar cuidado com metáforas politicamente corretas que tirem a força do termo original ou arrisquem transmitir uma ideia incompleta. Pegue, por exemplo, os termos "dívida" e "desobediência", que se vinculam à ideia de pecado. Isoladas e sem o pano de fundo conceitual de "pecaminosidade", podem evocar a figura de um Deus caprichoso, legalista e autocrático. Ou seja, não ajudam as pessoas a conhecer, de fato, quem é Deus. Da mesma forma, a palavra "culpa", onipresente nos escritos de psicanálise, quando desvinculada da causa real, que é o pecado, pode resultar em uma cura incompleta da alma. Freud definiu a culpa como um sentimento de dívida que nunca será quitada.[6] Assim, ela não desaparece, mesmo quando tomamos conhecimento dela.[7]

---

6. FREUD, Sigmund. *Edição standard das obras psicológicas completas de Sigmund Freud Volume XIX:* O Ego e o Id, e outros trabalhos (1923-1925). Trad. Jayme Salomão. Rio de Janeiro: Imago, 2006. pp. 13-82; FREUD, Sigmund. O mal-estar na civilização. In: *Obras completas (Vol. 18):* O mal-estar na civilização, novas conferências introdutórias e outros textos (1930-1936). Trad. Paulo César de Souza. São Paulo: Cia. das Letras, 2010, p. 128.
7. RINALDI, Doris. Culpa e angústia: algumas notas sobre a obra de Freud. *In:* PERES, Urania T. (org.). *Culpa.* São Paulo: Escuta, 2001, p. 193; GONÇALVES, Davidson S. O sentimento de culpa em Freud: entre a angústia e o desejo. *Psicologia em Revista,* v. 25, n. 1, pp. 278-291, 2019.

Nesse ponto, o distanciamento entre a Bíblia e alguns postulados modernos se torna mais evidente. Enquanto o apóstolo Paulo afirma que "já não existe nenhuma condenação para os que estão em Cristo Jesus" (Rm 8:1), o pensamento freudiano considera a culpa um sentimento com o qual temos de aprender a conviver: "A dor da culpa, dizia um autor freudiano, é a dor de viver".[8]

Por isso, vale a antiga advertência do teólogo germano-estadunidense Paul Tillich: "Há algo misterioso sobre as grandes palavras de nossa tradição religiosa. Elas não podem ser substituídas. [...] Não há substitutos para palavras como 'pecado' e 'graça'".[9] Talvez este seja o caminho mais desafiador: em vez de evitar, recuperar e atualizar o sentido original do termo "pecado", sem perder sua essência. Isso exige uma reeducação teológica de grande parte dos cristãos. Nesse sentido, é útil opormos imagens bíblicas concretas às ideias abstratas. Para isso, a recorrência aos termos que a Bíblia hebraica usava para se referir ao pecado pode ser esclarecedora.

A palavra mais comum para pecado que aparece neste contexto, *hattath*, significa "errar um alvo", "desviar-se do caminho certo". Sua primeira ocorrência está em Gênesis 4:7, quando o pecado é comparado a um animal selvagem à porta de Caim, esperando a chance para devorá-lo. O propósito dessa imagem zoomórfica é ensinar que a tendência a errar o alvo ou a desviar-se da rota é natural a todos. Isso não significa que somos obrigados a falhar – tendências não são determinismos. Tanto que, voltando à narrativa de Gênesis, o relato mostra dois irmãos,

---

8. BARBIERI, C. B. Que culpa tem o eu...? *In*: PERES, Urania T. (org.). *Culpa*. São Paulo: Escuta, 2001, p. 23.
9. TILLICH, Paul. *The Shaking of the Foundations*. Nova York: Charles Scribner's Sons, 1948, p. 153.

criados nas mesmas condições: um escolhe o caminho do bem; o outro, o caminho do mal.

As pessoas têm a capacidade de dominar essa inclinação e escolher o caminho do bem, devido ao livre-arbítrio (Sl 37:27). Posteriormente, o apóstolo Paulo amplia esse conceito sistematizando a doutrina da graça, que é o auxílio capacitador da parte de Deus para permitir que o ser humano, inclinado ao mal, faça o bem. Apenas a vontade não é o bastante para garantir a prática daquilo que é bom.

Esse caminho não significa a perfeição por parte daquele que escolhe o caminho da luz. De acordo com a *Enciclopédia judaica*: "O homem é responsável pelo pecado porque ele é dotado de livre-arbítrio (*behirah*); ainda assim, ele é frágil por natureza, e a tendência da mente é para o mal: 'Pois a imaginação do coração do homem é má desde a juventude'" (Gn 8:21; *Yoma* 20a; *Sanh.* 105a). Portanto, Deus, em sua misericórdia, permitiu que as pessoas se arrependessem e fossem perdoadas.[10]

O judaísmo sustenta que todas as pessoas pecam em várias situações, e Deus tempera a justiça com a misericórdia sobre aquelas que se arrependem. Na verdade, o Antigo Testamento está repleto de casos em que homens e mulheres de Deus falharam. Isso nos ensina que ninguém está acima do bem e do mal, todos passam por provações, e o importante é fazer seu melhor, aprendendo com seus erros. Contudo, nem todos os pecados têm o mesmo peso. Embora Deus esteja mais interessado em salvar pessoas que uma mãe em tirar o filho de uma casa em chamas, há atos contínuos de desvio de caráter que ofendem sobremaneira o ser divino. Em 1João 5:16, o autor bíblico fala de

---

10. JACOBS, Joseph; EISENSTEIN, Judah David. Sin. *Jewish Encyclopedia*. Disponível em: https://www.jewishencyclopedia.com/articles/13761-sin. Acesso em: 27 set. 2023.

pecados que levam à morte e recomenda que não intercedamos por quem os comete. Ele certamente está se referindo a condutas que não terão escapatória no Dia do Juízo Final.

Assim, todos somos pecadores, mas alguns de nós chegam a ser perversos – e Deus não tolera a perversidade. Quais pecados estariam relacionados à perversidade? Ora, a Bíblia observa que os critérios divinos nem sempre coincidem com padrões humanos: "Porque o Senhor não vê como o ser humano vê. O ser humano vê o exterior, porém o Senhor vê o coração" (1Sm 16:7).

É também por isso que o texto bíblico usa outros termos para pecado. Além de *hattath*, que é o mais comum, temos *pesha*, ou "transgressão", um pecado cometido por rebeldia. Outro termo seria *aveira*, também "transgressão", mas com o sentido de cruzar os limites da moralidade com um erro que pode ser sério ou trivial. Por fim, encontramos *avone*, uma iniquidade cometida contra Deus ou contra nosso semelhante.

Tendemos a minimizar erros morais cometidos por pessoas que admiramos, a menos, é claro, que a decepção se torne maior que o apreço. É por isso que influenciadores muito talentosos mantêm uma legião de seguidores mesmo depois de um grande desvio de conduta vir à tona. O erro que não toleraríamos no adolescente filho da vizinha parece não nos incomodar se for cometido por um filho que amamos ou por um artista que seguimos. Nos dias de Cristo, muitos religiosos cuspiriam no rosto de uma menina sexualmente abusada, como Maria, tratando-a como imoral, ao mesmo tempo que defenderiam, com desculpas, a corrupção praticada por seus pares.

No momento em que apareceu e agiu, Maria não se importou com as convenções sociais. Ela queria honrar seu Mestre e receber dele o perdão restaurador. A conclusão óbvia de quem analisa os fatos, então, é de que ela seria apenas uma vítima. Qualquer comentário diferente disso soará como aqueles horríveis jargões machistas que culpam a vítima pela violência do agressor.

Porém, o texto bíblico não nega que Maria fosse pecadora nem desmente a nota no início do relato: "Uma mulher da cidade, pecadora" (Lc 7:37). Não há correção sobre esse título, e a parábola que Cristo conta para revelar a Simão sua ciência do que estava acontecendo também classifica Maria como pecadora.

> Jesus se dirigiu ao fariseu e disse: "Simão, tenho uma coisa para lhe dizer". Ele respondeu: "Diga, Mestre". Jesus continuou: "Certo credor tinha dois devedores: um lhe devia quinhentos denários, e o outro devia cinquenta. E, como eles não tinham com que pagar, o credor perdoou a dívida de ambos. Qual deles, portanto, o amará mais?". Simão respondeu: "Penso que é aquele a quem mais perdoou". Jesus disse: "Você julgou bem". E, voltando-se para a mulher, Jesus disse a Simão: "Você está vendo esta mulher? Quando entrei aqui em sua casa, você não me ofereceu água para lavar os pés; esta, porém, molhou os meus pés com lágrimas e os enxugou com os seus cabelos. Você não me recebeu com um beijo na face; ela, porém, desde que entrei, não deixou de me beijar os pés. Você não ungiu a minha cabeça com óleo, mas esta, com perfume, ungiu os meus pés. Por isso, afirmo a você que os muitos pecados dela foram perdoados, porque ela muito amou; mas aquele a quem pouco se perdoa, pouco ama'" (Lc 7:40-47).

A mulher tinha uma dívida ou culpa que lhe foi perdoada. Tanto que, ao fim, Jesus se dirige a ela: "Os seus pecados estão perdoados" (Lc 7:48), jogo de palavras que escandalizou os convidados. Somente depois disso Jesus mandou a mulher ir em paz.

Que culpa, porém, ela poderia ter se tudo o que fez foi ceder a um homem mais velho, contra o qual não tinha a menor chance de defesa? O fato de o texto chamá-la de "mulher" pode ser um indicativo de que, no momento da ceia, Maria já não fosse mais considerada menor de idade. O que se supõe é que o assédio que começou na infância prolongou-se na fase adulta e, certamente, dificultou sua procura por um marido.

E em que aspecto esses ocorridos a classificariam como culpada? Mulheres adultas também são violentadas e, embora tenham mais recursos de defesa que uma criança, podem ser inibidas a se defender. Seria o caso de amenizar a culpa do verdadeiro agressor? De maneira nenhuma. Também não se trata daquele aspecto jurídico tratado pela criminologia que estuda o papel da vítima no crime, que antes era relegada à mera condição de coadjuvante. Estamos falando da psicologia humana.

Você já ouviu falar da síndrome de Estocolmo? Talvez não por esse nome, mas a situação que ela descreve é mais comum do que você imagina. Nos anos 1970, uma situação de assalto na Suécia surpreendeu as autoridades: no momento da ação policial, os próprios reféns usaram o corpo para proteger os assaltantes. Então os especialistas em psicologia se debruçaram no evento para entender o que estaria acontecendo com as vítimas. A síndrome de Estocolmo é o estágio psicológico moldado pelo medo e pela tensão, até mesmo em casos de ameaça e tortura, em que a vítima cria um estranho afeto por quem a agride. Esse afeto é resultado do instinto de sobrevivência. É como se seu inconsciente ordenasse à vítima acatar todas as regras impostas pelo agressor, pois seria a forma de sair menos machucada da situação.

Em casos de abuso sexual familiar, que Maria supostamente sofria, é possível que a vítima se apaixone ou até mesmo crie cumplicidade com aquele que é o motivo de seu sofrimento. Os sentimentos são paradoxais, mas às vezes a mente humana funciona dessa maneira. As situações de tensão vividas por Maria

Madalena poderiam gerar medo e pressão capazes de fazê-la ceder à lascívia do cunhado. Além disso, temos de considerar a autopunição comum a mulheres violentadas. Elas procuram a dor com a mesma força que buscam o livramento, pois a culpa as faz pensar no próprio sofrimento como forma de redenção.

Existe uma linha tênue entre o amor e o pecado, que seria o fracasso em vivenciar plenamente o amor que vem de Deus. Quando falhamos nesse quesito, não pecamos apenas contra Deus e o próximo, mas também contra nós mesmos, por nos privarmos dos planos salvíficos de Deus.

Por traumas e vicissitudes, Maria escolheu, num primeiro momento, não amar a si mesma, pois não se sentia digna disso. Ela tinha dificuldade de reconhecer o amor de Deus. Suas confusas atitudes estimulavam a busca por uma saída, ao mesmo tempo que a traziam de volta ao ponto de partida, os braços sujos daquele sujeito asqueroso. Não podemos julgar, mas também não podemos isentá-la de ser uma pessoa que, por livre-arbítrio, leva alguém – nesse caso, ela mesma – para a beira do precipício do qual deseja sair todos os dias. Um círculo vicioso que aprisiona, angustia e machuca. Maria precisava ser liberta não apenas de Simão, mas também de si mesma.

As veementes falas de Cristo: "seus pecados estão perdoados", "sua fé salvou você" e "vá em paz" frisavam não uma atitude condenatória em relação a seus sentimentos, mas reafirmavam que ela era amada por Deus. Maria precisava romper com suas crenças limitantes e interiorizar a certeza de sua aceitação. De nada adiantaria Deus perdoar-lhe mil vezes se ela mesma não se perdoasse.

Recaídas

"Aproximavam-se de Jesus todos os publicanos e os pecadores para o ouvir. Os fariseus e os escribas murmuravam, dizendo: 'Este recebe pecadores e come com eles'" (Lc 15:1-2). Em diferentes partes dos evangelhos há falas análogas a essa, que sugerem oposição ao movimento de Cristo, que aceitava todos, inclusive os marginalizados. Esse costume de Jesus era um problema, se considerarmos que os rabinos diziam que quem entrasse na casa de um cobrador de impostos ou recebesse um sujeito assim estaria imundo. Os publicanos eram vulgarmente comparados a prostitutas, e até os romanos, que se beneficiavam de seu trabalho sujo, os comparavam a donos de bordel.

Repudiando a rotulação identitária de uma sociedade hostil, Jesus aceitava todos, o que não significa que ele aceitasse tudo. Contudo, uma vez que aderiam a seus ensinamentos, esses "rejeitados" jamais permaneciam iguais. Cristo tinha a capacidade de ver essas pessoas não como eram, mas como poderiam vir a ser, depois de transformadas por seu amor e sua graça.

Assim, não é inverossímil que Maria pertencesse ao grupo de rejeitados que se reunia na casa de Mateus, o publicano, para ouvir os ensinamentos de Jesus. Talvez ela tenha, na ocasião, se filiado ao movimento de Cristo, seguido seus ensinos e, por alguma razão, fraquejado na fé e voltado para a vida de pecado. A própria condição emocional em que se encontrava pode ter colaborado para isso, pois o processo de cura leva tempo.

Sendo assim, a cena da unção na casa de seu cunhado não teria sido a primeira ocasião em que Madalena estivera com Jesus. Talvez já tivesse ouvido seus ensinos em Cafarnaum, de modo que seu ato durante a ceia não significava sua *ida*, mas seu *retorno* ao reino espiritual de Cristo. A ideia de sua recaída depois de uma possível conversão vem de uma nota que aparece em Lucas 8:1-3:

> Aconteceu, depois disso, que Jesus andava de cidade em cidade e de aldeia em aldeia, pregando e anunciando o evangelho do Reino de Deus. Iam com ele os doze discípulos, e também algumas mulheres que haviam sido curadas de espíritos malignos e de enfermidades: Maria, chamada Madalena, da qual saíram sete demônios; Joana, mulher de Cuza, procurador de Herodes; Suzana; e muitas outras, as quais, com os seus bens, ajudavam Jesus e os seus discípulos (Lc 8:1-3).

Observe o aposto: "Maria, chamada Madalena, da qual saíram sete demônios". É claro que não havia limite para o número de demônios a se apossar da mente de uma pessoa. Jesus, por exemplo, realizou um ato de exorcismo em que cerca de 5 mil demônios estavam alojados no corpo de um jovem lunático da cidade de Gadara (Lc 8:26-39). Embora hoje o comum seja delimitar problemas psíquicos aos campos da psiquiatria, da psicologia ou da psicanálise, nos tempo do Novo Testamento havia uma disposição social a dar explicações espirituais para comportamentos doentios.

Muitos ainda se veem circunscritos às propostas de Charcot e Freud, que reduziram a fé à histeria e a religião, à neurose. Não obstante, pesquisas recentes têm demonstrado que fatores religiosos e espirituais ajudam na recuperação de diversas patologias psíquicas. E mais: embora haja traumas advindos de crenças religiosas, o papel da fé concorre mais para a cura que para a piora do paciente em tratamento.[11]

---

11. KOENIG, Harold G. Research on Religion, Spirituality, and Mental Health: A Review. *The Canadian Journal of Psychiatry*, v. 54, n. 5, pp. 283-291, 2009.

A existência de demônios, porém, não foi comprovada pela ciência, tampouco terapeutas profissionais recomendarão sessões de exorcismo. Também não seria o caso de dispensar tratamentos sérios tentando resolver tudo à base de oração e água benta. A religião de Jesus não invalida a ciência. Basta lembrar que Lucas, autor desses relatos, era médico. A questão aqui é o reconhecimento bíblico de que existem forças pessoais malignas, não detectáveis pelos métodos científicos, que podem se valer de neuroses não resolvidas e controlar a mente das pessoas. O reconhecimento dos pontos pertencentes à heurística e os que estão além dela é que pode fazer a diferença entre um tratamento sério – que envolva o âmbito espiritual – e o charlatanismo.

Voltando aos números, o que significa a expressão "sete demônios"? Pseudoepígrafos judaicos como o *Testemunho de Salomão* e o *Testamento de Rubén* falam que demônios que andavam agrupados em número de sete correspondiam às sete características malignas de Belial. A mesma imagem era comum no folclore judeu da Babilônia, de modo que poderia ser uma tradição dos dias de Jesus. A antítese disso seriam os sete espíritos de Deus, simbolizados pelas sete chamas do santuário, que repousam sobre o Messias, capacitando-o a realizar sua obra (Ap 1:12,20; 5:6).

Se isso era literal ou simbólico, não sabemos, fato é que o próprio Jesus pareceu valer-se dessa imagem para explicar a triste situação de alguém que volta para a vida de pecado depois de ter iniciado uma caminhada com Deus. Ele disse:

> Quando o espírito imundo sai de uma pessoa, anda por lugares áridos, procurando repouso. E, não o achando, diz: "Voltarei para a minha casa, de onde saí". E, voltando, a encontra varrida e arrumada. Então vai e leva consigo outros sete espíritos, piores que ele,

e, entrando, habitam ali. E o último estado daquela pessoa se torna pior do que o primeiro (Lc 11:24-26).

Por que Jesus aceitou Maria? Pelos mesmos motivos que aceita cada um de nós, a despeito de quem somos. Falhos, fracos e pecadores, mas com uma profunda capacidade de amar a ser despertada. Muitas vezes, são os pontos mais baixos de nossas caminhadas que abrem oportunidades para o agir divino.

CAPÍTULO 9

Intocáveis e improváveis de Deus

> *"Como sociedade, quando ouvimos falar de práticas de intocabilidade, devemos nos sentir indignados, como nos sentimos com outros atos criminosos, como assassinato e estupro. É hora de aceitarmos que a prática da intocabilidade não é o vestígio de algum fenômeno ou uma tradição social atrasada: é uma ofensa criminal. Vamos começar a chamá-lo pelo que é."*
>
> KUMARI SELJA

"Imundo! Lá vem o imundo!", gritavam as crianças da vila que, ao mesmo tempo, jogavam pedras num homem que de tão maltrapilho mais parecia um zumbi voltando do mundo dos mortos. O cheiro de carne em decomposição chegava antes mesmo que seus passos fossem ouvidos. Seu rosto era oculto por parte dos farrapos que usava, pois todos temiam que seu hálito pudesse ser contagioso. Pior é que ele mesmo tinha a obrigação de anunciar-se gritando "imundo!", fazendo coro àqueles que o insultavam (Lv 13:45).

O pavor de ser contaminado por um leproso era tal que até os sábios judeus se predispunham contra eles. No *Levítico Rabbah* 16:3, rabinos advertem que, se um leproso tiver a audácia de entrar em uma cidade, "então mesmo pessoas educadas e piedosas deveriam atirar pedras nele e gritar: 'Volte para seu lugar e não contamine as pessoas'". Também existe a história do rabino Eleazar b. Simeão, que se escondeu ao ver um grupo de leprosos, e do rabino Meir, que se recusou a comer ovos quando soube que vieram do gueto de leprosos que havia na cidade.[1]

No mundo antigo, a lepra era considerada o maior flagelo de Deus, pois, além do risco de contágio, temiam-se as possíveis consequências espirituais. O curioso é que, caso estejamos mesmo falando de uma forma antiga de hanseníase, a análise médica hoje é de que se trata de uma das doenças humanas com menor risco de contaminação.[2] Logo, ou a hanseníase moderna seria uma forma mutada da bactéria *Mycobacterium leprae*, ou a lepra bíblica não era a mesma de hoje. Pode ser, ainda, que os contágios não fossem uma realidade, mas crenças de uma tradição de medo e discriminação.

Era comum o pensamento de que o leproso era um sujeito indigno, punido pelo Criador por algum pecado cometido. Já diziam os rabinos: "Não existe morte sem pecado, nem dor sem transgressão" (*Shabat* 55a). Embora houvesse uma expressão mínima de solidariedade com esses desafortunados, ajudar um leproso era complicado, porque, estando ele sob sentença divina, envolver-se seria interferir nessa punição, desagradando o Soberano. Por isso, mesmo nas raras ações de solidariedade, os rabinos faziam declarações cínicas para falar da lepra como uma doença que, por causar insensibilidade, tira do sujeito tanto a dor do sofrimento quanto o prazer da recompensa (*Berakot* 5a).

---

1. DAUPHIN, C. Leprosy, Lust and Lice: Health and Hygiene in Byzantine Palestine. *Bulletin of the Anglo-Israel Archaeological Society*, v. 15, p. 60, 1996.
2. GRZYBOWSKI, Andrzej; MAŁGORZATA, Nita. Leprosy in the Bible. *Clinics in Dermatology*, v. 34, n. 2, p. 5, 2016.

A doença, pelo menos na forma como a conhecemos hoje, causa dores em diferentes partes do corpo. Depois segue-se uma dormência prolongada, com diminuição da circulação sanguínea, manchas na pele e perda da cor original. Com o tempo, a mesma pele começa a ficar grossa, inchada e enrugada, especialmente ao redor dos olhos e das orelhas. Logo vem a escamação, em que as manchas espessas se tornam feridas cheias de pus e mal cheiro que evoluem para úlceras abertas e a consequente perda de material orgânico. Dedos e cartilagens são os principais membros afetados, embora a garganta também sofra com uma rouquidão permanente, tornando a voz áspera e incômoda de se escutar.

Alguns entendem que aquilo que a Bíblia chama de lepra seria, na verdade, um tipo de psoríase, não hanseníase. Particularmente, não vejo fundamentos para essa suspeita. Desde os tempos do Antigo Testamento, há indícios de que a lepra era uma doença conhecida e que isolava o infectado, ainda que outros males dermatológicos pudessem ser confundidos com ela. Na Torá, recomendava-se que as vestes de uma pessoa infectada pela lepra fossem queimadas, bem como qualquer tecido que tivesse entrado em contato direto com o corpo dela (Lv 13:52-57).

O relato mais antigo de uma doença que muitos estudiosos acreditam ser a lepra aparece em um papiro egípcio escrito por volta de 1550 a.C. Outro documento da Índia, datado de 600 a.C., também descreve uma doença semelhante. Na Grécia, existiu um relato inequívoco de lepra logo depois que o exército de Alexandre, o Grande, retornou da Índia. Por fim, há outra menção à doença feita em Roma, no ano 62 a.C., coincidindo com o retorno das tropas de Pompeu vindas da Ásia Menor.

Em 2003, o arqueólogo Shimon Gibson tornou pública a descoberta dos restos mortais de um homem sepultado dois mil anos antes, em um nicho de tumba familiar no vale de Hinom, que margeia a cidade velha de Jerusalém. Exames de DNA recolhidos dos ossos e da mortalha que envolvia o corpo revelaram que aquele sujeito tinha hanseníase. Ele viveu nos tempos de Cristo, e seus restos mortais se tornaram o mais antigo exemplar de alguém contaminado por lepra em todo o Oriente Médio.

No meio israelita, casos suspeitos eram submetidos a um exame feito por um sacerdote, que dava o diagnóstico oficial. Na incerteza, impunha-se ao indivíduo sintomático um isolamento de sete dias, período ao fim do qual ocorria novo exame: se a degeneração continuasse, ele seria recolhido para um novo isolamento de mais sete dias. Caso não apresentasse novos sintomas, seria declarado puro ou curado.

Nesse sentido, é importante que não confundamos a figura do sacerdote com a do curandeiro. Aquele apenas fazia sacrifícios de gratidão a Deus no caso de recuperação do doente (Nm 17:11ss.; 2Sm 24:25). De resto, era responsabilidade do infectado jejuar e orar a Deus durante os sintomas a fim de obter o perdão e a cura (1Rs 8:37-38; 2Rs 20:1-3; 2Sm 12:16).

Não há nas Escrituras hebraicas indicação para o tratamento da lepra. A lei de Moisés parece mais preocupada em que o suspeito se apresente ao sacerdote e se isole em caso de confirmação do diagnóstico. Também não encontramos no tempo de Jesus evidência de prescrição médica, o que nos faz supor que, para os judeus daquele tempo, somente um milagre restaurava a saúde de um leproso. Aliás, mesmo que fosse curado, o ex-leproso não estava automaticamente livre para voltar a viver em sociedade. Era necessário que o sacerdote o reexaminasse. Somente então o sujeito podia regressar ao seio de sua família.

Não é possível dizer quantas curas ocorreram. O que sabemos é que, no pátio noroeste do templo, havia uma sala chamada

"Câmara dos Leprosos", destinada a abrigar pessoas que aguardavam o diagnóstico sacerdotal. Ainda que fossem declaradas saudáveis, essas pessoas permaneciam alguns dias no santuário e se banhavam no oitavo dia de purificação, aguardando o rito de unção dos dedos dos pés (*Nega'im* 14:8; *Middot* 2:5). Somente então sua cura era oficializada.

É por essa razão que encontramos nos evangelhos pelo menos duas ocasiões em que Jesus, ao curar leprosos, ordena-lhes que sigam imediatamente para o templo a fim de se apresentar ao sacerdote (Lc 5:12-14; 17:12-14; Mt 8:3-4). Esses são indícios de que as prescrições de Moisés ainda estavam em vigor no tempo de Cristo – tanto no que diz respeito às funções do sacerdote quanto à oferta obrigatória em caso de cura. Os apóstolos também são instruídos a purificar os leprosos (Mt 10:8; Lc 7:22).

Como não havia um tratamento específico, quando a cura miraculosa não ocorria, nada restava ao contaminado senão seguir isolado (Lv 13:45-46; Lm 4:15). Pouquíssimos escapavam da sina de se separar de seus entes queridos e morar em uma colônia fora das cidades, em companhia de outros que se viam na mesma condição degradante.

É verdade que alguns rabinos aceitaram a presença de leprosos na sinagoga – isso, porém, só ocorreu no período talmúdico, a partir do fim do primeiro século. A não ser pelos casos de leprosos que foram ao encontro de Jesus quando este estava nas proximidades de uma cidade, não há registros da presença deles em lugares públicos nos evangelhos.

Betânia dos leprosos

Muito se cogitou sobre a possibilidade de Jesus ter tido contato ou mesmo ter participado do grupo dos essênios, a quem se atribuiu a biblioteca de manuscritos encontrada nas cavernas de Qumran, na costa noroeste do mar Morto. No entanto, ainda que existam semelhanças entre a pregação de Jesus e o que encontramos nos documentos produzidos pelos essênios, é quase nula a possibilidade de Cristo ter feito parte do grupo. O máximo que se pode dizer é que, provavelmente, houve diálogo entre eles.

Na última páscoa de Cristo em Jerusalém, os discípulos perguntaram-lhe onde preparar o local da Santa Ceia. Jesus lhes orienta a procurar um homem na cidade, demonstrando que tinha ali relações estabelecidas que não com os discípulos. Tanto Marcos quanto Lucas caracterizam esse homem: ele carregaria um cântaro d'água na cabeça (Mc 14:13 e Lc 22:10). Ora, esse era um trabalho feito pelas mulheres, de modo que apenas um membro de um grupo celibatário como os essênios poderia ser visto realizando essa tarefa. Além disso, sabemos pelos escritos de Flávio Josefo que havia em Jerusalém uma porta que dava acesso a um bairro onde vários essênios moravam (*Guerras* 5.145). A residência da Última Ceia, porém, pertencia à mãe de João Marcos, possível membro da seita que participou da logística idealizada por Cristo.

Entre as diferenças marcantes do ensino de Jesus e a crença dos essênios, está o modo como estes últimos se relacionavam com quem não pertencia a seu grupo. Os essênios praticavam um separatismo extremo, proibindo particularmente relações econômicas e sociais com os de fora, judeus ou estrangeiros. O caso de Jesus era diferente. Quem quisesse seguir seus ensinos devia viver em fraternidade com o mundo exterior, não se afastar da sociedade. Ao contrário dos essênios, Jesus se envolveu com todas as camadas sociais, incluindo prostitutas e cobradores de impostos. Além disso, os dois movimentos tinham atitudes bastante diferentes em relação às leis judaicas de purificação.

Contudo, nem todos os essênios cumpriam à risca o isolacionismo, razão pela qual alguns deles viviam em centros urbanos, enquanto outros migravam para o deserto. Qualquer comparação, pois, entre Jesus e esse grupo deve levar em conta essas peculiaridades. A diferença entre a atitude de Jesus e a paranoia dos essênios concernente à pureza tinha um elemento de intersecção que só foi revelado com a publicação dos manuscritos do mar Morto.

Graças a um antigo rolo de 2 mil anos intitulado "pergaminho do templo", sabemos que os essênios mantinham uma colônia de leprosos nas proximidades de Jerusalém. O autor (ou compilador) do pergaminho afirma que "em cada cidade você deve distribuir lugares aos aflitos com lepra, para que não entrem em suas cidades e as contaminem" (11QTemplo 48.14-15). Na sequência, o texto diz que leprosos devem ser isolados "a leste da cidade" de Jerusalém (11QTemplo 46.16-17).

Note que a ideia aqui não é tanto a solidariedade em si, mas uma forma econômica de impedir que uma cidade santa, como era o caso de Jerusalém, fosse contaminada pela presença de um leproso. Já bastavam os mandos e os desmandos sacerdotais que os essênios tanto criticavam.

Por ser o lugar que abrigava o único templo judeu em todo o vasto Império Romano, Jerusalém era o local mais sagrado do judaísmo. Logo, pessoas que em teoria não podiam entrar no pátio interno do templo procurariam chegar o mais próximo possível dele. Isso acontecia, por exemplo, no tanque de Betesda, que deixou de ser um lugar para a lavagem das ovelhas do templo e se tornou uma piscina pública onde toda sorte de inválidos se reunia na esperança de receber um milagre.

Os essênios não gostavam disso. Um leproso andando perto das ruas de Jerusalém pedindo esmolas, ainda que não entrasse na cidade, era capaz de contaminar um religioso que seguia por ali. Por isso, preferiam manter essas colônias nas proximidades da cidade, como forma de confinar leprosos e outros impuros que queriam estar próximos do santuário de Deus.

Se considerarmos que, a caminho de Jerusalém, Jesus se hospedou em Betânia, num lugar descrito como a "casa de Simão, o leproso" (Mc 14:3), cerca de três quilômetros a leste de Jerusalém, tudo leva a crer que Betânia era uma das colônias mencionadas no pergaminho do templo. Tanto que, em aramaico, o nome Betânia é um trocadilho: pode ser lido como "casa dos figos", "das tâmaras", ou "casa da aflição". Jesus, é claro, desobedeceu ao código de pureza dos judeus ao dormir em um lugar cheio de pessoas "contaminadas". Quão desconfortáveis os discípulos devem ter ficado!

Agora imagine um respeitado líder de Israel, muito famoso, cuja presença era sinal de autoridade, contrair lepra e, da noite para o dia, perder tudo que tinha por causa de uma doença incurável. Essa pode ter sido a história de Simão, importante fariseu que se tornou um leproso (Mt 26:6; Mc 14:3).

Sua condição precária, no entanto, não significaria um isolamento completo de tudo ou de todos. Um estudo feito por Myrick Shinall, PhD em estudos religiosos pela Universidade Vanderbilt, demonstrou que, embora existissem uma série de regras e costumes para separar as pessoas com lepra do resto da comunidade, elas não eram aplicadas universalmente em todas as comunidades ou em todas as situações. Havia consideráveis exceções, como a de Naamã, general do exército sírio que tinha permissão para morar pelo menos na mesma localidade de sua família mais próxima. Na verdade, escreve Shinall, os evangelhos retratam uma série de casos em que pessoas designadas como leprosas parecem estar bastante integradas com o resto da comunidade ou com colônias de leprosos próximas de uma vila ou algum centro urbano.[3]

Assim pode ter sido no caso de Simão. Considerando que fossem originários da Galileia, faz sentido que ele e sua família tenham se mudado para Betânia ou arredores, pois, mesmo que fosse obrigado a viver confinado na colônia, pelo menos estaria perto dos seus. O fato de ter sido um respeitado fariseu e de os essênios possivelmente terem se originado do farisaísmo corrobora essa visão.[4]

Infelizmente os relatos bíblicos não contam mais detalhes, mas podemos conjecturar como teria sido para aquele orgulhoso homem o momento em que se descobriu leproso. Estranho que, mesmo curado por Cristo, ele continua com a alcunha de Simão, "o leproso". Por que seu nome não foi atualizado? Seria uma forma indireta de autores bíblicos dizerem que Jesus curou seu exterior, mas seu coração continuava contaminado? Além disso, por que ele não voltou para a Galileia, uma vez que já estava limpo da enfermidade que o teria levado a morar em Betânia? Seria orgulho, por não querer ficar diante do sacerdote e se submeter ao exame de cura? Ou incerteza de estar mesmo curado? Afinal, mesmo se declarando discípulo de Cristo, seu coração estava distante dos ensinos dele.

---

3. SHINALL JR., Myrick C. The Social Condition of Lepers in the Gospels. *Journal of Biblical Literature*, v. 137, n. 4, pp. 915-934, 2018.
4. BRUCE, F. F. *New Testament History*. New York: Doubleday and Company, 1971, pp. 65, 66, 96.

De todo modo, o Senhor demonstrou misericórdia para com ele.

Tocando nos intocáveis

A forma de Jesus tratar as pessoas rompeu com muitos paradigmas. Ele não somente demonstrou afeto e amor pelos menos favorecidos, como elevou a autoestima dos marginalizados e curou doenças que, na época, eram tidas como castigos de Deus. "Um leproso se aproximou de Jesus e lhe pediu, de joelhos: 'Se o senhor quiser, pode me purificar'. E Jesus, profundamente compadecido, estendeu a mão, tocou nele e disse: 'Quero, sim. Fique limpo!'. No mesmo instante, a lepra desapareceu dele, e ele ficou limpo" (Mc 1:40-42).

Eis a singeleza tanto do pedido quanto da resposta. O homem não diz "cura-me", antes, prefere o eufemismo respeitoso: "Purifique-me, se o Senhor assim o quiser, pois sei que tem poder de sobra para fazer muito mais que isso". O pedido ia além da cura física – talvez ele mesmo acreditasse se tratar de um merecido castigo de Deus. Por sua vez, Jesus não apenas declara a cura, como o faz tocando no homem, com um sentimento profundamente piedoso. O leproso não precisava apenas ser curado, era necessário que se sentisse acolhido por Deus.

Simão, ao que tudo indica, também foi curado por Jesus. Como será que fez o pedido? Teria ele se arrependido de sua arrogância e do abuso da jovem Maria, cuja vida ele tanto desgraçou? Provavelmente, ao sentir os primeiros sintomas, cumpriu todo o protocolo da lei e foi se examinar com um sacerdote. Sua trajetória para Jerusalém deve ter sido angustiante. Depois aguardou, em aflição, mais alguns dias, até receber o diagnóstico.

É verdade que havia um entendimento rabínico segundo o qual, se um conhecedor da lei como Simão fosse infectado, seu posto de mestre da religião judaica deveria ser mantido. Contudo, como já mencionei, esta era uma situação posterior aos tempos de Jesus e que rompe com o que até então se praticava: "Entre o povo do Oriente, isto é, na Babilônia, no tempo presente, se, Deus me livre, um estudioso for afetado pela lepra, ele não será excluído da sinagoga ou das escolas; desde hoje, a liminar 'teu acampamento será santo' [Dt 23:14; isto é, as leis de limpeza ritual] não se aplica mais" (*Sha'arei Teshuvah*, n. 176).

Não havia alternativa senão seguir para uma colônia de rejeitados. O Evangelho de Lucas 17:11-19 narra que dez leprosos, moradores de alguma colônia, foram ao encontro de Cristo. Sua morada certamente era em um lugar ermo, fora dos limites da cidade, em cavernas ou tendas improvisadas. Nada que deixasse rastros arqueológicos. O curioso do relato é que os dez foram curados, mas apenas um voltou para agradecer. "Então, Jesus perguntou: 'Não eram dez os que foram curados? Onde estão os nove? Não se achou quem voltasse para dar glória a Deus, a não ser este estrangeiro?'. E lhe disse: 'Levante-se e vá; a sua fé salvou você'" (v. 17-19).

Essa informação ressalta dois pontos: primeiro, estranhamente, Jesus poderia curar alguém que não tivesse o coração agradecido. Nove daquelas pessoas não glorificaram a Deus como deveriam. Em segundo lugar, o estrangeiro, identificado como samaritano, morava na mesma aldeia dos demais leprosos, que eram judeus. E, se havia algo inadmissível, era ver um judeu e um samaritano habitarem o mesmo território. A doença e a miséria faziam com que algumas barreiras fossem rompidas.

Notamos que, nesse caso, Jesus não curou imediatamente os leprosos nem tocou neles. Apenas ordenou que fossem e se apresentassem ao sacerdote, em Jerusalém. Eles, sem hesitar, obedeceram. Mas o trajeto de onde estavam para o templo não levava dez nem quinze minutos, mas um ou dois dias. Havia ainda o preparativo para pegar estrada e a obrigatoriedade de viajar à noite, para que não fossem apedrejados durante o dia. Lucas afirma que, "indo eles, foram purificados". Ou seja, no momento da instrução de Jesus, aqueles homens ainda eram leprosos. Nenhuma mudança física ocorreu diante de suas palavras. Nem mesmo receberam um toque físico. Ao que tudo indica, permaneceram distantes e, somente quando começaram o trajeto, foram curados. Isso significa que aqueles homens tiveram fé.

Foram várias as ocasiões em que Jesus exigiu fé por parte da pessoa que suplicava por cura. Ele lhes perguntava: "Você acredita que posso fazer isso?" (Mt 9:28; Mc 9:20-24). Jesus exigiu uma demonstração de fé por parte dos leprosos ao pedir-lhes que se afastassem, antes mesmo de testemunharem qualquer transformação.

O fato de apenas o samaritano voltar é notório, considerando que todos creram. Significa que uma virtude não garante a outra. Como estavam entre a Galileia e a Samaria, os demais talvez tenham voltado correndo para casa, esquecendo-se de quem lhes havia curado. O samaritano voltou para glorificar Jesus, sendo que ele era o único com motivos para não buscar o sacerdote, conforme ordenara Jesus. Considerando que, para ele, o verdadeiro templo ficava no monte Gerizim, em Samaria, não no monte Moriá, em Jerusalém, é surpreendente vê-lo obedecendo pela fé uma ordem do Mestre, antes mesmo de ver o milagre se realizar. Além disso, ele aceitou ser examinado em público por um sacerdote judeu, figura que aprendera a odiar desde pequeno.

Demorou dias até ele voltar e os discípulos perceberem que nem todos os beneficiados pela graça eram pessoas confiáveis.

O tom com que o evangelho narra tal conduta revela um problema de caráter, não simplesmente um lapso de gratidão. O retorno do samaritano surpreendeu a todos. Jesus, por sua vez, não se deixava desanimar pelos ingratos. Ele sabia que nem sempre poderia contar com aqueles que tanto amou. Segundo o Evangelho de João, "estando Jesus em Jerusalém, durante a Festa da Páscoa, muitos creram em seu nome quando viram os sinais que ele fazia. Mas o próprio Jesus não confiava neles, porque conhecia a todos. E não precisava que alguém lhe desse testemunho a respeito das pessoas, porque ele mesmo sabia o que era a natureza humana" (Jo 2:23-25). Seu amor e sua missão continuavam os mesmos, sempre levando conforto aos que mais necessitavam.

Viagens e ensinamentos

Jesus nunca morou em Jerusalém. Sua presença na cidade coincidia com as festas religiosas em que milhares de peregrinos se locomoviam para celebrar a fé em Deus. O comparecimento às festividades religiosas do templo era um princípio judaico.

O Evangelho de João menciona Jesus indo a Jerusalém uma vez na Festa dos Tabernáculos (Jo 7:2); uma vez na Festa de Dedicação do templo, mais conhecida como Hanucá (Jo 10:22); e três vezes na festa da Páscoa (Jo 2:13; 6:4; 11:55). Se confiarmos na historicidade desses relatos, podemos dizer que o ministério de Jesus, desde seu batismo até sua morte e ressurreição, teria durado apenas três anos e meio – período em que ele reuniu os apóstolos e conheceu Maria Madalena.

Em sua primeira viagem para Betânia, que talvez coincidisse com o tempo de Simão recluso na colônia, Jesus hospedou-se na casa de Marta. O texto não menciona a presença de Lázaro e não deixa claro se Maria morava lá ou se chegou com a comitiva de Cristo. Digo isso porque era comum que rabinos itinerantes viajassem de cidade em cidade, acompanhados de seus discípulos. Ao mesmo tempo que ofereciam ensino gratuito para as pessoas mais simples, serviam de juízes de pequenas causas. Jesus desempenhou esse papel quando um jovem pediu certa vez: "Mestre, diga a meu irmão que reparta comigo a herança" (Lc 12:13). Dependendo da situação, os rabinos podiam ajudar até na escolha da liderança religiosa de um vilarejo (TJ *Shevi'it* 6:1, 36d) – o que não significa aceitação pacífica de tudo o que um rabino diz, pois o Talmude também retrata pessoas leigas que consideravam as diretrizes de determinados rabinos ambulantes severas demais (TJ *Shevi'it* 4:3, 35b).

Por causa dessa oposição, não era incomum rabinos ensinarem o que deveria ser dito publicamente para os leigos e o que deveria ser reservado a seus sábios partidários. O Talmude babilônico, por exemplo, narra uma situação em que certo rabino transmitia aos alunos uma visão mais branda da lei, ao passo que ao público leigo apresentava uma variante mais rígida a fim de que este, por não ter a capacidade intelectual dos outros sábios, não se comportasse de forma inescrupulosa e, assim, violasse a lei de Deus (TB *Pesahin* 50a). Jesus também usava esse método de falar por parábolas – só que o fazia na contramão dos demais mestres. Ele escondia certas verdades dos intelectuais, reservando-as ao pequeno grupo de pessoas simples que o acompanhava. Certa feita, em oração ao Pai, Jesus disse: "Graças te dou, ó Pai, Senhor do céu e da terra, porque escondeste estas coisas dos sábios e instruídos e as revelaste aos pequeninos" (Mt 11:25). Em outra ocasião, foi a vez dos discípulos perguntarem o porquê de ele falar de maneira figurativa:

"[...] Quem tem ouvidos para ouvir, ouça." Então os discípulos se aproximaram de Jesus e lhe perguntaram: "Por que o senhor fala com eles por meio de parábolas?". Ao que Jesus respondeu: "Porque a vocês é dado conhecer os mistérios do Reino dos Céus, mas àqueles isso não é concedido. Pois ao que tem, mais será dado, e terá em abundância; mas, ao que não tem, até o que tem lhe será tirado. Por isso, falo com eles por meio de parábolas: porque, vendo, não veem; ouvindo, não ouvem nem entendem. Assim, neles se cumpre a profecia de Isaías: 'Ouvindo, vocês ouvirão e de modo nenhum entenderão; vendo, vocês verão e de modo nenhum perceberão. Porque o coração deste povo está endurecido; ouviram com os ouvidos tapados e fecharam os olhos; para não acontecer que vejam com os olhos, ouçam com os ouvidos, entendam com o coração, se convertam e sejam por mim curados'" (Mt 13:9-15).

"Essas coisas eu falei a vocês por meio de figuras. Vem a hora em que não falarei mais por meio de figuras, mas falarei a vocês claramente a respeito do Pai" (Jo 16:25).

Entre as pessoas simples às quais Cristo ministrava, estavam não apenas os pescadores rudes da Galileia, mas também Maria Madalena, irmã de Marta, que se tornara sua discípula e fiel seguidora. Ela não parecia se cansar de aprender as lições do divino Mestre.

Quando eles seguiam viagem, Jesus entrou numa aldeia. E certa mulher, chamada Marta, hospedou-o na sua casa. Marta tinha uma irmã, chamada Maria, que, assentada aos pés do Senhor, ouvia o seu ensino. Marta agitava-se de um lado para outro, ocupada em muitos serviços. Então se aproximou de Jesus e disse: "O Senhor não se importa com o fato de minha irmã ter deixado que eu fique sozinha para servir? Diga-lhe que venha me ajudar". Mas o Senhor respondeu: "Marta! Marta! Você anda inquieta e se preocupa com muitas coisas, mas apenas uma é necessária. Maria escolheu a boa parte, e esta não lhe será tirada" (Lc 10:38-42).

A maioria dos que leem essa passagem atenta para o que parece ser uma repreensão de Jesus a Marta. Na verdade, as palavras do Mestre são brandas, ele a chama pelo primeiro nome duas vezes, como uma ênfase paterna, como outras usadas por Cristo: "Em verdade, em verdade lhes digo", "Jerusalém, Jerusalém" ou ainda "Saulo, Saulo, por que você me persegue?".

Alguns talvez questionem esse episódio por desconfiar que Marta não poderia receber Cristo na provável ausência de seu marido. De fato, na maioria das vezes, as mulheres desempenhavam um papel secundário nas estruturas sociais em todas as grandes cidades do Império Romano. Contudo, os direitos e as liberdades daquelas que pertenciam a famílias urbanas ricas diferiam das mulheres oriundas de aldeias rurais menos favorecidas. Nesse caso, a estrutura familiar funcionava em um sistema de patronagem e autoridade pessoal, normalmente exercida pelo pai. Sendo, porém, a hospitalidade um elemento central desse sistema, ainda mais nas famílias judaicas, tanto o patriarca quanto a matriarca tinham o mesmo dever para com um parente ou para com um visitante ilustre. Assim, seria natural que Marta recebesse Cristo e seus discípulos.

Maria, que prestava atenção aos ensinamentos, é comumente vista como símbolo da vida contemplativa; Marta, da vida prática e menos espiritual. Essa interpretação é frequentemente atribuída a Orígenes, escritor teológico da igreja cristã primitiva. De fato, Marta precisava de um espírito mais calmo, devoto, com sede de aprender a Palavra. Precisava ser menos ansiosa acerca de coisas frívolas e ter maior anseio pelas que permanecem. Ela estava ocupada demais e, por isso, não encontrava tempo para o que era essencial. Era importante arrumar a mesa, mas era essencial aproveitar a oportunidade de aprender com Cristo sobre o reino celestial.

Nisso, nós nos voltamos para Maria e a estranha descrição que lhe acompanha: "assentada aos pés do Senhor, ouvia o seu ensino". Tais palavras trazem uma informação importante para nós: essa era uma típica postura de aprendizado diante de um rabino, reservada exclusivamente para seus discípulos. Tanto que Paulo usa uma expressão análoga, "instruído aos pés", para falar do aprendizado que teve junto ao grande rabino Gamaliel (At 22:3). Esse modo de se referir à postura entre mestre e discípulo pode ser visto na Mishná, Avot 1:4 – uma coleção de pensamento rabínico de 200 a.C. a 200 d.C. que, ainda hoje, forma o cerne da crença judaica. Ela traz uma citação do sábio Jose ben Joezer, um dos primeiros membros do movimento rabínico, que viveu cerca de dois séculos antes de Cristo. Ele dizia: "Que sua casa seja um lugar de reunião para os sábios e que você possa cobrir-se com a poeira de seus pés,[5] que possa beber suas palavras como alguém que está com muita sede" (Avot 1:4).

A ideia geral é encorajar as pessoas a fazerem de seu lar um local de parada para rabinos itinerantes, a fim de que estes pudessem não apenas descansar, mas também oferecer ensinamentos. Foi isso que Jesus quis lembrar a Marta, ao mesmo tempo que reconhecia publicamente Maria como legítima aluna.

Embora não seja mencionado no Antigo Testamento, o ofício do rabinato estava muito em voga nos tempos de Cristo. Rabi ou rabino é uma palavra de origem hebraica (alguns dizem

---

5. Ou, conforme outra tradução, "que você possa sentar-se no pó de seus pés".

"aramaica"), que deriva da palavra *rabh*, com sentido de "grande", "distinto" em conhecimento. Rabi(no), por extensão, passou a significar professor, e *rabi*, "meu professor".

No judaísmo, o rabino representa aquele que tem autoridade para ensinar e interpretar a Torá tanto para escribas quanto para leigos. Era um professor ambulante. Só não sabemos até que ponto o acesso a seus ensinos era realmente franqueado a todos – ao que parece, havia ensinos para grupos maiores de leigos que não seriam necessariamente discípulos e ensinos reservados a alunos regulares, chamados *talmidim*, e outros pares da academia judaica.

Não se tratava de uma profissão formal. Naquele tempo, o termo "rabino" não tinha nem mesmo o significado oficial do judaísmo tardio. Hoje, por exemplo, "rabino" refere-se a alguém que se formou numa escola de *ieshiva*, reconhecida pelo Rabinato Superior de Jerusalém. Para os contemporâneos de Jesus, no entanto, "rabi" era um pronome de tratamento dado a um professor reconhecido por seus méritos. É nesse contexto que devemos entender o texto bíblico. Mesmo que ninguém pudesse teoricamente ser um rabi sem antes ter sido orientado por outro rabino, havia exceções. Jesus, por exemplo, foi um reconhecido Mestre, apesar de não ter sido discípulo de ninguém.

Conquanto houvesse demasiadas exigências para que um jovem se tornasse um doutor da lei, o simples renome popular era o suficiente para ele ser reconhecido como tal até mesmo por seus inimigos. Esse parece ter sido o caso de Jesus de Nazaré. Seu grau de instrução formal ainda é um mistério, embora, ao que tudo indica, Jesus não tenha frequentado a escola rabínica de seu tempo. Mesmo assim, muitos o chamavam de Mestre: não apenas seus discípulos (Lc 7:40), mas doutores da lei (Mt 22:25-36), pessoas leigas (Lc 12:13), ricos (Mt 19:16), fariseus (Lc 19:39) e os saduceus que cuidavam do templo (Lc 20:27-28). Eram muitas as classes de simpatizantes e não simpatizantes que reconheciam seu magistério e sua sabedoria.

Entrar para o círculo de discípulos de um rabino não era tarefa simples. O indivíduo podia até se candidatar – embora o ideal fosse ser convidado –, mas a aceitação vinha sempre do mestre. Caso fosse selecionado, ele se tornaria um discípulo e passaria a acompanhar seu professor por muitos anos, por onde quer que fosse. Nesse ínterim, angariava a fama de aprendiz do grande rabino fulano de tal. Ser reconhecido assim era uma grande honra no judaísmo. Até mesmo o casamento, embora fosse fortemente incentivado, ficava em segundo plano se comparado com a indicação para fazer parte de um grupo de *talmidim*. Por isso, muitos rapazes retardavam ao máximo o envolvimento com uma noiva, a fim de ter mais tempo para estudar a Torá sob a tutela de um professor reconhecido. O chamado para ser aluno de um grande mestre era um imperativo que precedia a quase todas as obrigações sociais.

> Então Pedro começou a dizer-lhe: "Eis que nós deixamos tudo e seguimos o senhor". Jesus respondeu: "Em verdade lhes digo que não há ninguém que tenha deixado casa, irmãos, irmãs, mãe, pai, filhos ou campos por minha causa e por causa do evangelho, que não receba, já no presente, cem vezes mais casas, irmãos, irmãs, mães, filhos e campos, com perseguições; e, no mundo por vir, receberá a vida eterna. Porém muitos primeiros serão últimos, e os últimos serão primeiros" (Mc 10:28-31).

Não pense que o sacrifício familiar acontecia apenas por parte dos alunos. Às vezes, o próprio rabino retardava seu casamento ou se afastava de seus familiares para se dedicar ao estudo e ao ensino da Torá. Gamaliel II, neto do professor de Paulo, já tinha discípulos adultos quando resolveu se casar. Portanto, não era problema que Jesus e alguns de seus discípulos, incluindo Maria Madalena, fossem solteiros, e outros, como Pedro, fossem casados.

Na seleção de alunos, o rabino em geral estudava o perfil, o comportamento, os dons e as potencialidades do novato antes de oficializá-lo como aprendiz. Como disse Jesus, "muitos são chamados, mas poucos são escolhidos" (Mt 22:14). Em um processo normal, somente os melhores eram selecionados; Jesus, porém, assumiu uma postura diferente e escolheu os menos prováveis. Com exceção de dois casos mencionados em Lucas 8:38 e 9:57, não há registro de discípulo que houvesse se candidatado para segui-lo. Nenhum dos doze, com possível exceção de Judas, se sentia em condições de ser escolhido. Por isso, quando Jesus disse "siga-me" – oficializando um chamado –, os eleitos provavelmente nem acreditaram. Eram camponeses, pescadores rudes e alguns até marginalizados. Nenhum deles esperaria ser convidado para se tornar um *talmid*.

Enfim, temos a condição de Maria Madalena como discípula oficial de Jesus. Ninguém esperava seu chamado, principalmente depois de ela ter fraquejado na fé. A graça ofertada por Cristo não apenas lhe deu o sincero desejo de mudar, como a capacitou a agir de um modo que jamais conseguiria por força própria.

Nos dias de Cristo, o rabino era proibido de cobrar para ensinar a Torá, e não havia um "salário" recebido da sinagoga local. Em vez disso, os rabinos do século 1 d.C. praticavam alguma atividade profissional a fim de sustentar seu ministério de ensino, e essa renda poderia ser completada por doações da comunidade e das famílias dos alunos. Gamaliel, por exemplo, aconselhava seus discípulos a combinar a prática da instrução da Torá com uma atividade comercial não religiosa (*Pikei Avot* 2:2).

Por isso, não era incomum um rabino passar parte do tempo ensinando e parte trabalhando. Seus discípulos fariam o mesmo. Alguns rabinos procedentes de famílias de sacerdotes poderiam até receber um estipêndio do templo, mas a maioria era composta de artesãos, mercadores ou trabalhadores braçais. Muitos ensinavam apenas aos sábados e em feriados religiosos. Outros, como parece ter sido o caso de Jesus, optavam por uma carreira parcialmente itinerante, indo de cidade em cidade, com os discípulos. Nessas viagens, visitavam as sinagogas locais e ajudavam na discussão de algum ponto ético em relação às Escrituras judaicas (Mt 4:23).

Tendo Jesus convocado os doze, deu-lhes poder e autoridade sobre todos os demônios e para curar doenças. Também os enviou a pregar o Reino de Deus e a curar os enfermos. E disse-lhes: "Não levem nada para o caminho: nem bordão, nem sacola, nem pão, nem dinheiro; vocês também não devem ter duas túnicas. Na casa em que vocês entrarem, fiquem ali até saírem daquele lugar. E onde quer que não recebam vocês, ao saírem daquela cidade sacudam o pó dos pés em testemunho contra eles". Então, saindo, percorriam todas as aldeias, anunciando o evangelho e fazendo curas por toda parte (Lc 9:1-6).

Um bom período para essas viagens era entre a colheita e o plantio seguinte, quando os discípulos e o mestre interrompiam temporariamente seu trabalho comum a fim de seguir viagem. Nenhum deles abandonava em definitivo sua profissão original. Os próprios rabinos Hillel e Shamai, que já citei neste livro, eram, respectivamente, marceneiro e construtor.

Por isso, pensar que Jesus e seus discípulos não faziam outra coisa senão pregar e viajar é um erro. Eles intercalavam o estudo e a pregação com períodos de trabalho manual, como todo cidadão comum. Note que muitas parábolas demonstram a familiaridade de Jesus com atividades pastoris, agrícolas, arquitetônicas e até comerciais. Ele não era, em definitivo, um pregador indolente.

A manutenção do grupo e das famílias nesse período de viagem vinha de recursos guardados ou ofertas por parte de simpatizantes do movimento. E muitas mulheres, inclusive viúvas, eram as principais contribuintes. O grupo recebia doações de Maria Madalena; Joana, mulher do procurador de Herodes; Salomé, mãe de Tiago e João; e certa Suzana; além de outras não relacionadas nominalmente (Mc 15:40-41; Lc 8:1-3). Eram geralmente mulheres agradecidas por algum ato miraculoso de Cristo e que reconheciam nele senão o Messias, pelo menos a figura de um grande rabino a quem valia a pena seguir. Todas elas também seguiam Jesus, que, aliás, parecia muito aberto à entrada de mulheres em seu discipulado – atitude, senão inédita, rara naquele tempo.

É claro que nem todas as viúvas tinham recursos naquele tempo; a maioria, aliás, era pobre e necessitada, como já dissemos, e dificilmente sobreviveria sem um homem que cuidasse delas. Essas mulheres citadas no texto bíblico certamente tinham posses, fugiam à regra geral daquelas vindas de famílias com menos recursos. Logo, a descrição de seu poder aquisitivo não era regra, mas um pressuposto excepcional que explicaria de onde viriam o recurso dessas poucas discípulas em condições de contribuir para a causa de Cristo.

Maria Madalena, pelo contexto, poderia muito bem ter recursos de uma herança familiar – ainda que essa não fosse a única maneira de uma mulher judia se tornar financeiramente independente. Além da herança (recebida dos pais ou pelo falecimento de um esposo), elas podiam obter propriedades e dinheiro vindos de um termo de doação ou indenização de *ketubba*, que era o dinheiro que um marido contratualmente prometia dar-lhe caso se divorciasse dela. Também havia a possibilidade de possuir recursos de seu próprio trabalho, como era o caso de Lídia, vendedora de púrpura.[6]

Portanto, há muitas justificativas possíveis para as posses de Maria Madalena, sem apelar para uma suposta prostituição. Durante a década de 1960, uma expedição arqueológica encontrou em uma caverna ao norte de Nahal Hever, na costa ocidental do mar Morto, em Israel, documentos públicos provavelmente guardados por pessoas que estavam fugindo da guerra civil promovida por Simão Barcoquebas no século 2 d.C. Esse dossiê oferece um vislumbre de como algumas mulheres judias daquele tempo poderiam administrar e proteger seus bens para garantir a sua própria estabilidade futura ou a de algum descendente. Os documentos trazem a demanda jurídica de três mulheres que entraram em disputa por herança: Babatha, Salomé Grapte e sua filha Salomé Komaise. Muito do que descrevemos aqui sobre Maria Madalena ser herdeira de bens administrados por um tutor legal encontra eco nesses manuscritos.

Vale notar que bens imóveis nunca são incluídos nos contratos de casamento da Judeia e da Arábia, dos quais oito exemplares já foram encontrados pela arqueologia.[7] No entanto, as mulheres casadas citadas nos arquivos de Nahal Hever possuem casas e terras adquiridas por doação. Nem mesmo a presença de outros filhos homens herdeiros na família de Salomé Komaise

---

6. BAUCKHAM, Richard. *Gospel Women*. Grand Rapids: Eerdmans, 2002, pp. 121-133.
7. COTTON, Hannah M. The Archive of Salome Komaise Daughter of Levi: Another Archive from the "Cave of Letters". *Zeitschrift für Papyrologie und Epigraphik*, v. 105, p. 185, 1995.

anulou o seu direito de receber uma grande propriedade em Maoza, no sudeste do mar Morto, doada por sua mãe. Assim, a objeção de que qualquer eventual herança da família de Maria ficaria para Lázaro, por ser homem, não procede.

Esses textos nos fornecem, ainda, uma consciência da vida judaica nos tempos antigos e de como o futuro financeiro de mulheres como Maria teria sido salvaguardado. Não precisamos apelar para a versão de que ela havia comprado o perfume para ungir a Cristo com os frutos do dinheiro que recebia de amantes. Simplesmente não há evidências que sustentem isso. Muito menos precisamos dizer que a ajuda financeira que ela deu para o ministério de Jesus teria vindo do tempo em fazia programa nas ruas de Magdala. Não há indício histórico disso, e seria estranho Jesus aceitar dinheiro advindo da exploração sexual.

No caso de Zaqueu, por exemplo, um cobrador de impostos corrupto que se tornou discípulo de Jesus, sua transformação foi demarcada pela devolução e pela compensação financeira de todos aquelas a quem ele roubou, e não por bancar o ministério dos apóstolos.

Maria levou a sério o significado de sua filiação ao movimento de Jesus. No clássico *Discipulado*, de Dietrich Bonhoeffer, o autor enfatiza que discipulado é uma questão de obediência pessoal, radical e dinâmica a Jesus. Não se trata meramente de um programa de rituais religiosos dentro de uma igreja – embora não se abstenha disso. O discipulado é um estilo de vida reconhecidamente difícil, que requer a coragem de enfrentar obstáculos por uma recompensa que provavelmente não se verá em vida. É sentir que o amor pelo Mestre é maior que qualquer ganho oriundo de sua filiação a ele. É desejar um cotidiano com Cristo, entregando-se completamente à vontade de Deus, mesmo quando ela divergir daquilo que almejamos. Ser discípulo, enfim, não é coisa para amadores espirituais, mas para santos. Santos como Maria, cuja santidade não vem de uma declaração eclesiástica oficial, mas do reconhecimento de que Cristo pôde salvá-la, a despeito de si mesma. Basta aceitar a graça capacitadora que ele confere, um dom gratuito que paradoxalmente nos custa tudo, pois demanda nossa entrega total.

Maria entendeu isso e, por essa razão, foi santa; ela valorizou o que a maioria negligenciava. Sua santidade não é um estágio de espiritualidade inalcançável. Pelo contrário, é um incentivo para todos, homens e mulheres, com virtudes e defeitos, buscarem no amor de Deus o sentido de sua existência. Mais que uma opção, a santidade é um imperativo para quem quiser fazer parte do reino de Cristo. E se Maria, com todos os traumas, alcançou isso, por que nós não o conseguiríamos? Portanto, independentemente de qualquer declaração papal, você e eu podemos ser santos de Deus. E se somos santos, como foi Maria, é razoável que comecemos a agir de forma condizente.

CAPÍTULO 10

Tragédia em família

"Existem perdas que reorganizam o mundo. Mortes que mudam a maneira como você vê tudo. Luto que destrói tudo. Dor que te transporta para um universo totalmente diferente, mesmo quando todo mundo pensa que nada mudou."

MEGAN DEVINE

Jesus e seus discípulos estavam nas proximidades do rio Jordão, onde João Batista realizara batismos e denunciara as atrocidades do rei, chamando o povo ao arrependimento (Jo 10:40). Aquela mensagem incomodara Herodes Antipas, que, seduzido por uma mulher e sentindo-se afrontado, mandou que degolassem o profeta e apresentassem a cabeça dele numa bandeja durante sua festa de aniversário.

Antipas era governante da Galileia e também da Pereia, território onde Jesus estava. Margeando o lado leste do rio Jordão, a região se estendia ao sul desde o encontro do rio Arnon com o mar Morto até os limites de Decápolis, ao norte. Era uma área de aproximadamente 32 por 96 quilômetros de extensão, e Antipas a recebera como herança após a morte do pai, Herodes, o Grande.

O próprio Jesus tinha ido à Pereia para ser batizado no Jordão – e, talvez, planejasse iniciar lá seu ministério, não fosse a prisão de João Batista, que o obrigou a voltar para a Galileia, partindo primeiro para Nazaré e, posteriormente, para Cafarnaum. Considerando que os judeus usavam a Pereia como rota para Jerusalém, a fim de evitar o território dos samaritanos, o local passou a ser um dos pontos de parada de Jesus e de seus discípulos sempre que iam à Cidade Santa participar de algum festival religioso. Como esses eventos duravam dias, as populações das cidades mais próximas demonstravam sua hospitalidade para com os peregrinos.

Nesse sentido, um bom observador poderá questionar que a Pereia não era exatamente próxima, pois a distância de lá até Jerusalém era de cerca de quarenta quilômetros, o que daria um dia de caminhada. O motivo para se hospedar ali poderia ser a segurança: havendo em Jerusalém tanta gente que queria matar Jesus, seria prudente manter certa distância dos limites da Cidade Santa. "Passadas essas coisas, Jesus andava pela Galileia, porque não desejava andar pela Judeia [região de Jerusalém], visto que os judeus queriam matá-lo" (Jo 7:1).

Certa vez, durante a Festa dos Tabernáculos, Jesus foi disfarçado ao templo. Provavelmente viajou ainda antes de amanhecer, saindo da Pereia e chegando a Jerusalém por volta de meio-dia. Ele não poderia ficar por muito tempo. O boato de sua presença corria de boca em boca nas vielas da cidade, com alguns dizendo que ele era um bom homem e outros o acusando de enganar o povo. "Entretanto, ninguém falava dele abertamente, por medo dos judeus" (Jo 7:13).

Cerca de dois meses depois, Jesus apareceu em Jerusalém caminhando pelas dependências do templo. Era inverno e fazia muito frio. Na data, os judeus comemoravam a Festa da

Dedicação, ou Hanucá (Jo 10:22), feriado instituído por Judas Macabeu para comemorar o templo purificado das profanações feitas por Antíoco Epifânio em 165 a.C. A celebração durava oito dias, começando no dia 25 do mês judaico de Kislev, trinta dias entre o fim de novembro e o início de dezembro no calendário gregoriano (1Mac 4:52,56,59; *Antiguidades*, 7.7.7). Era uma comemoração tensa do ponto de vista político, pois relembrava a profanação daquilo que os judeus tinham de mais precioso: o grande Templo de Jerusalém. O problema agora era como cada um se relacionaria com o santuário. O movimento helenístico que se seguiu à restauração era, para uns, motivo de escândalo e, para outros, oportunidade de um novo mundo, menos sectário, mais universalista.

Tal divergência alimentava a rivalidade entre os judeus quando os dois grupos, pró e anti-helenismo, encontravam-se em Jerusalém para os ritos de celebração. De um lado, estavam aqueles mais tradicionalistas, que, por continuarem morando na Judeia, perto de Jerusalém, usavam o hebraico em sua liturgia e não aceitavam inovações trazidas de fora. Do outro, havia os que, devido à dispersão do período babilônico, continuaram morando fora de Israel, adotando os costumes e a língua grega, inclusive na hora de realizar sua liturgia. Para os primeiros, que chamavam o segundo grupo de "judeus helenistas", sua prática do judaísmo era uma afronta à lei de Moisés. Afinal, "helenizar" era adotar a cultura e as ideias gregas, incorporando-as em uma espécie de judaísmo híbrido.

A disputa só não era maior que a rixa entre os judeus da Judeia e os da Galileia, porque os helenistas, por terem melhores condições financeiras, levavam muitos dividendos aos cofres do templo, graças ao fomento à peregrinação a Jerusalém empreendida pelo governo de Herodes, o Grande. Essa política tinha por objetivo tornar a cidade interessante não apenas para judeus que residissem no estrangeiro, mas também para cidadãos do mundo greco-romano que não tivessem ascendência judaica.

O problema era que a Jerusalém amada pelos tradicionalistas se transformou em um grande centro de peregrinação. A capital dos judeus passara a ser, nas palavras de Martin Hengel, uma "metrópole renomada no Oriente romano e parto"[1] – e o preço desse reconhecimento, com a perda da autonomia identitária, parecia caro demais na visão dos conservadores.

É difícil dizer de que lado Jesus estava nesse debate. Alguns de seus discursos denotam que, para ele, havia coisas mais importantes que discutir a centralidade do templo ou a sua liturgia. A essência da vida estaria além das pedras do edifício ou da língua ali falada. E qual seria a essência verdadeira? O amor de Deus. É possível imaginar Jesus andando pelo pórtico de Salomão, vendo os peregrinos e refletindo sobre quanta coisa teria para lhes ensinar. Mas a maioria não desejava ouvi-lo. E a fúria ficou ainda maior quando Jesus disse ser o Messias prometido, maior que o próprio templo que eles tanto estimavam: "Pois eu lhes digo que aqui está quem é maior que o templo. Mas, se vocês soubessem o que significa: 'Quero misericórdia, e não sacrifício', não teriam condenado inocentes" (Mt 12:6-7). Ainda nas dependências do templo, Jesus travou um diálogo nada amistoso com opositores:

> Então os judeus o rodearam e disseram: "Até quando você nos deixará nesse suspense? Se você é o Cristo, diga francamente". Jesus respondeu: "Já falei, mas vocês não acreditam. As obras que faço em nome do meu Pai dão testemunho de mim. Mas vocês não

---

1. HENGEL, Martin. Judaism and Hellenism Revisited. In: COLLINS, J. J.; STERLING, G. E. *Hellenism in the Land of Israel*. Notre Dame: University of Notre Dame Press, 2001, p. 25.

creem, porque não são das minhas ovelhas. As minhas ovelhas ouvem a minha voz; eu as conheço, e elas me seguem. Eu lhes dou a vida eterna; jamais perecerão, e ninguém as arrebatará da minha mão. Aquilo que meu Pai me deu é maior que tudo, e da mão do Pai ninguém pode arrebatar. Eu e o Pai somos um". Os judeus mais uma vez pegaram pedras com a intenção de apedrejá-lo. Mas Jesus lhes disse: "Tenho mostrado a vocês muitas obras boas da parte do Pai. Por qual delas querem me apedrejar?" (Jo 10:24-32).

Era claro o semblante de tristeza no rosto de Cristo em face de tamanha rejeição. Talvez na tentativa de animá-lo, os discípulos comentaram admirados sobre as magníficas pedras daquele templo. Jesus apenas olhou a estrutura de relance e disse que em breve nada daquilo ficaria de pé, depois voltou à posição reflexiva. Ninguém teve coragem de lhe perguntar mais nada, a não ser quando eles saíram da cidade para o monte das Oliveiras e Jesus explicou a alguns deles como se daria a futura destruição de Jerusalém (Mt 24:1-31). Depois disso, é provável que tenham voltado à Pereia, antes que a situação ficasse complicada demais.

Há tempos Jesus era ameaçado de morte por líderes da comarca de Jerusalém, então todos sabiam os riscos que ele enfrentava comparecendo ao templo. Em menos de quatro meses, Jesus celebraria a última Páscoa com seus discípulos, exatamente um dia antes de ser crucificado do lado de fora da cidade. Aqueles foram os últimos dias de seu ministério.

Más notícias

Enquanto Jesus voltava para a Pereia, Maria aproveitou para visitar Marta e Lázaro, que permaneciam morando em Betânia, provavelmente ainda em decorrência da enfermidade de Simão. Lázaro, que teria entre 10 e 13 anos, ficou gravemente doente, e elas mandaram um mensageiro solicitando que Jesus se apressasse. A mensagem tinha um toque de urgência, ternura e intimidade: "Aquele que o Senhor ama está doente" (Jo 11:3). Não era necessário dizer mais. Jesus entenderia. O eufemismo das palavras indicava que a situação do jovem era grave, mas que Jesus certamente poderia fazer algo para curá-lo.

Observe a nota que abre esse episódio. Ao apresentar a família de Betânia para seus leitores, João explica que se tratava de três irmãos – Marta, Maria e Lázaro –, e que "esta Maria, cujo irmão Lázaro estava doente, era a mesma que ungiu o Senhor com perfume e lhe enxugou os pés com os seus cabelos" (Jo 11:2). Embora João ainda não tivesse relatado esse incidente, ele o trata como se fosse um dado familiar aos seus leitores.

Quanto ao fato de Lázaro não constar na relação de doze apóstolos nem ser mencionado como discípulo ou seguidor de Jesus, supõe-se que, provavelmente, não tivesse idade o bastante para seguir como aluno itinerante, o que faria dele uma criança com menos de 13 anos. Como já acenei anteriormente, seu nome aparece sempre atrás dos nomes de Marta e Maria, um indicativo de que Lázaro era o caçula.

Sua condição passiva na casa de Simão (Jo 12:1), somada à ausência de menções a esposa e filhos chorando sua morte, também concorre para a hipótese de que se tratasse de uma criança órfã, vivendo ainda com suas irmãs e o cunhado. Por outro lado, João 11:1 o chama de "homem" e não diz que ele morava com as irmãs, mas sim que eram da mesma aldeia. Considere, contudo, que a palavra "homem" não está no original grego, que diz apenas que "um certo Lázaro de Betânia estava doente". Portanto, nada impede que estejamos falando de uma criança.

Jesus recebeu a notícia, e seus discípulos imaginaram que ele seguiria imediatamente a Betânia, para desconforto de todos os que entendiam que seu retorno às proximidades de Jerusalém era perigoso. Betânia, como mencionamos, ficava a três quilômetros da cidade, separada desta pelo monte das Oliveiras, entre o vilarejo e o templo dos judeus. Surpreendentemente, Jesus agiu como se o assunto não fosse urgente e despachou o mensageiro. O Evangelho de João relata que, depois de saber que Lázaro estava doente, Jesus ainda permaneceu dois dias no lugar onde estava hospedado com seus discípulos (Jo 11:6). Ninguém entendeu sua postura, mas todos se viram aliviados com o bom senso. Afinal, voltar para Jerusalém era muito arriscado.

O alívio, porém, durou pouco. Passados dois dias, Jesus acordou avisando: "'Vamos outra vez para a Judeia.' Os discípulos disseram: 'Mestre, há pouco os judeus queriam apedrejá-lo! E o senhor quer voltar para lá?'" (Jo 11:7-8). Que loucura Jesus estava fazendo? Ele não poderia curar Lázaro de onde estava, como fez com o servo de um centurião em Cafarnaum?

Após Jesus revelar-lhes que Lázaro já estava morto – informação que os discípulos não souberam de onde Jesus tinha extraído –, ninguém ousou desatender ao comando e, mesmo preocupados, regressaram com ele para o vilarejo de Betânia. Ao chegar lá, que ambiente triste encontraram! Lázaro morrera havia quatro dias (Jo 11:17). Considerando a contagem dos judeus, podemos entender assim a cronologia desses eventos: Lázaro provavelmente morreu enquanto o mensageiro estava a caminho ou logo depois que encontrou Cristo. Adicionando os dois dias de permanência na Pereia, seriam três dias desde sua morte e, somando mais um dia de viagem até chegarem a Betânia, teriam se passado quatro dias.

O motivo da demora do Senhor intriga muitos leitores da Bíblia, em especial porque Jesus sabia exatamente o que fazia. Alguns poderiam até achar tal atitude cruel, considerando que a dor do luto de Marta e Maria poderia ser evitada. No entanto, a cultura da época nos oferece uma pista. Havia uma crença judaica, atestada por volta de 200 d.C., de que a alma de um morto permanecia três dias nas proximidades do corpo, esperando uma chance de voltar a ele. Passado esse tempo, a carne entra em decomposição e o rosto passa a se desfigurar. Então, a alma parte para o Sheol, o mundo dos mortos, e de lá não volta senão na ressurreição do fim dos tempos.

Veja se não é exatamente o que encontramos no Talmude de Jerusalém: "Nos primeiros três dias após a morte, a alma flutua acima do corpo, pensando que retornará ao corpo. Quando a alma vê o corpo, que a aparência do rosto mudou, ela deixa o corpo e segue seu caminho" (*Yebamot* 16:3). Da mesma forma, a Mishná diz que, em casos judiciais, pessoas falecidas só podem ser identificadas por até três dias (*Yebamot* 16:3).

Alguns talvez questionem se essa crença talmúdica já estaria em voga nos dias de Cristo. Em parte, sim. É claro que os próprios judeus divergiam quanto à ressurreição, alguns afirmando-a (como os fariseus), outros negando-a (como os saduceus). Nesse sentido, Jesus afirmava o poder divino de ressuscitar pessoas. Quanto à alma ficar três dias pairando sobre o próprio cadáver, as estreitas relações entre a pregação de Jesus e a antropologia do Antigo Testamento não nos permitem dizer que ele cria nisso, que mais parecia uma adaptação judaica de uma ideia grega. Não obstante, nada impede Jesus de usar uma crença popular a seu favor a fim de fazer o povo compreender sua mensagem.

No ano 2000, uma estranha pedra com inscrições hebraicas foi encontrada por um beduíno na margem oriental do mar

Morto. Análises laboratoriais confirmaram não apenas sua procedência, como o período em que a pedra fora inscrita. Trata-se de um texto profético escrito quando o templo que Jesus frequentou ainda funcionava em Jerusalém. O conteúdo da inscrição, que recebeu o título de "Visão do anjo Gabriel", oferece uma boa ideia das crenças que circulavam na Terra Santa pouco antes de Jesus ser crucificado. Em uma das linhas, lemos uma intrigante nota que pode ser traduzida assim: "Em três dias, eu, Gabriel, te ordeno que viva".

Embora esse texto não tenha relação direta com a ressurreição de Lázaro, sua descoberta, somada à citação do Talmude, mostra que a ideia da ressurreição em três dias não era um conceito estranho para os antigos judeus. Ao mesmo tempo, deixa claro que, passado esse período, a pessoa não poderia ressuscitar senão no fim dos tempos. Por isso, quando Jesus chegou à casa de Lázaro, o seguinte diálogo se desenrolou:

> Então Marta disse a Jesus: "Se o Senhor estivesse aqui, o meu irmão não teria morrido. Mas também sei que, mesmo agora, tudo o que o senhor pedir a Deus, ele concederá". Jesus disse a ela: "O seu irmão há de ressurgir". Ao que Marta respondeu: "Eu sei que ele há de ressurgir na ressurreição, no último dia" (Jo 11:21-24).

A ideia do autor do Evangelho é mostrar que Jesus demorou propositalmente em Pereia para que, ao ressuscitar Lázaro, não houvesse dúvidas em relação a seu poder. Ninguém poderia dizer que aquilo fora um truque ou uma reanimação. Somente alguém munido do poder de Deus realizaria isto: ressuscitar alguém em decomposição, antecipando para o presente um evento que só ocorreria no futuro, isto é, no Dia do Juízo Final.

Certa feita, Jesus ressuscitou uma garotinha (Mc 5:21-43), mas disse que a menina não estava morta, apenas dormindo. Todos riram dele. É claro que Jesus estava usando um eufemismo ao comparar a morte com o sono. No entanto, seus inimigos certamente poderiam distorcer suas palavras. Os saduceus, por exemplo, poderiam negar o milagre dizendo que o próprio Jesus admitiu que Lázaro, assim como a garotinha da Galileia, estava apenas dormindo e que não tinha de fato morrido. Por isso, ao esperar quatro dias após a morte de seu amigo e, então, chamá-lo novamente à vida, Jesus desfazia qualquer hipótese de equívoco ou engano. Ele não estava ali quando Lázaro morreu e foi colocado no túmulo. Todos os presentes haviam testemunhado o modo como o corpo de Lázaro foi colocado na tumba e como saiu dela ainda com as ataduras da mortalha. Diferentemente da menina em Cafarnaum, a quem Jesus ressuscitou apenas diante dos pais, o milagre de Lázaro foi um evento público: todos ao redor do túmulo presenciaram sua ressurreição.

Funcionou, porque a história diz: "Uma numerosa multidão dos judeus ficou sabendo que Jesus estava em Betânia. Eles foram até lá não só por causa dele, mas também para ver Lázaro, a quem ele tinha ressuscitado dentre os mortos. [...] porque muitos dos judeus, por causa dele [Lázaro], voltavam crendo em Jesus" (Jo 12:9-11).

Reações diante da morte

Teólogos questionam se, antes do milagre, Marta cria que Jesus ressuscitaria seu irmão, mesmo passados quatro dias desde o óbito.

Então Jesus declarou: "Eu sou a ressurreição e a vida. Quem crê em mim, ainda que morra, viverá. E todo o que vive e crê em mim não morrerá eternamente. Você crê nisto?". Marta respondeu: "Sim, Senhor! Eu creio que o senhor é o Cristo, o Filho de Deus que devia vir ao mundo" (Jo 11:25-27).

É difícil dizer se a resposta dela era uma confissão genuína de fé na certeza de que Jesus traria Lázaro à vida ou apenas a afirmação educada de alguém que cria sinceramente no poder de Cristo, ainda que não estivesse certa de que ele faria algo naquele momento. Também não sabemos se ela entendeu o que Jesus queria dizer. Mas uma coisa é certa: as palavras de Marta não deixam de expressar certo rancor pela morte do irmão. Perceba o tom de melancolia em "o Senhor estivesse aqui, o meu irmão não teria morrido".

Jesus, porém, não se mostra incomodado com isso. Ele parece compreender o que se passava no coração de Marta. Ele compreendia como ninguém a natureza de um coração enlutado. Como dói no peito perder alguém que se ama. Por isso, não houve repreensão em suas palavras, apenas uma afirmação de fé: "Seu irmão há de ressurgir".

Maria, por sua vez, não estava presente quando Jesus chegou – até porque ele, a princípio, não entrou na aldeia, permaneceu fora, a certa distância, por questões de segurança. Quando finalmente ele encontrou Maria, a reação dela foi bem diferente da de Marta. Maria se aproxima de Cristo aos prantos, jogando-se aos pés dele. Ela não se envergonha de mostrar a intensidade de seus sentimentos de modo mais espontâneo. Enquanto Marta demonstra raiva pelo ocorrido, sua irmã se mostra deprimida. Note que os judeus estavam ali para consolar Maria (Jo 11:31), o que dá a entender que Marta demonstrava estar mais bem resolvida.

Em seu jeito de ser após a transformação operada por Cristo, Maria até parece um tipo feminino de Pedro. Ela expressava seus sentimentos não apenas por palavras, mas também por gestos grandiosos – uma mudança importante, considerando que o histórico de abuso provavelmente teria feito dela uma mulher retraída. A expressão "lançou-se aos seus pés [de Jesus]" (Jo 11:32) para referir-se ao modo como ela aborda o Mestre é significativa também por retratar a submissão. Desde os tempos mais antigos, o ato de cair aos pés de um soberano ou de beijar o chão que ele pisa era uma forma de reverência que os gregos chamavam de *prosquínese*.

Por exemplo, uma antiga carta com escrita cuneiforme relata que um vassalo mostrava respeito a um Senhor por meio de frases do tipo "[eu sou] seu escravo" e "ao pó aos seus pés [...] eu me prostro; aos pés de meu rei, meu senhor, eu caio".[2] Quem visita hoje o Museu Britânico de Londres pode ver um obelisco pictográfico descoberto em Nínive por Henry Layard que traz a figura do rei Jeú prostrado, com as mãos, o queixo e o nariz no chão diante dos pés de Salmaneser V, rei da Assíria, a quem ele acabara de se render. Foi assim que Maria se rendeu a Cristo.

De acordo com o historiador grego Heródoto, o ato de prostrar-se com o rosto em terra diante de alguém de *status* superior era um costume persa (*Histórias* 1.134). De fato, na história do nascimento de Jesus, é desse modo que os magos do Oriente, que possivelmente teriam vindo da Pérsia, cumprimentam Maria, prostrando-se diante dela e de Jesus. No entanto, o próprio Heródoto critica essa postura, dizendo que um comportamento

---

2. BOWEN, Matthew L. They Came and Held Him by the Feet and Worshipped Him: Proskynesis Before Jesus in Its Biblical and Ancient Near Eastern Context. *Studies in the Bible and Antiquity*, v. 5, p. 68, 2013.

humilhante assim só seria aceitável na presença de um deus. Por essa razão, gregos, romanos e judeus, dos tempos de Heródoto ou de Cristo, achavam a postura inapropriada.

É verdade que o Novo Testamento narra pessoas se prostrando aos pés de Jesus, em especial quando faziam um desesperado pedido de ajuda. Esse foi o caso de Jairo, cuja filha estava à beira da morte (Mc 5:21-43 e correspondentes), ou da mulher siro-fenícia, que tinha uma filha endemoniada (Mc 7:23-30; Mt 15:21-28). Contudo, eles certamente receberam a reprovação dos presentes no momento. O mesmo se passou com Maria. Sua atitude de completa submissão provavelmente foi alvo de comentários e reprovação. Mas nada disso a incomodava, pois ela estava com seu Mestre.

Quanto à dor da perda, Maria não segurou suas lágrimas. E Jesus, à semelhança do que fez com Marta, não a repreende nem lhe diz que pare de chorar. O Mestre entendia sua tristeza. Tanto que ele mesmo "chorou silenciosamente", conforme o termo original grego. Esse choro, no entanto, foi aumentando à medida que os eventos se desenrolavam, pois o modo verbal da ação de Cristo, que em grego chamamos de aoristo ingressivo, sugere que ele estaria banhado em lágrimas.[3] Sua reação foi o suficiente para que os judeus comentassem: "vejam o quanto ele o amava [a Lázaro]" (Jo 11:35-36).

Apenas dois versículos antes, o texto destaca uma reação mais passional de Cristo: "Quando Jesus viu que ela [Maria] chorava e que os judeus que a acompanhavam também choravam, agitou-se no espírito e se comoveu" (Jo 11:33). A palavra traduzida

---

3. KÖSTENBERGER, Andreas J. John; ARNOLD, Clinton (org.). *Zondervan Illustrated Bible Background Commentary*. Grand Rapids: Zondervan, 2002, p. 111.

por "agitou-se" pode ter o sentido literal de "gemer" ou "bufar". Passando ao sentido moral, representa a perturbação de mente, a agitação da alma, a angústia profunda ou até a advertência severa dada a alguém. "Agitar-se no espírito" seria expressar com grande comoção a dor diante de uma situação inaceitável.

O luto provoca diferentes reações nas pessoas. Cada um lida com essa dor de modo peculiar. Jesus não condenou a raiva de Marta nem a tristeza de Maria. O que fez foi dar-lhes a certeza de que Deus não abandona seus filhos, mesmo que a demora em socorrê-los leve-os a pensar assim.

A ideia de um Jesus comedido, conforme a representação de antigos filmes, não faz jus ao modo como um oriental expressa sua dor. "Jesus, agitando-se novamente em si mesmo, foi até o túmulo" (Jo 11:38). A força das palavras usadas no texto bíblico denota que o choro derramado, que antes fora silencioso, voltou à cena em um intenso gemido, que crescia à medida que Jesus e os discípulos se dirigiam ao sepulcro de seu amigo. E por que Jesus chorou? O questionamento é natural, ainda mais se lembrarmos que ele havia comparado a morte a um sono e anunciado que iria até Betânia despertar Lázaro (Jo 11:11). Para um taumaturgo da estirpe de Cristo, que não usava truques, ressuscitar alguém era tão simples como para uma mãe acordar o filho que dormira a noite toda. Em tese, não havia motivos para chorar.

Mais uma vez, o contexto fornece a resposta. Segundo a Bíblia, o espírito de Jesus se agitou quando ele viu o pranto incessante de Maria e dos que a acompanhavam. Em outras palavras, Jesus não teria chorado pelo fato em si, mas pelo que significava. A efemeridade da vida humana, repleta de dor e sofrimento, contrastava fortemente com os planos originais de Deus. Para nós que vivemos do lado de cá da eternidade, o mal pode parecer consequência natural da vida neste planeta. Tudo que nasce tem de morrer. Essa é a lei da vida. Somos, parafraseando Fernando Pessoa, "cadáveres adiados que ainda procriam", criaturas iludidas com a eternidade.

O grande desejo de Cristo seria dar fim de uma vez por todas ao infortúnio humano, mas ainda não era a hora. Por isso, ele chorava. A ressurreição de Lázaro, por mais grandiosa que tenha sido, era apenas um adiamento da morte, pois o rapaz um dia voltou para a sepultura. O que Cristo queria era dar cabo ao reino da dor, reinaugurando em definitivo a eternidade. Contudo, o tempo estabelecido pelo Pai ainda não tinha chegado. Foi para trazer vida que Cristo desceu à nossa condição e viveu no meio de nós. "Porque Deus amou o mundo de tal maneira que deu o seu Filho unigênito, para que todo o que nele crê não pereça, mas tenha a vida eterna" (Jo 3:16).

> No princípio era o Verbo, e o Verbo estava com Deus, e o Verbo era Deus. Ele estava no princípio com Deus. Todas as coisas foram feitas por ele, e, sem ele, nada do que foi feito se fez. [...] O Verbo estava no mundo, o mundo foi feito por meio dele, mas o mundo não o conheceu. Veio para o que era seu, e os seus não o receberam. Mas, a todos quantos o receberam, deu-lhes o poder de serem feitos filhos de Deus, a saber, aos que creem no seu nome, os quais não nasceram do sangue, nem da vontade da carne, nem da vontade do homem, mas de Deus. E o Verbo se fez carne e habitou entre nós, cheio de graça e de verdade, e vimos a sua glória, glória como do unigênito do Pai (Jo 1:1-3; 10-14).

A consciência de que ressuscitaria Lázaro não impediu Jesus de se render às lágrimas. Sua dor era a dor deles. Ele sentia o sofrimento alheio. O pranto de Cristo diante do luto não indicava descrença na vida eterna, mas empatia para com aqueles que sofrem. Em sua humanidade, Jesus cultivava a prática de chorar com os que choram (Rm 12:15).

Os túmulos judaicos da época de Jesus não eram covas abertas no chão nem gavetões dispostos em paredes, como nos cemitérios que conhecemos. Judeus que moravam na terra de Israel e tivessem condições financeiras compravam para si uma gruta natural ou esculpida na rocha, onde poderiam sepultar várias gerações da família. Havia túmulos mais simples, com uma abertura estreita, selada por uma pedra quadrada, e outros mais sofisticados, com fachadas esplêndidas, decoradas com colunas e motivos florais. Estes geralmente tinham uma pedra redonda vedando a entrada.

Dentro havia uma ou duas camas de pedra, onde o corpo era colocado logo após o falecimento do indivíduo. Abaixo dessas, eram feitos nichos próprios para pequenas caixas de pedra, que guardavam os ossos dos que morreram havia mais tempo, abrindo assim espaço para novos sepultamentos no mesmo ambiente. Dependendo da condição social da família, o túmulo tinha uma ou mais câmaras internas.

Normalmente, quando um ente querido morria, as mulheres lavavam seu corpo e o ungiam com óleos aromáticos, além de enfaixá-lo com mortalhas (embora em um processo bem mais simples que a mumificação egípcia). Como elas não tinham todas as obrigações litúrgicas dos homens, poderiam se ausentar por mais tempo das tarefas religiosas a fim de se purificar do contato com o defunto. Afinal, a ocorrência a menstruação já tornava os ritos de purificação uma prática rotineira na vida delas. Na sequência, o corpo atado era colocado na gruta, com a pedra da entrada fechando a passagem. Um ano depois, ela seria aberta para a retirada dos ossos. Muitos acreditam que essa forma de sepultamento em duas etapas, com intervalo de um ano entre elas, seria uma confirmação arqueológica da crença judaica na ressurreição dos mortos.

"Jesus, agitando-se novamente em si mesmo, foi até o túmulo, que era uma gruta em cuja entrada tinham colocado uma pedra" (Jo 11:38). Não temos detalhes de como era o túmulo de Lázaro, se era semelhante ao de alguém muito rico ou uma edificação mais modesta. O fato é que ali estava para acontecer um dos mais extraordinários milagres de Jesus, bem diante de todos. Os presentes julgavam que ele apenas choraria sua perda junto com os demais da comunidade. Até que Cristo deu a ordem inusitada: "Tirem a pedra" (Jo 11:39).

Marta se apressa em desencorajar o Mestre de tamanha loucura. "Senhor, já cheira mal, porque está morto há quatro dias" (Jo 11:39). "Eu não disse a você que, se cresse, veria a glória de Deus?", foi a resposta de Jesus. "Então tiraram a pedra" (Jo 11:40).

Tais palavras, num primeiro momento, contrastam com o diálogo entre Deus e o profeta Moisés, quando este suplicou ao Altíssimo:

> "Peço que me mostres a tua glória." O Senhor respondeu: "Farei passar toda a minha bondade diante de você e lhe proclamarei o nome do Senhor; terei misericórdia de quem eu tiver misericórdia e me compadecerei de quem eu me compadecer". E acrescentou: "Você não poderá ver a minha face, porque ninguém verá a minha face e viverá". Disse mais o Senhor: "Eis aqui um lugar perto de mim, onde você ficará sobre a rocha. Quando a minha glória passar, eu porei você numa fenda da rocha e o cobrirei com a mão, até que eu tenha passado. Depois, quando eu tirar a mão, você me verá pelas costas; mas a minha face ninguém verá" (Êx 33:18-23).

O conceito bíblico de "glória" é complexo. Existem pelo menos 25 diferentes palavras em hebraico que foram traduzidas como "glória", ou *doxa*, como aparece no texto grego do Evangelho de João.[4] E qual seria o sentido usado por Cristo? Bem, em primeiro lugar, a experiência de Moisés não foi negativa, ele viu a glória de Deus – não de maneira direta, mas envolvida no manto da bondade divina. O que no Êxodo foi chamado de bondade foi descrito como graça no evangelho – sinônimo mais amplo de boa vontade, benevolência, favor, misericórdia ou, ainda, bondade imerecida que recebemos de Deus:

> E o Verbo se fez carne e habitou entre nós, cheio de graça e de verdade, e vimos a sua glória, glória como do unigênito do Pai. [...] Porque todos nós temos recebido da sua plenitude e graça sobre graça. Porque a lei foi dada por meio de Moisés; a graça e a verdade vieram por meio de Jesus Cristo. Ninguém jamais viu Deus; o Deus unigênito, que está junto do Pai, é quem o revelou (Jo 1:14-18).

Em síntese, podemos dizer que Cristo deu aos espectadores da ressureição de Lázaro a oportunidade de ter a experiência mística de Moisés. A mesma bondade que passou pelo profeta, enquanto este se escondia na fenda da rocha, estava ali, diante deles, encarnada em um corpo humano que chorava com os que choravam, e sofria com os que sofriam.

---

4. HATCH, Edwin. *A Concordance to the Septuagint and the Other Greek Versions of the Old Testament*. Grand Rapids. Baker, 1989. v. 1, p. 341.

Glória que traz alegria

Cristo usou a palavra "glória", que pode ter origens distintas e não excludentes. Se disse isso em hebraico, é quase certo que tenha usado o termo mais comum, *kavod*. Originalmente, esse termo vinha do mundo comercial e tinha relação com as balanças. O sentido seria o de "peso", pois, numa época em que as moedas ainda não existiam, a venda ou troca de algo era efetivada por meio da pesagem em uma balança. Logo, "ser glorioso" equivaleria a "ser pesado". Com o passar do tempo, porém, percebeu-se que o que era pesado tinha um valor intrínseco. Além disso, o ouro também brilha. *Kavod*, então, passou a ter o sentido adicional de "brilhante", "valioso". Assim, o termo passou a ser usado para expressar a majestade de Deus (cf. Êx 19:16-18; 24:17; 33:18; Is 60:1-2).

Em última instância, somente o Senhor é digno de glória e honra (cf. Sl 24:7-10; 66:2; 79:9). E, por ser brilhante e pesado demais para os olhos humanos, ele se reveste de nuvens, coberturas ou fumaça. Nesse sentido, o papel de Cristo seria mostrar a face de Deus de maneira única, abrindo mão de sua glória para assumir a forma humana. Assim, a glória que todos viram não era a majestade brilhante de Deus, capaz de exterminar os presentes, mas a bondade contagiante de seu caráter (cf. Jo 1:18; 6:46; 12:45; 14:8-11; Cl 1:15; 1Tm 6:16; Hb 1:3; 1Jo 4:12).

Contudo, se Jesus estivesse falando com Marta em aramaico, ele talvez tenha usado a palavra *shavach*, "glória" no sentido de uma realização satisfatória, da calma que vem de um sentimento de completude. No aramaico babilônico, o termo também tinha sentido comercial, indicando algo que aumenta seu valor na hora da negociação. Como em um leilão, o preço vai subindo a partir do momento em que todos percebem o valor do objeto.

O denominador comum entre os dois termos é a "abundância", que no sentido espiritual só pode ser alcançada como dádiva do amor de Deus.

Esse foi o sentimento de alegria que muitos dos presentes, em especial Maria, tiveram ao ouvir Cristo chamar: "Lázaro, venha para fora!" (Jo 11:43). O texto original em grego não apresenta o verbo que lemos na tradução. Seria algo como "Lázaro, aqui, fora!". A informação pode parecer mera curiosidade semântica, mas o sentido é essencial, pois, com essa expressão, Cristo demonstra uma aptidão única para se dirigir com autoridade a alguém que está no sepulcro. Essa será a mesma aptidão que ele usará no Dia do Juízo Final:

> Pois assim como o Pai ressuscita e vivifica os mortos, assim também o Filho vivifica aqueles a quem quer. E o Pai não julga ninguém, mas confiou todo julgamento ao Filho, para que todos honrem o Filho assim como honram o Pai. Quem não honra o Filho não honra o Pai que o enviou. Em verdade, em verdade lhes digo: quem ouve a minha palavra e crê naquele que me enviou tem a vida eterna, não entra em juízo, mas passou da morte para a vida. Em verdade, em verdade lhes digo que vem a hora – e já chegou – em que os mortos ouvirão a voz do Filho de Deus; e os que a ouvirem viverão. Porque assim como o Pai tem vida em si mesmo, também concedeu ao Filho ter vida em si mesmo. E lhe deu autoridade para julgar, porque é o Filho do Homem (Jo 5:21-27).

O ponto que causa perplexidade no relato é a informação de que nem todos ficaram felizes com o ocorrido. Pelo contrário, alguns se enfureceram ainda mais contra Cristo, almejando matar não apenas ele, mas também Lázaro.

Muitos dos judeus que tinham ido visitar Maria, vendo o que Jesus havia feito, creram nele. Outros, porém, foram até os fariseus e lhes contaram o que Jesus havia feito. Então os principais sacerdotes e os fariseus convocaram o Sinédrio e disseram: "O que estamos fazendo, uma vez que este homem opera muitos sinais? Se o deixarmos assim, todos crerão nele; depois, virão os romanos e tomarão não só o nosso lugar, mas a própria nação". Mas um deles, Caifás, que era sumo sacerdote naquele ano, advertiu-os, dizendo: "Vocês não sabem nada, nem entendem que é melhor para vocês que morra um só homem pelo povo e que não venha a perecer toda a nação". [...] Desde aquele dia, resolveram matar Jesus. Assim sendo, Jesus já não andava publicamente entre os judeus, retirou-se para uma região vizinha ao deserto, para uma cidade chamada Efraim, onde permaneceu com os discípulos. [...] Mas os principais sacerdotes resolveram matar também Lázaro, porque muitos dos judeus, por causa dele, voltavam crendo em Jesus" (Jo 11:45-50; 53-54; 12:10-11).

A ressurreição de Lázaro dos mortos provoca contradições. Para o Sinédrio, ela é vista como uma ameaça aos seus interesses. Como resultado, eles começam a tramar a morte de Jesus e o fim de tudo o que ele representa. Em contraste, está o glorioso ato de devoção de Maria, que seria demonstrado no momento de unção, poucos dias antes da crucificação de Jesus.

Esse é um paradoxo que intriga todo teólogo que se debruça para estudar esses textos. Por que alguns seguem no caminho de Maria e outros vão no de Simão e Caifás? Difícil saber. Tomé estava presente e isso não o impediu de, posteriormente, duvidar da ressurreição de Cristo. Para quem, à semelhança de Tomé, busca ver algo com os próprios olhos para só então acreditar em Deus, fica a advertência das entrelinhas. Se um milagre como a ressurreição de Lázaro não mudou o coração daqueles que permaneceram incrédulos, certamente a repetição de um evento tão magnífico não eliminaria de vez o ceticismo do mundo.

Sabemos que o milagre pode produzir uma conversão momentânea, mas é a santidade que produz a transformação de toda uma vida inteira. O relato da ressurreição de Lázaro marca uma transição da vida terrena de Jesus em direção aos eventos finais.

CAPÍTULO 11

Verdades inconvenientes

*"O que nos causa problemas não é o que não sabemos.
É o que sabemos por certo e que, no fim, não está certo."*

AL GORE, citando MARK TWAIN

Como a oposição dos líderes do templo a Jesus ficou ainda mais tensa após a ressurreição de Lázaro, ele foi obrigado a deixar a Betânia e seguir para um vilarejo chamado Efraim, vizinho ao deserto da Judeia. A identificação dessa localidade ainda é motivo de disputa entre historiadores. Comumente, acredita-se que o texto bíblico se refira à vila que é chamada de Efrom em 2Crônicas 13:19, e que é identificada como a moderna el-Taiyibeh, a cerca de 25 quilômetros de Jerusalém, em uma colina que domina o vale do Jordão. Não sabemos se Maria Madalena seguiu com o grupo ou ficou em Betânia, com seus irmãos.

Grande parte dos comentaristas, porém, entende que houve tempo suficiente para que o grupo cruzasse o Jordão e Jesus realizasse dois grandes milagres na região da Pereia: a purificação dos dez leprosos, da qual já falamos, e a cura do cego Bartimeu, que pedia esmolas na porta da cidade de Jericó.

Só que a aparente demora do Mestre em decretar logo o início de seu reino, punir a liderança corrupta de Jerusalém e expulsar os romanos do território incomodava muitos de seus seguidores. Os movimentos de Cristo pareciam confusos e contraditórios. De acordo com a esperança corrente, o tão aguardado Messias não seria rei apenas de Israel, mas do mundo inteiro. Jerusalém seria a capital de um reino, de onde ele governaria a terra em paz e retidão.

E como Jesus faria isso? Com a mesma autoridade que fez Lázaro sair da sepultura. Muitos de seus mais belicosos seguidores estavam esperando um simples comando para pegar em armas. Com a certeza de que Jesus poderia ressuscitar mortos, o combate seria totalmente isento de dor ou do medo de perecer nas mãos do inimigo. Se fossem feridos, Jesus simplesmente curaria suas feridas e os reanimaria. A chance de fracasso era nula.

Na visão dos que o acompanhavam, Jesus havia perdido excelentes chances de potencializar sua mensagem. Recusara ofertas, parcerias e oportunidades ímpares de se tornar mais conhecido. Seu nome podia alcançar Atenas, Alexandria, Roma e todas as grandes cidades do império. Entretanto, em vários momentos de cura ou revelação de sua identidade messiânica, Jesus simplesmente dizia: "Não conte nada a ninguém" (Mc 1:44). Era um contrassenso dizer-lhes que aquele evangelho seria pregado a todo mundo em testemunho a todas as nações (Mt 24:14), ao mesmo tempo que pedia segredo acerca de quem ele realmente era.

Apesar das recomendações, muitos dos que foram curados por Jesus não conseguiram se conter e manter silêncio sobre o ocorrido. Tão logo foram curados, anunciaram para os quatro cantos que sua recuperação fora um milagre do carpinteiro de Nazaré. Por causa disso, Cristo moveu seu ministério para longe das grandes cidades, preferindo pequenas vilas e regiões mais desérticas (Mc 1:45). No entanto, pessoas de todas as regiões do país ainda o visitavam.

Esse fenômeno – discernível nos evangelhos, em especial em Marcos, em que Jesus explicitamente esconde sua identidade messiânica até o fim de seu ministério – ficou conhecido como "segredo messiânico". Contudo, o objetivo de Jesus não era impedir que as pessoas o conhecessem e acreditassem nele. Em várias ocasiões ele afirmou ser o Messias. Foi assim no encontro com a mulher samaritana que buscava água no poço e também com um intelectual chamado Nicodemos. A questão era que tipo de pessoa estaria realmente aberta para receber a verdade.

Ele não queria ser confundido com um messias político que incitaria a revolução e declararia guerra ao Império Romano. Jesus não veio para ter sucesso, e sim para ser crucificado como o "cordeiro de Deus que tira o pecado do mundo" (Jo 1:29). Essas palavras ditas originalmente por João Batista e repetidas em missas do mundo inteiro remetem aos cordeiros sacrificados do Antigo Testamento. O próprio Deus o tinha conscientizado de que seu fim seria trágico.

Não se pode dizer que Maria tinha plena consciência de tudo o que estava acontecendo, mas começava a ter uma noção de que aqueles seriam os últimos momentos que os discípulos teriam com seu Mestre. Aliás, seria preciso esperar a chegada de Paulo, que se converteu anos depois da morte de Cristo, para que o significado da cruz do Calvário fosse mais bem compreendido. Nesse meio-tempo, Jesus repetia: "É necessário que o Filho do Homem sofra muitas coisas, seja rejeitado pelos anciãos, pelos principais sacerdotes e pelos escribas, seja morto e, no terceiro dia, ressuscite" (Lc 9:22).

Como discípula fiel, Maria guardava apreensiva aquelas palavras em seu coração, temendo o seu significado. Os demais do grupo também ouviram o fatídico vaticínio, mas julgaram que era algo evitável. Se dependesse deles, protegeriam seu Mestre, derramando sague inimigo. Que houvesse prudência em não permitir que Jesus andasse sozinho ou desprevenido em Jerusalém, isso fazia sentido para eles. Mas aceitar que inimigos o prendessem e executassem não tinha lógica alguma, a não ser na cabeça de um pessimista.

Nas versões de Mateus e Marcos, a revelação de Jesus acerca de sua morte causou tanta apreensão nos discípulos que alguns ficaram desanimados. Pedro, agindo como se fosse especialista em liderança, achou que podia chamar Jesus em um canto e repreendê-lo:

> Então Pedro, chamando-o à parte, começou a repreendê-lo, dizendo: "Que Deus não permita, Senhor! Isso de modo nenhum irá lhe acontecer". Mas Jesus, voltando-se, disse a Pedro: "Saia da minha frente, Satanás! Você é para mim uma pedra de tropeço, porque não leva em consideração as coisas de Deus, e sim as dos homens". Então Jesus disse aos seus discípulos: "Se alguém quer vir após mim, negue a si mesmo, tome a sua cruz e siga-me" (Mt 16:22-24).

Não bastasse ser chamado de diabo, Pedro ouviu que Cristo seria crucificado e que aquele que desejasse segui-lo deveria estar disposto a enfrentar o mesmo destino. Só um louco masoquista desejaria morrer numa cruz. Pouco tempo antes desse diálogo, o mesmo Pedro fora elogiado pela iniciativa de afirmar que Jesus era o Messias, o Filho de Deus vivo (Mt 16:13-19). Veja os versos que antecedem o diálogo tenso em que Cristo colocou Pedro em seu lugar por tentar repreendê-lo:

Indo Jesus para a região de Cesareia de Filipe, perguntou a seus discípulos: "Quem os outros dizem que é o Filho do Homem?". E eles responderam: "Uns dizem que é João Batista; outros dizem que é Elias; e outros dizem que é Jeremias ou um dos profetas". Ao que Jesus perguntou: "E vocês, quem dizem que eu sou?". Respondendo, Simão Pedro disse: "O senhor é o Cristo, o Filho do Deus vivo". Então Jesus lhe afirmou: "Bem-aventurado é você, Simão Barjonas, porque não foi carne e sangue que revelaram isso a você, mas meu Pai, que está nos céus. Também eu lhe digo que você é Pedro, e sobre esta pedra edificarei a minha igreja, e as portas do inferno não prevalecerão contra ela. Eu lhe darei as chaves do Reino dos Céus; o que você ligar na terra terá sido ligado nos céus; e o que você desligar na terra terá sido desligado nos céus" (Mt 16:13-19).

Ao final desse elogio e dessa promessa, Jesus mais uma vez insiste para que não divulgassem sua verdadeira identidade. "Então Jesus ordenou aos discípulos que não dissessem a ninguém que ele era o Cristo" (Mt 16:20).

Que linguagem mais dúbia! Jesus queria ou não que o reconhecessem como Messias e Rei? Eles deveriam falar ou calar-se a esse respeito? Anonimato ou proclamação? Qual era, afinal de contas, o slogan do seu Reino? E se o Messias viera para ser glorificado como Filho de Deus, por que teria de morrer em Jerusalém?

Resolvendo o paradoxo

A concepção de justiça e perdão que Maria tinha era a mesma contemplada pelo judaísmo em que fora criada. A tradição hebraica tinha muitas palavras para a ideia de justiça: *tzedek*, *mishpat* e *din* indicam retidão, julgamento e cumprimento da lei. Ou seja, a justiça só seria cumprida quando a lei fosse obedecida, e qualquer ideia de perdão estava relacionada diretamente a esse conceito.

O famoso princípio de talião – "olho por olho, dente por dente" –, encontrado tanto em Moisés como nas leis de Hamurabi, determinava como um infrator poderia ser redimido: ele deveria fazer um pagamento equivalente ao dano causado. Você me roubou um boi, então um boi será o preço para a sua redenção. Você matou um inocente, então deve pagar com sua vida pelo crime que cometeu. E quando o que está ao alcance não é o suficiente para pagar a culpa que carregamos? A morte do assassino pode refrescar a sede de vingança, mas não sacia a sede de justiça. Um coração enlutado continua sentindo a falta daquele que se foi, mesmo que a pena legal tenha sido aplicada contra o assassino. Por isso, o judaísmo entendia que as justiças retributiva e restaurativa nem sempre equivaliam à redenção plena, que só seria alcançada com a vinda do Messias.[1] E como o Messias traria sua justiça? A punição dos maus não era difícil de compreender, pois eles receberiam o que mereciam. A questão se tornava mais complexa em casos de pessoas como a própria Maria, que foram perdoadas.

Por ela ser vítima de seu cunhado, a tendência é amenizar os erros que tenha cometido. Sua promiscuidade sexual e o adultério com seu cunhado, de acordo com a hipótese que levantamos, seriam fruto do abuso que sofreu. Logo, qualquer rotulação de "pecadora" assemelha-se a uma culpabilização da vítima. Contudo, tenha em mente que um erro não se torna moralmente

---

1. GREENWOOD, Daniel J. H. Restorative Justice and the Jewish Question: Interdisciplinary Perspectives on Restorative Justice. *Utah Law Review*, v. 533, n. 1, p. 534, 2003.

menos ofensivo por ter sido cometido por uma vítima de abuso. Afinal, uma mulher que se torna promíscua por causa de seus traumas emocionais não diminui a dor de outra mulher que teve seu marido seduzido por ela. Os casos são muito delicados e não podemos incorrer no erro de condenar pessoas por desconhecer sua história, muito menos banalizar comportamentos errôneos que levam outros a sofrer. Por maior que tenha sido minha dor, ela jamais justifica a dor que provoco nos outros, por mais que o faça de modo inconsciente.

É claro que, na sociedade liberal em que vivemos, comparar assassinato com adultério parece um argumento *non sequitur*, isto é, um raciocínio falho, que parte de situações nada equivalentes. Contudo, à vista de Deus, o critério é diferente. O Apocalipse diz: "Quanto, porém, aos covardes, aos incrédulos, aos abomináveis, aos assassinos, aos imorais, aos feiticeiros, aos idólatras e a todos os mentirosos, a parte que lhes cabe será no lago que está queimando com fogo e enxofre, a saber, a segunda morte" (Ap 21:8).

A palavra que nossas versões traduzem por "imorais" é *pornoi*, vocábulo do qual tiramos os termos "pornografia" e "pornográfico". Portanto, quem pratica qualquer licenciosidade sexual análoga a esses termos é colocado na lista de Deus ao lado daqueles que praticam assassinato. E nem precisamos tratar dos muitos crimes praticados ou alimentados pela indústria pornográfica mundial.

Assim, vítima ou pecadora, Maria precisava ser perdoada pelos pecados cometidos contra Deus e contra si mesma. Sua redenção teria um preço, e quem seria capaz de quitar essa dívida? Provavelmente seu olhar atento de discípula a fez perceber coisas que os demais apóstolos demoraram a compreender.

Quem creu em nossa pregação? E a quem foi revelado o braço do Senhor? [...] Certamente ele tomou sobre si as nossas enfermidades e as nossas dores levou sobre si; e nós o considerávamos como aflito, ferido de Deus e oprimido. Mas ele foi traspassado por causa das nossas transgressões e esmagado por causa das nossas iniquidades; o castigo que nos traz a paz estava sobre ele, e pelas suas feridas fomos sarados. Todos nós andávamos desgarrados como ovelhas; cada um se desviava pelo próprio caminho, mas o Senhor fez cair sobre ele a iniquidade de todos nós. Ele foi oprimido e humilhado, mas não abriu a boca. Como cordeiro, foi levado ao matadouro e, como ovelha muda diante de seus tosquiadores, ele não abriu a boca (Is 53:1; 4-7).

Tudo na hora de Deus

Era o ano 31 de nossa era e a Páscoa se aproximava. De todas as datas festivas do judaísmo, essa era a mais significativa para Jesus, pois ele fazia questão de comparecer ao templo. Nesse ano, porém, era melhor não se arriscar, porque a Judeia se tornara perigosa para Jesus e seus discípulos. A estratégia de evitar a região – e, consequentemente, Jerusalém – não encerrava nenhum sentimento de covardia. Conquanto questões de segurança estivessem por trás do esquivamento, ao que tudo indica, Jesus estava esperando algum tipo de autorização divina.

Sua consciência messiânica não lhe apontava apenas a morte, mas também a importância de que tudo acontecesse no tempo estabelecido por seu Pai. O Criador tem um relógio profético que determina precisamente quando cada coisa deve acontecer. Não se trata de determinismo. A doutrina do livre-arbítrio, matizada nos movimentos de *teshuvá* [arrependimento] e *kaphar* [expiação], sempre foi um pilar da fé judaica. As esparsas alusões ao fatalismo que encontramos em um ou outro texto tardio se devem à influência neoplatônica e neoaristotélica sobre os rabinos, e não fazem parte do ensinamento original da Torá ou das Escrituras Sagradas do tempo de Jesus.

Para simplificar o debate, podemos dizer que, na visão de Jesus, Deus, em sua onisciência, já conhecia toda a história antes mesmo de ela acontecer – o que não retira a autonomia humana nos acontecimentos. Na vida real, cada um é, em última instância, responsável pelo próprio destino. É claro que não temos o controle sobre tudo o que acontece em nossa vida, mas podemos escolher que história escrever a partir das coisas incontroláveis que nos acontecem. O mesmo ambiente coercitivo que leva uns a buscar cura no amor pode conduzir outros a liberar todo o ódio acumulado. No fim das contas, cada um escolhe a biografia que deixará de si mesmo, e o juízo final virá para retribuir a todos conforme a decisão que tomarmos em face da graça redentora de Deus.

Além disso, na visão de Jesus, Deus não se resume a um espectador inerte. O mistério e, ao mesmo tempo, a beleza de sua providência estão justamente em construir o seu propósito, em meio às atividades humanas, sem infringir o livre-arbítrio de ninguém. Foi com base nesse entendimento que Jesus decidiu ir a Betânia, contrariando os pedidos para que se mantivesse longe.

> Depois, disse aos seus discípulos: "Vamos outra vez para a Judeia". Os discípulos disseram: "Mestre, ainda há pouco os judeus queriam apedrejá-lo! E o senhor quer voltar para lá?". Jesus respondeu: "Não é verdade que o dia tem doze horas? Se alguém andar de dia, não tropeça, porque vê a luz deste mundo. Mas, se andar de noite, tropeça, porque nele não há luz" (Jo 11:7-10).

Essa era sua consciência acerca de como Deus Pai lida com os acontecimentos. Os judeus, como outros povos antigos, contavam o dia do nascer ao pôr do sol. Cada uma dessas porções tinha doze partes iguais. Assim, um viajante diurno aproveita a luz do sol para caminhar, pois à noite sua jornada será acompanhada de perigos que inexistem na claridade do dia. Jesus se valeu da mesma comparação no episódio em que curou um cego em pleno Shabat, dia de repouso absoluto no judaísmo, quando estavam nas imediações do Templo de Jerusalém. Realizar esse milagre, no tempo e no lugar em que ocorrera, era como mexer num vespeiro.

Ou seja, na guerra do bem contra o mal era inevitável que chegasse o momento de as trevas reagirem. Porém, elas não chegariam senão no tempo autorizado por Deus, e, até que isso ocorresse, era importante realizar a obra que o Pai lhe ordenara. Assim, o movimento de Jesus deveria evitar a indolência e a precipitação. Suas ações deveriam seguir a agenda de seu Pai, e as ações de seus inimigos somente se concretizariam na hora em que Deus permitisse. E essa hora finalmente chegou. "E aconteceu que, ao se completarem os dias em que seria elevado ao céu, Jesus manifestou, no semblante, a firme resolução de ir para Jerusalém" (Lc 9:51).

O jeito com que Lucas expressa a decisão de Cristo é marcante. "Manifestar no semblante" pode não dizer muita coisa em grego ou em português, mas é significativo em hebraico e aramaico, idiomas de Jesus. Quando um judeu queria dizer que havia tomado uma decisão, ele dizia "eu coloco meu semblante (minha face ou meu rosto) na direção disso". As palavras de Lucas, além de mostrarem o "sotaque" de Jesus em aramaico, revelam que sua atitude foi firme, ainda que aparentemente repentina.

Outra coisa que chama a atenção é como o evangelista pula o sofrimento da cruz, quase como se este não existisse, e vai direto para a ascensão. "E aconteceu que, ao se completarem os dias em que seria elevado ao céu..." Seria essa uma forma de convencer os discípulos a seguirem viagem para onde todos concordavam que não deveriam ir? Penso que não. Sempre que Jesus falou em ser elevado, aludia tanto a sua ascensão gloriosa quanto ao seu erguimento humilhante em uma cruz. Foi assim que ele se referiu ao movimento, enquanto jantava com o sábio judeu chamado Nicodemos:

> Ora, ninguém subiu ao céu, a não ser aquele que de lá desceu, o Filho do Homem. E assim como Moisés levantou a serpente no deserto, assim também é necessário que o Filho do Homem seja levantado [isto é, erguido numa cruz], para que todo o que nele crê tenha a vida eterna (Jo 3:13-15).

Para mim, o motivo de Lucas pular direto para o segundo "erguimento" de Cristo, ou seja, sua ascensão aos céus, era dizer que, na perspectiva de Cristo, o futuro estava tão próximo diante de seus olhos que as duas coisas se fundiam como se fossem um só evento. É como se Cristo tivesse pressa em cumprir logo o desígnio de seu Pai, ainda que isso envolvesse um capítulo de sabor amargo – a saber, sua morte na cruz do Calvário.

É a partir dessa resolução de Cristo que Lucas entra em sua narrativa da última jornada de Jesus a Jerusalém. O movimento, porém, não foi imediato. Ninguém arrumou as malas e saiu correndo para a cidade santa. Houve um planejamento cuidadoso, que levou meses. Lucas só voltará a esse assunto a partir do capítulo 18:

> Chamando os doze para um lado, Jesus lhes disse: "Eis que subimos para Jerusalém, onde se cumprirá tudo o que está escrito

por meio dos profetas a respeito do Filho do Homem. Ele será entregue aos gentios, que vão zombar dele, insultá-lo e cuspir nele. Depois de açoitá-lo, eles o matarão, mas, ao terceiro dia, ressuscitará". Eles, porém, não entenderam nada disso. O significado dessas palavras lhes era encoberto, e eles não sabiam do que Jesus estava falando (Lc 18:31-34).

Por que os discípulos tinham tanta dificuldade em entender uma declaração tão direta? Sim, um mecanismo de defesa. Na época, ninguém sabia o que era isso e a humanidade teria de esperar Sigmund Freud e sua filha Anna para compreender algo que já acontecia desde os primórdios da humanidade. Mecanismos de defesa são subterfúgios que o inconsciente cria em determinadas situações que podem resultar em dor, desgosto e consternação. Como ninguém nasce programado para ser masoquista, nosso ego, isto é, a concepção que cada um tem de si mesmo, entra em estado de alerta diante de situações de risco com o objetivo de nos proteger de prováveis sofrimentos físicos ou emocionais.

O processo, é claro, ocorre muitas vezes sem que o indivíduo perceba, acionando uma espécie de "gatilho" que o preserva de uma experiência negativa. São reações automáticas, sem intenção predefinida, que disparam o estado de alerta e causam diferentes fugas da realidade que podem ir do recalque à negação, passando pela incompreensão.

Você se lembra de quando era criança e se sentia seguro ao esconder a cabeça debaixo do cobertor? É mais ou menos assim que o gatilho de fuga funciona nos momentos de estresse. Por mais inteligente que o indivíduo seja, sua mente se recusa a aceitar o que está acontecendo. É como se o cérebro, dividido entre a dor e a ignorância, optasse pela segunda, que parece menos sofrida. Morrer dormindo é melhor que morrer gritando. Assim, o inconsciente crê que a incompreensão lhe protegerá da dor e, por isso mesmo, ele se priva do entendimento.

Foi o que aconteceu com os discípulos. O medo os impedia de compreender o que Jesus dizia. Eles só aceitaram seguir com Jesus até Jerusalém na esperança de que, finalmente, ele aceitasse ser coroado rei. A esperança dos discípulos estava na inauguração do tão esperado governo messiânico no qual eles, que acompanharam Jesus desde o princípio, receberiam cargos de prestígio como ministros e dignitários.

Antes, Jesus rechaçara qualquer ideia de ser proclamado rei dos judeus. Um reinado terreno parecia fora de seus planos. Certa ocasião, depois da famosa multiplicação dos pães e dos peixes na Galileia, Jesus ficou sabendo que alguns "estavam para vir com a intenção de fazê-lo rei à força. Então ele se retirou outra vez, sozinho, para o monte" (Jo 6:15).

A determinação de Jesus em seguir para Jerusalém animou os discípulos com a possibilidade de ele ter mudado de ideia. Quem sabe o Mestre tinha finalmente entendido que esquivar-se do trono era uma grande oportunidade perdida. Suas palavras e seu poder de realizar milagres colocariam o povo em suas mãos, bastava convocar as massas e tomar o poder.

Jesus não corrigiu o pensamento dos discípulos. Ao menos em parte, eles estavam certos. No futuro confronto com Pilatos, quando este lhe pergunta: "Você é o rei dos judeus?", Jesus, a princípio, responde vagamente: "O senhor está dizendo isso" (Lc 23:3). Quando Pilatos repete a mesma pergunta, Jesus é bem direto na resposta:

> Pilatos entrou novamente no Pretório, chamou Jesus e lhe perguntou: "Você é o rei dos judeus?". Jesus respondeu: "Esta pergunta

vem do senhor mesmo ou foram outros que lhe falaram a meu respeito?". Pilatos respondeu: "Por acaso sou judeu? A sua própria gente e os principais sacerdotes é que o entregaram a mim. Que foi que você fez?". Jesus respondeu: "O meu Reino não é deste mundo. Se o meu Reino fosse deste mundo, os meus ministros se empenhariam por mim, para que eu não fosse entregue aos judeus. Mas agora o meu reino não é daqui". Pilatos perguntou: "Então você é rei?". Jesus respondeu: "O senhor está dizendo que sou rei. Eu para isso nasci e para isso vim ao mundo, a fim de dar testemunho da verdade. Todo aquele que é da verdade ouve a minha voz" (Jo 18:33-37).

A resposta sintetizava aquilo que havia tempos os discípulos desejavam que Jesus admitisse: que ele era realmente um rei.

Aliás, essa proclamação não ocorreu apenas nos momentos finais de seu ministério. Quando Jesus foi concebido, assim diz o evangelho, um anjo comissionado por Deus veio revelar à Maria, sua mãe, a natureza do menino que ela trazia no ventre:

E, aproximando-se dela, o anjo disse: "Salve, agraciada! O Senhor está com você". Ela, porém, ao ouvir esta palavra, perturbou-se muito e pôs-se a pensar no que poderia significar esta saudação. Mas o anjo lhe disse: "Não tenha medo, Maria, porque você foi abençoada por Deus. Você ficará grávida e dará à luz um filho, a quem chamará pelo nome de Jesus. Este será grande e será chamado Filho do Altíssimo. Deus, o Senhor, lhe dará o trono de Davi, seu pai. Ele reinará para sempre sobre a casa de Jacó, e o seu reinado não terá fim" (Lc 1:28-33).

Quando os sábios do Oriente foram prestar homenagens ao menino Jesus, eles perguntaram: "Onde está o recém-nascido que é Rei dos judeus? Porque vimos a sua estrela no Oriente e viemos para adorá-lo" (Mt 2:2). Por causa de antigos oráculos, como o do profeta Miqueias, eles sabiam que o grande monarca de Israel nasceria em Belém. Herodes ficou tão alarmado que ordenou um infanticídio no vilarejo a fim de impedir que um concorrente lhe tomasse o trono. Até mesmo os romanos contavam a profecia de que, algum tempo depois de César Augusto, um grande poder subiria no Oriente, e da Judeia viriam os dominadores do mundo.

Todo judeu que ouvia esses oráculos entendia se tratar do governo literal do Messias sobre os habitantes da terra. Por isso, esperavam alguém que gerasse mais que conforto espiritual. Aquele que estava por vir seria "o desejado de todas as nações" (Ag 2:7, ARC), alguém que chegaria para botar ordem na casa e para derrubar sistemas opressores como o regime romano.

A decisão de Jesus de ir para Jerusalém, embora arriscada, poderia ser uma boa ideia. Quem sabe a revolução esperada finalmente ocorreria? O sentimento dos discípulos gravitava entre o medo e a euforia. Conquanto temessem por sua vida, a oposição acirrada dos inimigos de Cristo poderia impulsioná-lo ao combate, derrotando-os com o mesmo poder que usou para calar os fariseus e expulsar demônios.

Nesse contexto, podemos imaginar que a ressurreição de Lázaro foi o combustível que seus seguidores esperavam. Ainda que tivessem que sair de Betânia por causa do distúrbio causado por aquele milagre, uma importante semente havia sido plantada. Era uma questão de tempo até Cristo voltar a Jerusalém arregimentando um exército de pessoas dispostas a matar e morrer por ele. Tinha tudo para dar certo.

De volta a Betânia

Maria Madalena, por sua vez, sumiu de cena desde que chorara no túmulo de Lázaro. Seu anonimato provavelmente tem a ver com o caráter reflexivo que manteve diante de tudo que estava acontecendo. Ela ouvira com atenção as palavras do Mestre e teria se posto a pensar.

"Seis dias antes da Páscoa, Jesus foi para Betânia, onde estava Lázaro, a quem ele tinha ressuscitado dentre os mortos. Prepararam-lhe, ali, uma ceia. Marta servia, e Lázaro era um dos que estavam à mesa com Jesus" (Jo 12:1-2). Os detalhes da casa e da presença de Marta no ambiente não carecem de explicação. Mateus relembra que essa casa era também lar de Simão, o leproso, que estava à mesa (Mt 26:6). A presença de um "ex-morto" junto àquele que lhe restituiu a vida já era simbólica. O cenário falava por si. Que médico, sacerdote, rabino ou filósofo tinha um poder como aquele?

Os pensamentos dos convivas se misturavam em meio a olhares de expectativa e apreensão. Jesus faria um pronunciamento? Oficializaria sua reivindicação como rei dos judeus? De um lado, havia os sacerdotes, liderados por Caifás, que deliberavam prendê-lo à traição e depois matá-lo (Mt 26:4); de outro, a multidão que poderia começar um levante se descobrisse a trama dos sacerdotes (Mt 26:5).

Entre os sábios de Israel, havia um dilema concernente ao modo como o Messias viria. Para alguns, ele chegaria como o rei da profecia de Zacarias, "humilde, montado em jumento" (Zc 9:9). Para outros, seria glorioso como o personagem sobre quem Daniel comenta: "E eis que vinha com as nuvens do céu alguém como um filho do homem" (Dn 7:13).

O Talmude observa a aparente incongruência dos textos se aplicados à mesma pessoa. A solução dada por um rabino cerca de duzentos anos depois de Cristo era a de que tudo dependeria do comportamento de Israel perante os mandamentos de Deus: "Se eles [os judeus] forem meritórios, [o Messias] virá nas nuvens do céu; se não forem, virá humildemente montado sobre um jumento" (TB *Sanhedrin*, 98a).

Durante o jantar, todos seguiam ansiosos sobre como se daria a entrada de Jesus em Jerusalém. Os movimentos seguintes demonstram que não era segredo para nenhum dos presentes o que aconteceria no dia seguinte, o famoso Domingo de Ramos: Cristo entraria pelas portas da cidade de Jerusalém na condição de rei. O próprio Jesus já havia enviado dois de seus discípulos à vila de Betfagé, a dois quilômetros de Betânia, que de lá voltaram trazendo um jumentinho que nunca havia sido montado (Lc 19:28-31). O dono do animal parecia saber com antecedência que alguém iria buscá-lo e qual era a finalidade do empréstimo. No antigo Oriente Médio, os líderes andavam a cavalo se fossem para a guerra; em tempos de paz, como no cerimonial de coroação, apareciam montados em jumentos ou mulas.

Em 1Reis 1:33, lemos que Salomão seguiu montado em uma mula no dia em que foi reconhecido como o novo rei de Israel. O animal, segundo o texto, pertencia ao próprio rei Davi. Outros exemplos de líderes montados em jumentos podem ser encontrados em Juízes 5:10; 10:4; 12:14; e 2Samuel 16:2.

A menção do mesmo animal em Zacarias 9:9-10 se encaixa na narrativa de um rei "justo e salvador, manso", como deveriam ser os líderes de Israel. Em vez de cavalgar para conquistar, o Messias entraria em paz na cidade – contraste ainda mais emblemático nos dias de Cristo, quando generais e governadores romanos desfilavam orgulhosos montados em cavalos pomposos.

Zacarias 9:10 destaca a promessa de paz: "Retirarei os carros de Efraim e os cavalos de Jerusalém; os arcos de guerra serão destruídos. Ele proclamará a paz às nações; o seu domínio se estenderá de mar a mar e desde o Eufrestes até os confins da terra".

Como comentamos, esse jumentinho em específico nunca havia sido montado, pois se tratava de um animal preparado para uso litúrgico, conforme as orientações dadas por Deus a Moisés (Nm 19:2; Dt 21:3; 1Sm 6:7). Jesus entraria em Jerusalém como rei e sacerdote ao mesmo tempo. O seu cerimonial estava, finalmente, começando a ser organizado.

Pedro, Tiago e João, que eram os mais eufóricos do grupo, mal podiam esperar para ver a cena: Caifás e seu partido seriam retirados à força do sinédrio e humilhados em praça pública. Soldados romanos correriam em desespero, deixando para trás lanças e espadas que nem seriam usadas devido ao pavor que sentiriam no momento em que Cristo começasse a brilhar.

Era sábado à noite quando Marta preparou o último jantar antes da entrada triunfal. Na verdade, considerando que para os judeus os dias eram marcados de pôr do sol a pôr do sol, naquele momento o repouso do Shabat já havia terminado, e todos poderiam comemorar livremente as primeiras horas do fatídico dia. A expectativa era muito grande. Naquela noite, os discípulos mal conseguiriam dormir. Betânia se tornou sede do movimento que mudaria a história da humanidade.

A cena seguinte retoma a refeição servida a Cristo, da qual Lucas já havia falado no capítulo 7. Porém, aqui, um outro aspecto é levantado na trama: a compreensão que eles tinham da realeza de Jesus enquanto Messias.

> Prepararam-lhe, ali, uma ceia. Marta servia, e Lázaro era um dos que estavam à mesa com Jesus. Então Maria, pegando um frasco

de perfume de nardo puro, muito precioso, ungiu os pés de Jesus e os enxugou com os seus cabelos. E toda a casa se encheu com o cheiro do perfume (Jo 12:2-3).

Mateus e Marcos não citam explicitamente o nome de Maria, dizem apenas que Jesus foi ungido por uma mulher. Diferentemente da versão contada por Lucas, ela não é identificada como pecadora e ninguém faz qualquer menção a sua "indignidade" em tocar em um homem santo (Lc 7:37). Além disso, a unção que Jesus recebe dessa vez não parece ser de boas-vindas, como a anterior. Ele já estava hospedado na casa de Marta, e não havia necessidade de lavar seus pés como se fosse um visitante recém-chegado depois de horas caminhando em uma estrada empoeirada. A ênfase do relato parece ser outra.

Unção, sacerdócio e realeza

Marcos e João informam qual teria sido o perfume usado por Maria: um frasco de alabastro cheio do mais puro nardo. Aqui, "puro" vem do grego tardio *pistikós*, que para alguns poderia significar "genuíno" e, para outros, seria a "marca" ou nome fantasia do tipo de nardo. Os especialistas afirmam que a planta do nardo é típica das montanhas do Himalaia, na Índia. Matéria-prima de óleos aromáticos, seu valor de mercado era altíssimo – tanto que Plínio, o Velho, testemunha no século 1 d.C. a existência de falsificadores dessa fragrância (*História Natural* XII, 26).

Exceto por essa ocorrência, o nardo só é mencionado no livro de Cantares de Salomão (1:12; 4:13,14), em um cântico de amor em que a noiva de um poderoso rei entra perfumada na sala e chama a atenção de todos. Alguns tentam traçar um paralelo entre os textos, dizendo que Maria se portou como uma noiva ou uma mulher apaixonada por Jesus. Note, porém, que o perfume foi destinado a Jesus, não a ela. Não houve intenção de perfumar-se ou de enfeitar-se a fim de chamar a atenção do Mestre.

No judaísmo, o olfato, assim como qualquer outro órgão sensorial do corpo, é sagrado. A própria palavra para "cheiro" em hebraico, *reyach*, está relacionada a *ruach*, "espírito". Por isso, ungir alguém com óleo perfumado simbolizava pedir que o Espírito de Deus repousasse sobre ela. No Antigo Testamento, tanto o santuário de Deus no deserto quanto o templo inaugurado por Salomão em Jerusalém eram edifícios agradavelmente perfumados. No centro da mobília interna do primeiro compartimento ficava um altar de incenso que era reposto diariamente. Assim, o perfume tinha valor litúrgico, espiritual e também político.

Para nós, que não vivemos numa sociedade monárquica, o ato de ungir um soberano pode parecer estranho. Para eles, era um gesto essencial. Tanto que não apenas os reis eram ungidos, mas também os sacerdotes e até os elementos do santuário, toda mobília sagrada etc. Davi, por exemplo, ele mesmo escolhido para ser rei, mostrou grande respeito pela unção de Deus sobre Saul, seu inimigo. Dada a chance de assassinar o rival, quando este vinha com um exército para matá-lo, Davi se recusou a fazê-lo sob o argumento de que não ousaria levantar a mão contra um "ungido do Senhor" (1Sm 24:4-10).

A palavra "ungido", em hebraico, é *mashiach*, que se tornou "messias" em português; *Christós*, em grego, é um termo-chave nesse entendimento. A longa espera pelo Messias era a expectativa da vinda do Ungido de Deus, ou "Cristo". Note que o vocábulo escolhido já indica que Jesus, para ser o Messias, tinha de ser um rei previamente ungido. Entre os presentes no jantar, quem, no entanto, lembrou-se de tal necessidade? Maria.

No Antigo Testamento, Davi foi o único rei de Israel ungido três vezes para o cargo, como numa tripla confirmação diante de Deus e do povo. Primeiro, foi ungido "privativamente" pelo profeta, na presença de seus pais e de seus irmãos (1Sm 16:13). Depois, como rei de Judá (2Sm 2:4). Então, em um terceiro momento, foi novamente ungido rei "sobre todo o Israel" (2Sm 5:3). Jesus, de igual modo, estava prefigurado para ser ungido três vezes. A primeira foi em seu batismo, quando o Espírito Santo desceu em forma de pomba, razão pela qual, dias depois, ao visitar Nazaré, ele aplicou a si mesmo as palavras de Isaías: "O Espírito do Senhor está sobre mim, porque ele *me ungiu* para evangelizar os pobres; enviou-me para proclamar libertação aos cativos e restauração da vista aos cegos, para pôr em liberdade os oprimidos, e proclamar o ano aceitável do Senhor" (Lc 4:18-19, grifo nosso).

A segunda unção teria sido essa na casa de Simão e Marta. Por fim, a terceira ocorreria no domingo da ressurreição, quando Maria seguiu para o túmulo a fim de ungir o corpo de Jesus. Porém, ele havia ressuscitado.

Na casa de Simão e Marta, Maria ungiu a cabeça e os pés de Jesus, tal qual era feito aos reis. Assim foi também na primeira instituição sacerdotal ordenada por Deus a Moisés (Êx 40:15; Nm 3:3). Mais tarde, o rito ficou restrito ao sumo sacerdote (Êx 29:29; Lv 16:32). Essa correlação é importante porque o Messias exercia, ao mesmo tempo, o papel de rei e sacerdote.

Os essênios que administravam as vilas de refúgio de Betânia acreditavam na vinda de dois ou três messias. Um surgiria como profeta; outro, como sacerdote; e um terceiro, como rei. Maria percebeu que, na verdade, os três poderiam ser a mesma pessoa, Jesus de Nazaré. Por isso, ela o ungiu ao mesmo tempo para as funções de rei, profeta e sacerdote messiânico de Israel.

O protesto de Judas e de outros quanto ao aparente desperdício de dinheiro é notório: "Por que este perfume não foi vendido por trezentos denários e o valor não foi dado aos pobres?" (Jo 12:5). A indignação do apóstolo, no entanto, não era fruto de nenhuma virtude. O texto bíblico segue dizendo que "ele disse isso não porque se preocupava com os pobres, mas porque era ladrão e, tendo a bolsa do dinheiro, tirava o que era colocado nela" (Jo 12:6). Judas roubava para si algumas doações que o grupo recebia. Ademais, ele já estava inclinado a trair Jesus, entregando-o para o Sinédrio pelo equivalente a trinta moedas de prata, 10% do que Maria gastara para reconhecê-lo rei.

Jesus, por alguma razão, não repreende o apóstolo nem revela que conhecia suas intenções. Apenas pede que deixe Maria em paz. Depois relembra que os pobres eles sempre teriam consigo – referindo-se aos inválidos que os essênios hospedavam em Betânia –, mas que a presença física do Filho do Homem estava com os dias contados.

Voltando-se para Maria, ele gentilmente interrompe seu gesto, pedindo que guardasse o que sobrou do perfume para o dia de seu sepultamento. O frasco cheio que ela havia trazido era pouco menor que uma lata de refrigerante e tinha o suficiente para ungir sem economia todo o corpo de um homem adulto. Seria também o bastante para o cadáver de Jesus.

Não podemos afirmar que Maria entendeu o sentido enigmático das palavras de Cristo. Em caso positivo, seu coração teria ficado em pedaços sabendo que Jesus se entregaria à morte. A dor do anúncio era imensa, mas não maior que a submissão em seguir o desejo do Mestre, mesmo que parecesse estranho diante de seus olhos. Talvez, após guardar o frasco, Maria tenha se isolado em um canto e chorado.

Os demais continuaram comendo, sem entender ao certo o significado daquelas palavras e daquele gesto. Embora fosse incomum que uma mulher tocasse um rabino em público, ninguém ousou interrompê-la novamente. Todos estavam alegres demais para compreender a solenidade do momento e os acontecimentos por vir. De sua parte, Jesus não se importou em dar mais explicações. Deixou-os aproveitarem o momento, pois aqueles seriam os últimos dias que teriam em sua companhia.

Quanto ao gesto de Maria, Jesus fez uma solene declaração profética, que segue se cumprindo, inclusive agora, passados dois mil anos: "Em verdade lhes digo que, onde for pregado em todo o mundo este evangelho, também será contado o que ela fez, para memória dela" (Mt 26:13).

CAPÍTULO 12

Devoção final

"Deus cria do nada. Maravilhoso, você diz. Sim, com certeza, mas ele faz o que é ainda mais maravilhoso: transforma os pecadores em santos."

SØREN KIERKEGAARD

A cena não poderia ser mais emblemática: domingo bem cedo, a comitiva reunida em Betânia ajeitava os últimos preparativos para o processual. Jesus, que talvez tivesse passado a madrugada orando ao Pai, recebe ajuda para montar no jumentinho. Os discípulos parecem ter mais pressa que o Mestre.

No dia anterior, mesmo sendo Shabat, quando os judeus evitavam andar mais que um quilômetro longe de casa, muitos moradores de Jerusalém e peregrinos de vários lugares haviam descido para Betânia a fim de conhecer Lázaro e Jesus. Todos queriam ver o homem que experimentara a morte e lhe perguntar como era a realidade do outro lado. Será que Jesus ressuscitaria mais alguém diante de todos? Boa parte da multidão queria presenciar um espetáculo. Assim, não eram poucos os que começaram a procissão, que crescia à medida que Jesus cavalgava em direção a Jerusalém. O caminho não era longo, bastava subir e, depois, descer o monte das Oliveiras.

Marta e Maria estavam no cortejo com as outras discípulas, entre elas a mãe de Jesus. Enquanto os homens se preocupavam com a segurança – Pedro costumava até andar armado –, as mulheres se empenhavam em limpar o suor do rosto de Cristo, oferecer-lhe água e cuidar para que não ficasse desalinhado. Como rei, ele não poderia ter aparência de desleixo.

A cada trecho que andavam, mais e mais pessoas se uniam ao cortejo. Alguns entravam na multidão sem saber ao certo para onde iam. Outros esticavam o pescoço para tentar ver Jesus, que seguia à frente. E havia infiltrados, pois fariseus e saduceus não seriam ingênuos de ficar acomodados diante do que acontecia.

Jerusalém se encontrava apinhada de gente de todos os cantos do império. Toda Páscoa era assim. Segundo uma estimativa, a cidade nos dias de Jesus teria em torno de 28 mil habitantes, contando apenas os que moravam dentro de seus muros.[1] Nos festivais religiosos, esse número quintuplicava com a presença de peregrinos. Mesmo que os valores variem de acordo com a estimativa adotada, o que importa é que a metrópole estava repleta de adoradores. Se Jesus realizasse um milagre das proporções da ressurreição de Lázaro em pleno pátio do templo, à vista de todos, haveria grandes consequências para o poder constituído. Bastaria, depois disso, ele dar uma ordem, e a multidão seria capaz de iniciar um levante de proporções inimagináveis.

> Então os principais sacerdotes e os fariseus convocaram o Sinédrio e disseram: "O que estamos fazendo, uma vez que este homem opera muitos sinais? Se o deixarmos assim, todos crerão nele; depois, virão os romanos e tomarão não só nosso lugar, mas

---

1. REICH, Ronny. A Note on the Population Size of Jerusalem in the Second Temple Period. *Revue Biblique*, v. 121, n. 2, pp. 298-305, 2014.

a própria nação". Mas um deles, Caifás, que era sumo sacerdote naquele ano, advertiu-os: "Vocês não sabem nada, nem entendem que é melhor para vocês que morra um só homem pelo povo e que não venha a perecer toda a nação" (Jo 11:47-50).

Até os dias de hoje, a vista do alto do monte das Oliveiras é um cartão-postal da cidade de Jerusalém. No lugar do antigo templo, vê-se o Domo da Rocha, cúpula dourada que marca o terceiro lugar sagrado do islamismo, juntamente com Meca e Medina. Dependendo da situação, aquela região da cidade pode se tornar um barril de pólvora do eterno conflito entre árabes e judeus. Na maior parte do tempo, porém, o ambiente é de tolerância, ainda que forçada, entre ambas as partes.

A visão de Jesus naquele dia pode não ter sido a mesma dos tempos atuais, mas é possível ter uma ideia de como foi. O topo do monte oferece uma vista da muralha oriental da cidade, diante da qual estaria o vale do Cedron, considerado, pela tradição judaica, o lugar do juízo final. Do lado de dentro estaria o Segundo Templo, erguido para substituir o Templo de Salomão que os babilônios destruíram em 587 a.C. Herodes tinha planos de derrubá-lo e construir outro, muito mais suntuoso. Com a negativa dos sacerdotes, ele se contentou em fazer uma ampliação da esplanada e embelezar o edifício original dos tempos de Zorobabel, líder judeu que se empenhou na reconstrução do santuário, cujas obras foram finalizadas em 515 a.C.

O templo visto por Cristo do alto do monte levou quarenta e seis anos para receber todas as ampliações. Suas paredes foram revestidas de mármore e de ouro da mais alta qualidade. Somente o prédio do santuário, terminado antes da morte de Herodes, demorou um ano e meio para ser concluído e contou com a mão de obra de mil sacerdotes trabalhando como pedreiros – para garantir a santidade da edificação –, além de outros 10 mil cidadãos como ajudantes. E olha que era apenas uma ampliação e reforma... Imagine se Herodes tivesse autorização para fazer tudo como queria!

O edifício central, com a fachada recoberta de ouro, se elevava acima de todas as edificações da cidade. Sua localização o tornava ainda mais suntuoso por estar fixado sobre uma esplanada de 144 mil metros quadrados, equivalente a pouco mais de vinte campos de futebol, que cobria totalmente o cume do monte onde fora erigido. A nova praça servia de ponto de encontro dos adoradores, e seus pórticos abrigavam comerciantes e cambistas.

Uma mureta chamada *soreg* cercava a área na qual não judeus eram impedidos de entrar. Nela, estavam fixadas inscrições de advertência indicando ao visitante que, se um não judeu ousasse ultrapassar aqueles limites, chamaria a morte para si. Também havia uma separação estratégica no pátio: homens de um lado e mulheres do outro. Na tradição judaica, acreditava-se que a beleza feminina era capaz de distrair um religioso.

Com um pouco de esforço, os adoradores poderiam ver desde a porta de Nicanor os levitas trabalhando no átrio do santuário. Essa era a porta mais suntuosa de todas, feita de bronze e medindo entre 22 e 25 metros de altura por 18 ou 20 metros de largura. O nome Nicanor se devia a um rico judeu de Alexandria que a havia doado durante a edificação. Ela ficava bem em frente do templo e dava acesso ao pátio das mulheres; diante dela havia quinze degraus semicirculares nos quais os levitas cantavam os quinze "salmos de ascensão", ou cânticos de romagem. Esses salmos eram entoados pelos peregrinos que vinham da Babilônia e de outras partes para adorar em Jerusalém.

Toda a estrutura era, ainda, sustentada por um muro de arrimo contendo pedras calcárias de até 13,6 metros de comprimento por 4,6 de espessura e 3,3 de altura, com peso estimado de 570 toneladas. Os discípulos tinham boas razões para ficarem impressionados: "Quando Jesus estava saindo do templo, um dos seus discípulos lhe disse: 'Mestre! Que pedras, que construções!'" (Mc 13:1).

Jesus lembrou esse episódio ao parar por um momento no alto do monte e contemplar a Cidade Santa e seu templo. Ele também pensou na resposta que deu aos apóstolos diante da admiração da arquitetura: "Vocês estão vendo estas coisas? Virão dias em que não ficará pedra sobre pedra que não seja derrubada" (Lc 21:6).

Então ele chorou, chorou muito. Sua reação aqui e diante do túmulo de Lázaro são os únicos registros que temos de suas lágrimas. Não que ele não tivesse chorado antes, mas é que esses momentos transbordaram sua alma. Eles só perdem para a agonia do Getsêmani e do Calvário. Seu pesar é significativo: primeiro pela tristeza diante do luto por Lázaro e, agora, pela dor de se sentir rejeitado, sabendo que os que ele mais ama viravam as costas para sua salvação. Ele disse: "Ah! Se você soubesse, ainda hoje, o que é preciso para conseguir a paz! Mas isto está agora oculto aos seus olhos" (Lc 19:42).

Jesus chora pela cegueira do povo e pelas consequências da obstinação daqueles que não queriam enxergar o que era óbvio: a oportunidade de ser redimido. "Virão dias", disse Jesus, "em que seus inimigos cercarão você de trincheiras e apertarão o cerco por todos os lados; e vão arrasar você e matar todos os seus moradores. Não deixarão pedra sobre pedra, porque você não reconheceu o tempo em que Deus veio visitá-la [a cidade de Jerusalém]" (Lc 19:41-44).

Maria tremeu ao testemunhar essas palavras. Ela certamente estava perto do jumentinho, então teria ouvido Cristo afirmar, mais de uma vez, que Jerusalém seria destruída. Tropas romanas a cercariam, como de fato aconteceu no ano 70; suas muralhas e o templo do qual eles tanto se orgulhavam seriam destruídos. Os cidadãos sofreram muito durante o cerco das tropas de Vespasiano e, posteriormente, de Tito. Os que estavam na cidade morreram de desnutrição e fome – houve mães que comeram os próprios filhos. Do lado de fora, o cenário não era menos terrível: eram tantos os corpos crucificados que faltava madeira para fazer novas cruzes, de modo que os romanos começaram a pregar as pessoas em árvores.

Jesus chorava porque antecipava esse circo de horror. Se eles soubessem que aquilo poderia ser evitado... Foi justamente essa última derrota que deixou vazio o santuário judeu, até que fosse ocupado por um monumento árabe, ironia das ironias, substituindo algo tão sagrado para eles.

Rejeição e consequência

Contar essa história em uma época de buscas exacerbadas pelo "politicamente correto" pode soar deselegante e até antissemita. Não obstante, há de se considerar o que os próprios judeus do passado disseram a respeito das destruições de seus templos. Sobre o fim catastrófico do Templo de Salomão, o Talmude Babilônico diz:

> Por qual motivo o primeiro templo foi destruído? Foi destruído por três situações que lá se passaram: adoração de ídolos, relações sexuais proibidas e derramamento de sangue. [...] No entanto, considerando que as pessoas durante o período do segundo templo estavam engajadas no estudo da Torá, na observância dos *mitsvot* [mandamentos] e dos atos de bondade; considerando que não realizavam os atos pecaminosos que eram praticados no primeiro

templo, por que este segundo foi destruído? Foi destruído pelo ódio desenfreado. Isso vem para ensinar que o pecado do ódio desenfreado é equivalente às três transgressões severas: adoração de ídolos, relações sexuais proibidas e derramamento de sangue (*Talmud*, Yoma 9b).

O ódio no coração dos líderes levou uma multidão ao fracasso. Mesmo entre aqueles que seguiam a Cristo, quantos estariam efetivamente dispostos a se entregar por ele? Talvez, alguns poucos. Muitos seguiam a onda popular que se desenhava. Seu coração, contudo, não havia sido verdadeiramente transformado pelas palavras do Mestre de Nazaré.

Não parece justo que uma geração que viveu cerca de quarenta anos depois da rejeição a Cristo sofra a consequência de um erro cometido quando muitos deles nem eram nascidos. De fato, não há justiça nisso, ainda mais considerando que não foram todos os judeus que negaram Jesus. A própria Maria Madalena, nossa protagonista, foi uma mulher judia que demonstrou amor incondicional pelo Mestre. Na verdade, a totalidade dos primeiros devotos do cristianismo eram genuinamente judeus. Por que, então, Deus trataria seu povo com base no erro de Caifás e não na devoção de Maria?

Certa vez, Jesus contou a parábola do joio e do trigo, expressando a perplexidade dos ceifeiros quanto à presença daquela erva daninha em sua plantação. A resposta do dono da propriedade foi: "Um inimigo fez isso" (Mt 13:28). Na hora certa, isto é, no momento da colheita final, Deus mesmo retirará os joios daqui. Até lá, eles continuarão nos confundindo por terem semelhanças acentuadas com o trigo.

Assim, enquanto não houver o juízo final, coisas estranhas continuarão acontecendo. Por mais doloroso que seja, inocentes passarão por provações, enquanto pervertidos se livrarão de ser condenados. Essa é a dinâmica do grande conflito entre o bem e o mal: se sofrermos demais, não suportaremos. Se sofrermos de menos, não saberemos quão mau é o mal e não rogaremos a Deus para nos livrar dele. Por isso, Jesus disse: "Bem-aventurados os que têm fome e sede de justiça, porque serão saciados" (Mt 5:6). Como ter fome e sede de algo, senão experimentando o desconforto de sua ausência?

Por isso, até que Jesus volte para estabelecer o juízo, ainda veremos muitas Marias sofrendo pelos pecados de Simões. Às vezes sofreremos por situações fora de nosso controle: um acidente, uma pandemia ou uma variedade de eventos. Pois foi precisamente para que essas irregularidades não se tornassem eternas que Jesus se permitiu ser vítima da maior injustiça de toda a história, quando ele, o inocente Cordeiro de Deus, enfrentou a cruz por amor a todos nós. Como escreveu Isaías séculos antes de Cristo: "Ele foi traspassado por causa das nossas transgressões e esmagado por causa das nossas iniquidades; o castigo que nos traz a paz estava sobre ele, e pelas suas feridas fomos sarados" (Is 53:5).

Era esse o ponto que Maria parecia ter entendido mais que os outros discípulos. Jesus deveria ser glorificado como rei, mas também deveria ser rejeitado. O "servo sofredor" do poema profético de Isaías é descrito como uma figura ambivalente que, por um lado, faz a vontade do Senhor e prospera em seu trabalho e, por outro, se torna o mais desprezado de todos os homens. Muitos judeus dos dias de Maria diziam que esse texto era sobre a cidade de Israel, não sobre o messias. Na verdade, até hoje, muitos rabinos e teólogos cristãos dizem o mesmo: uma vez que a interpretação messiânica seria uma invenção posterior da igreja, nem o próprio Jesus interpretaria o oráculo desse jeito.

Então, a arqueologia deu uma importante contribuição a esse debate. Entre os famosos manuscritos do mar Morto, foram encontrados alguns hinos messiânicos de ação de graças que refletiam exatamente o pensamento de alguns essênios contemporâneos de Jesus e de Maria Madalena. Neles, o Messias é apresentado como redentor, ao mesmo tempo divino e humano, glorificado e desprezado, uma mistura perfeita do "Filho do Homem" de Daniel e do "servo sofredor" de Isaías.[2]

É notável que o entendimento já era polêmico naquele tempo pelo modo que a cópia desse pergaminho foi deliberadamente rasgada por algum membro da seita antes de ser escondido nos potes de barro, que só seriam redescobertos mil e novecentos anos depois. Nada impede que Maria, que conviveu com esse grupo durante sua estada em Betânia, tivesse obtido deles essa compreensão e vinculado ela a alguns ensinos de Cristo.

Esse era o segredo messiânico que a maioria custava a entender. Cristo seria glorificado, mas não antes de passar pela humilhação, pois através de seu sofrimento a humanidade seria redimida. Os inocentes cordeiros sacrificados todos os dias no Templo de Jerusalém eram apenas a forma didática de Deus contar a seu povo a história do cordeiro messiânico que tira o pecado do mundo.

Segue o cortejo

Após lágrimas e suspiros de Cristo, cujo motivo ainda era uma incógnita para a maioria dos presentes, o grupo desceu o monte em direção ao vale, chegando à cidade pelo lado oriental. Alguns

---

2. KNOHL, Israel. *O messias antes de Jesus*. Rio de Janeiro: Imago, 2000, pp. 25-38.

estendiam seus mantos pelo caminho, como se fosse um tapete vermelho, para que Jesus passasse sobre eles (Lc 19:36). Outros portavam ramos de palmeiras – hábito da Festa dos Tabernáculos, realizada no dia 15 de *tirsri*, que, pelo calendário judaico, seria seis meses mais tarde. Era nesse evento que os judeus comemoravam a proteção divina no deserto, dormindo em barracas e carregando consigo um *lulav*, folhagem fechada de ramos da tamareira.

Uma explicação para esse ritual é a influência helenista sobre os judeus: o ato de segurar uma folha de palmeira era um dos símbolos de vitória usados no Império Romano. De fato, em Apocalipse 7, os remidos de Deus também são vistos diante do trono e do cordeiro vestidos de branco, segurando ramos de palmeira nas mãos. É possível, ainda, que o gesto fosse um reconhecimento popular de que o grande Dia do Juízo havia chegado, que era hora de comemorar o fim da travessia no deserto antecipando a Festa dos Tabernáculos. Os seguidores de Jesus estariam materializando a profecia de Zacarias 14:16-21, na qual, após descrever o juízo sobre Jerusalém e seus opressores, o profeta relata que até os estrangeiros seriam obrigados a subir à Cidade Santa na Festa dos Tabernáculos, portando ramos de palmeira, em reconhecimento do livramento definitivo que Deus dera a seu povo dos poderes que o afligiam.

Nesse momento, Pedro, Tiago ou até mesmo uma das mulheres discípulas puxa um coro que vai se avolumando: "Bendito é o rei que vem em nome do Senhor! Paz no céu e glória nas maiores alturas!" (Lc 19:38). Por escrever a um público mais gentílico, Lucas não usa um termo hebraico que aparece nas versões de Mateus, Marcos e João. O que ele traduz por "glória" nos outros evangelhos aparece como "hosana": "Hosana! Bendito o que vem em nome do Senhor e que é Rei de Israel!" (Jo 12:13).

Hosana é termo muito forte tanto em hebraico quanto em aramaico. Ele surge da junção de duas palavras: *yasha*, que significa "salvar ou entregar", e *anna*, que significa "por favor, eu imploro". Seu sentido, então, seria algo como "por favor, salve-nos". Era isso que a multidão pedia a seu futuro rei.

O verso invocado seria uma aclamação popular que poderia ter variações mesmo entre os gritos do povo. Ela soa como uma paráfrase ou citação decorada de um antigo salmo de autoria incerta que alguns atribuem ao rei Davi. Assim dizem algumas de suas estrofes: "Este é o dia que o Senhor fez; exultemos e alegremo-nos nele. Oh! Salva-nos [lit. hosana], Senhor, nós te pedimos; oh! Senhor, concede-nos prosperidade! Bendito o que vem em nome do Senhor. Da Casa do Senhor, nós os abençoamos" (Sl 118:24-26).

O tom político do apelo é evidente. A parte não citada do salmo fala do dia que o Senhor fez. Que dia é esse? O dia em que o Rei Messias seria estabelecido em seu trono. É a ele que o povo ergue o clamor de "hosana, salva-nos!". Que venha a prosperidade resultante de nosso livramento. "Bendito o que vem em nome do Senhor!"

Provavelmente por conhecer o tom messiânico da frase e temer o movimento que poderia desencadear, alguns fariseus se apressaram em pedir para Jesus que mandasse seus discípulos se calarem. Talvez argumentassem que estavam indo para um lugar sagrado, merecedor de reverência. Também poderiam apelar para a segurança do povo, advertindo Jesus de que, se aquilo saísse do controle, muita gente inocente poderia morrer. Sem atender à arrogância da dissimulada solicitação, Jesus se limitou a dizer-lhes: "Eu afirmo a vocês que, se eles se calarem, as próprias pedras clamarão" (Lc 19:40). A figura de linguagem tem precedente na profecia de Habacuque:

Os seus planos resultarão em vergonha para a sua casa. Ao destruir muitos povos, você pecou contra a sua própria vida. Porque as pedras das paredes clamarão contra você, e as vigas do madeiramento farão eco. Ai daquele que edifica uma cidade com sangue e a fundamenta na iniquidade! (Hb 2:10-12)

No antigo oráculo, o clamor das pedras representava o gemido dos cativos judeus contra a Babilônia. Agora, a própria Jerusalém se torna alvo dos mesmos juízos.

A entrada triunfal de Jesus foi um grande movimento e, ao mesmo tempo, uma grande decepção. Seus inimigos sentiram um alívio provisório quando chegou o entardecer e eles continuavam no poder. Os discípulos, porém, voltaram frustrados, sabendo que nada mudara de fato. Caifás, Herodes e os romanos seguiam impunes no poder.

Pelo que vemos no relato de Mateus, Jesus entrou em Jerusalém e logo a cidade inteira ficou agitada: "E, quando Jesus entrou em Jerusalém, toda a cidade se alvoroçou. E perguntavam: 'Quem é este?'. E as multidões respondiam: 'Este é o profeta Jesus, de Nazaré da Galileia!'" (Mt 21:10-11).

A seguir, tomando os relatos de Mateus e Lucas por base, Jesus se dirigiu ao templo. Marcos, no entanto, afirma que: "Jesus entrou em Jerusalém, no templo. E, tendo observado tudo, como já era tarde, saiu para Betânia com os doze" (Mc 11:11). Essa anotação é significativa. Revela que, quando todos esperavam o golpe final de Cristo, ele se limitou a circular pela esplanada do templo e, por ser tarde, voltar a Betânia sem decretar a revolução. Não houve nem discurso.

Fico me perguntando como Maria se sentiu com tudo isso. Desapontada ou confiante? A segunda hipótese soa mais verossímil. Mesmo não entendendo em detalhes o que estava para acontecer, Maria se mantinha certa de que Jesus sabia o que estava fazendo. Se ele trouxe seu irmão de volta à vida, certamente teria algum objetivo profundo.

No dia seguinte, quando saíram de Betânia, Jesus teve fome. E, vendo de longe uma figueira com folhas, foi conferir se nela acharia alguma coisa. Aproximando-se dela, nada achou, a não ser folhas; porque não era tempo de figos. Então Jesus disse à figueira: "Nunca mais alguém coma dos seus frutos!". E os discípulos de Jesus ouviram isto (Mc 11:12-14).

Isso foi em uma segunda-feira pela manhã; na terça-feira seguinte, de fato, a figueira estava morta. Veja a continuação do texto: "E, passando eles pela manhã, viram que a figueira estava seca desde a raiz. Então Pedro, lembrando-se, falou: 'Mestre, eis que a figueira que o senhor amaldiçoou ficou seca'" (Mc 11:20-21).

O estranho gesto de Jesus tinha um objetivo didático: visava mostrar uma realidade que, de outro modo, os presentes não entenderiam. Uma anedota conta que Diogenes começou a andar maltrapilho pelas ruas de Atenas e, depois, foi morar com cachorros num barril abandonado para mostrar que a virtude consistia na pobreza. Nesse momento, Jesus não amaldiçoou a figueira simplesmente porque ela não dera fruto. Afinal, ainda não era o tempo de maturação da fruta. Trata-se de uma parábola viva. Ele o fez porque a árvore aparentou dar frutos e não o fez. Foi uma forma de chamar a atenção dos discípulos para o que estava acontecendo. Eles precisavam entender que o mesmo povo que veio alegre até Cristo aparentando dar frutos só possuía folhas de interesse pessoal. Por isso a nação judaica secaria.

Por serem o povo eleito de Deus, eles tinham um acordo firmado com o Altíssimo e era esperado que cumprissem sua parte. Isso não aconteceu, ainda que o povo tenha feito várias promessas de fidelidade ao Senhor. A primeira delas ocorrera cerca de mil e quinhentos anos antes, quando foram guiados por Moisés no deserto.

> Moisés foi, chamou os anciãos do povo e expôs diante deles todas as palavras que o Senhor lhe havia ordenado. Então todo o povo respondeu a uma só voz: "Tudo o que o Senhor falou faremos". E Moisés relatou ao Senhor as palavras do povo (Êx 19:7-8).

Para aquele que fala de santidade, suas opções são viver como um santo ou, então, parar com esse discurso. Não se esperam figos de uma pedra, mas supõe-se que eles existam em uma figueira carregada. A aparência de piedade é pior que a maldade explícita. Ambas são condenáveis, mas a primeira tem o acréscimo da hipocrisia.

A percepção de Cristo sobre as multidões que o cercavam não vinha de agora, já era sentida desde o início de seu ministério:

> Estando Jesus em Jerusalém, durante a Páscoa, muitos creram em seu nome quando viram os sinais que ele fazia. Mas o próprio Jesus não confiava neles, porque conhecia a todos. E não precisava que alguém lhe desse testemunho a respeito das pessoas, porque ele mesmo sabia o que era a natureza humana (Jo 2:23-25).

Então, não bastasse a oportunidade política que Jesus perdera no domingo, os discípulos ainda tiveram de lidar com uma segunda fúria em seu ministério, quando Cristo, na manhã seguinte, visitou as dependências do templo.

Quando Jesus entrou no templo, começou a expulsar os que ali vendiam e compravam. Derrubou as mesas dos cambistas e as cadeiras dos que vendiam pombas, e não permitia que alguém atravessasse o templo carregando algum objeto. Também os ensinava e dizia: "Não é isso que está escrito: 'A minha casa será chamada "Casa de Oração" para todas as nações? Mas vocês fizeram dela um covil de salteadores'" (Mc 11:15-17).

O gesto parecia correto aos olhos de quem esperava a revolução, mas, se esse fosse seu propósito, Jesus o fizera no tempo e no lugar errados. Tivesse agido assim no dia anterior, quando a multidão estava toda a seu lado, seria perfeito, mas agora que estavam somente ele e os doze, o ato poderia significar o seu fim. O templo era constantemente vigiado pela guarda sacerdotal e por soldados romanos que ficavam em uma torre adjacente, prontos para agir diante de qualquer distúrbio no pátio interno do santuário. Além disso, tinha o povo. Mesmo que parte considerável ainda nutrisse entusiasmo com as falas de Cristo, muita gente, se fosse provocada, não hesitaria em pegar pedras e linchar o grupo ali mesmo, no recinto sagrado.

"E os principais sacerdotes e escribas ouviram isso e procuravam uma maneira de matar Jesus, pois o temiam, porque toda a multidão se maravilhava de sua doutrina" (Mc 11:18).

Foi Judas que teve a ideia de forçar Jesus a sair do aparente comodismo. Entre a fidelidade e a ganância, julgou que, entregando Jesus a seus inimigos, ele seria forçado a mostrar seus poderes a fim de livrar-se do ataque. Assim sendo, todos veriam Cristo como ele realmente era, forte e poderoso. Chega de palavras enigmáticas e unções perfumadas – essas, para Judas, eram uma perda de tempo e de dinheiro.

Conversando com os principais sacerdotes, Judas negociou por trinta moedas a cabeça de Cristo, algo equivalente ao preço de um escravizado (Êx 21:32; Zc 11:12). Jesus, que já conhecia a intenção do traidor, esperou até a Última Ceia para desmascará-lo. Maria, que não estava presente na Última Ceia, deve ter visto o momento em que Judas saiu furioso do ambiente e se questionou a respeito de tudo aquilo. O traidor não morria de amores por ela e, por isso, seria inútil interpelá-lo. Posto que todos já tivessem terminado a refeição, é provável que ela tenha ficado na própria casa, hospedada com outras mulheres, enquanto Jesus e os homens seguiram para o Getsêmani, onde passariam a noite na companhia de outros peregrinos.

Foi de madrugada que João bateu à porta acordando todos os que estavam na casa e contando os trágicos últimos acontecimentos. O coração de Maria batia forte a cada informação recebida. Jesus fora traído por Judas e os guardas o levaram para a casa do sumo sacerdote, para que fosse interrogado e torturado. O tempo e as circunstâncias do processo mostravam que os inimigos de Cristo não estavam tão preocupados com a legalidade das ações. Fariam qualquer coisa para vê-lo eliminado.

Todos os seguidores fugiram. João foi o único que ficou, além de Pedro, que, após negar Cristo três vezes, também se escondeu. Rumores diziam que Judas, após a traição, não aguentou de remorso e se enforcou num terreno baldio próximo ao lixão da cidade. Era impossível àquela altura fazer alguma coisa pelo Mestre, e sua própria vida corria perigo, uma vez que os guardas poderiam ir atrás dos seguidores do Nazareno.

Nada disso, porém, fez Maria, João e três outras mulheres – entre elas a mãe de Jesus – fugirem ou se esconderem dos capangas de Caifás. Eles seguiram cada um dos últimos movimentos de Cristo, desde seu flagelo e sua condenação até sua trajetória rumo ao Calvário.

Pensemos em quais teriam sido as indagações e os sentimentos de Maria. Como testemunha ocular dos últimos acontecimentos, ela viu o entusiasmo da multidão conduzindo Jesus no domingo anterior. Como eles simplesmente desapareceram? Nenhum daqueles que clamaram se juntou a ela contrapondo o furioso grito "Solte-nos Barrabás. Crucifica Jesus!".

Mesmo alguns de coração sincero fraquejaram, talvez por medo. Seu sumiço no cenário da cruz os denuncia. Onde estavam Marta, Lázaro, os leprosos, o coxo e os cegos que Jesus havia curado? Onde estavam Zaqueu, Nicodemos, poderoso fariseu que se encontrara com Jesus no início de seu ministério, e José de Arimateia, alto membro do Sinédrio (Jo 19:38), que eram simpáticos à causa dele? Até mesmo os apóstolos, exceto João, fugiram para se salvar. E "muitos dentre as próprias autoridades creram em Jesus, mas, por causa dos fariseus, não o confessaram, para não serem expulsos da sinagoga. Porque amaram mais a glória dos homens que a glória de Deus" (Jo 12:42-43). Vários desses, é claro, mais tarde se arrependeram de sua fraqueza de caráter – e foram aceitos por Deus, a exemplo de Nicodemos, José de Arimateia e Pedro. Se tais exemplos, por um lado, revelam o lado misericordioso de Deus, por outro exaltam ainda mais a firmeza e a lealdade de Madalena.

Diante da cruz

Em nossa sociedade majoritariamente cristã, a imagem da cruz se tornou quase sagrada. De amuleto contra vampiros a adesivo de pronto-socorro, nenhum de nós tem problemas com ela. Católicos a veneram, protestantes fazem hinos a seu respeito e espíritas a tomam por sinal de caridade. Todos apreciamos a cruz de Cristo.

Porém, na época de Maria, a crucificação era a forma mais vexatória de morrer. A própria palavra *crux* ("cruz" em latim) foi usada como xingamento pelos romanos, e os judeus consideravam maldito aquele que morria no madeiro (Dt 21:23; Gl 3:13).

De acordo com um estudo lexicográfico sobre a obra *De medicina*, escrita por Celso, no século 1 d.C., as palavras que os latinos mais relacionavam ao sofrimento humano eram: *puncio* [dor latejante], *tormentum* [angústia mental], *dolor* [dor] e, a pior de todas, *crucio* [crucificação], usada para designar todo tipo de tortura infringida a alguém, física ou mental.[3] No âmbito jurídico, Cícero se referia à cruz como "a mais extrema, mais cruel e angustiosa forma de punição" *(Verrem II.5.165 e 168)*. Se a simples sugestão a esse martírio causava arrepios, imagine como seria ouvir de Jesus: "Se alguém quer vir após mim, negue a si mesmo, dia a dia tome a sua cruz e siga-me" (Lc 9:23). O preço do discipulado era muito alto.

Maria, com certeza, lembrava as terríveis histórias de como o general romano Varo apinhou a estrada de Séforis à Alta Galileia com 2 mil rebeldes judeus crucificados (*Guerra* 2.5.2, *Antiguidades* 17.10.10). O que ela testemunharia agora não era o relato assustador de algo que acontecera tempos antes de seu nascimento, com rebeldes desconhecidos. Maria presenciaria a cena mais ignominiosa de execução infligida sobre a pessoa que ela mais amava: seu Mestre, Jesus de Nazaré.

A princípio, de acordo com Mateus 28:55, Maria e outras mulheres seguiam observando de longe três cruzes ao lado de uma estrada, o que tornava o evento o mais público possível – não em uma montanha, conforme a tradição popular. "Os que iam passando blasfemavam contra ele, balançando a cabeça" (Mt 27:39). Não resta dúvidas de que o local da execução era

---

3. MAIRE, Brigitte. *"Greek" and "Roman" in Latin Medical Texts:* Studies in Cultural Change and Exchange in Ancient Medicine. Leiden: Brill, 2014, p. 138.

perto de uma via pública. As palavras do evangelista trazem a imagem de uma multidão até certo ponto desocupada, que deixava de lado os motivos religiosos da peregrinação e ia de uma cruz a outra zombando dos condenados, especialmente do nazareno que afirmava ser o rei dos judeus. Políticos, fariseus e sacerdotes não se faziam de rogados em participar da gozação.

À medida que o tempo passava, Madalena, tomando consigo o apóstolo João e mais três mulheres – a esposa de Clopas, a mãe e a tia de Jesus –, criou coragem de se aproximar do pé da cruz a fim de oferecer algum conforto moral a Cristo (Jo 19:25). Jesus, o Filho de Deus, não negou que precisava da companhia de seus amigos naquele momento de dor. Em meio a preces e dores emocionais, ele suplicava aos apóstolos que não o deixassem sozinho: "Levando consigo Pedro e os dois filhos de Zebedeu, começou a sentir-se tomado de tristeza e de angústia. Então lhes disse: 'A minha alma está profundamente triste até a morte; fiquem aqui e vigiem comigo'" (Mt 26:37-38).

Certamente, a presença de Maria e dos demais diante da cruz foi um alento. Quanto Cristo finalmente clamou "Está consumado!", a discípula se lembrou da promessa de que o nardo com o qual ela o perfumara deveria ser usado, também por ela, na preparação do corpo do Mestre. Chegara o momento de cumprir esse último desejo dele.

Somente Deus conhece o coração de seus filhos. Apenas ele sabe os motivos e as intenções por trás de cada comportamento. Assim como a contemplação do sofrimento fez Oskar Schindler se transformar de vilão em herói do povo judeu, a agonia de Cristo trouxe a coragem que faltava para que alguns, ocultados pelo medo durante seu ministério, se enchessem de coragem admitindo que, mesmo com sua morte, continuariam fiéis a seus ensinos. Entre esses estavam Nicodemos e José de Arimateia.

Eles pediram a Pilatos, governador romano da Judeia, que lhes entregasse o corpo de Cristo a fim de que este pudesse ter um sepultamento digno.

Pilatos permitiu, e eles se apressaram em retirar Jesus do madeiro e preparar seu corpo para ser sepultado. Como Jesus vinha de uma família de camponeses, certamente não teria recursos para ser sepultado em uma tumba cavada na rocha. Quem sabe aquela que abrigou Lázaro fosse uma opção. Contudo, a hora da morte de Cristo, associada à Páscoa e ao Shabat, impossibilitava o transporte do corpo até a vila de Betânia.

A solução foi dada por José de Arimateia, que ofereceu o túmulo de sua família, recém-escavado. Nenhum corpo tinha sido colocado nesse sepulcro, e ele estaria bem perto do lugar de execução. Assim decidido, eles retiraram o corpo da cruz e o levaram para o lugar do sepultamento. Quanto aos procedimentos funerários, mesmo que seja consenso que os judeus não demoravam para sepultar seus mortos e que eles eram lavados, ungidos e enrolados antes de serem depositados no túmulo, não há no Antigo Testamento nada que diga respeito à prática de ungir e lavar os mortos.[4] Esses costumes são mencionados pela primeira vez em algumas passagens do Novo Testamento, em especial naquelas que dizem respeito ao sepultamento de Jesus (cf. Mt 26:6-13; Mc 14:1-9; 16:1; Lc 23:50-24:1; Jo 12:3-8; 19:38-40). Um caso mais explícito seria o de Tabita, mulher ressuscitada por Pedro, cujo sepultamento é assim descrito:

> Em Jope havia uma discípula chamada Tabita, nome este que, traduzido, é Dorcas. Ela era notável pelas boas obras e esmolas que fazia. Aconteceu que, naqueles dias, ela adoeceu e veio a morrer.

---

4. DE VAUX, Roland. *Ancient Israel*. Nova York: McGraw-Hill, 1965. v. 1, p. 56.

Depois de a lavarem, puseram o corpo num quarto do andar superior (At 9:36-37).

Apesar do silêncio de fontes contemporâneas, temos abundante quantidade de evidências arqueológicas de túmulos do tempo de Cristo que testemunham a prática da unção dos mortos como costume judeu. Frascos de perfume e de azeite e restos de bandagem mostram que aquilo que o Novo Testamento descreve era habitual naqueles dias.

Na *Mishná Shabat* 23:5, composta entre 190 d.C. e 230 d.C., há uma discussão ética quanto à unção e à lavagem de um morto nas horas sabáticas. Ao que parece, nos tempos de Cristo essas regras eram mais rigorosas, pelo que os próprios discípulos – isto é, aqueles que não fugiram – não arriscaram terminar o procedimento fúnebre: o sol já estava quase se pondo e, pelo calendário judaico, as horas do sábado logo teriam início.

E, tirando-o da cruz, envolveu-o num lençol de linho e o depositou num túmulo aberto numa rocha, onde ninguém havia sido sepultado ainda. Era o dia da preparação, e o sábado estava para começar. As mulheres que tinham vindo com Jesus desde a Galileia seguiram José e viram o túmulo e como o corpo foi colocado ali. Então se retiraram para preparar óleos aromáticos e perfumes. E, no sábado, descansaram, segundo o mandamento (Lc 23:53-56).

Esse procedimento também é confirmado por João:

[...] Então José de Arimateia foi e retirou o corpo de Jesus. E Nicodemos, aquele que anteriormente tinha ido falar com Jesus à noite, também foi, levando cerca de 35 quilos de um composto de mirra e aloés. Tomaram, pois, o corpo de Jesus e o envolveram em lençóis com os óleos aromáticos, como é costume entre os judeus na preparação para o sepultamento. No lugar onde Jesus foi crucificado havia um jardim; neste jardim, havia um túmulo novo, no qual ninguém ainda tinha sido colocado. Ali, por causa da preparação dos judeus e porque o túmulo ficava perto, colocaram o corpo de Jesus (Jo 19:38-42).

Mateus e Marcos igualmente descrevem esse fato, acrescentando o detalhe de que Maria Madalena, juntamente com outra Maria, que não era a mãe de Jesus, observavam detidamente o procedimento sentadas diante do túmulo (Mt 27:61; Mc 15:47). Ao que tudo indica, José de Arimateia, embora com boa vontade, fez os procedimentos fúnebres às pressas, sem o rigor necessário, pois corria contra o tempo. O Shabat já estava começando e, pelas regras religiosas, eles não poderiam realizar o procedimento após o pôr do sol. Ao que parece, a ideia de Maria era cumprir um dos últimos pedidos de Cristo. Quando ela ungiu o Mestre em Betânia, ele disse: "que ela guarde isto [o perfume de nardo] para o dia do meu sepultamento" (Jo 12:7).

Ainda que Nicodemos já tivesse providenciado um composto de mirra e aloés (Jo 19:39), Maria entendera ser seu dever ungir pessoalmente o corpo de Jesus com o resto de nardo que sobrara daquele jantar em Betânia. E assim seguiu para cumprir o que julgava ser uma questão de honra. Por mais caro e precioso que tivesse sido o perfume de José de Arimateia, as palavras de Jesus não seriam verdadeiras se o nardo que ela trouxera ficasse de fora do seu sepultamento. Era importante cumprir o que o Mestre dissera.

O REENCONTRO

O cuidado de José em preparar o corpo, colocá-lo no sepulcro e aceitar que os soldados pusessem um lacre, montando guarda diante dele, demonstra que nem mesmo os discípulos criam que Jesus iria ressurgir. A presença dos soldados se deveu a um pedido dos líderes do Templo.

No dia seguinte, que é o dia depois da preparação, os principais sacerdotes e os fariseus se reuniram com Pilatos e lhe disseram: "Senhor, nós lembramos que aquele enganador, enquanto vivia, disse: 'Depois de três dias ressuscitarei'. Portanto, mande que o túmulo seja guardado com segurança até o terceiro dia, para que não aconteça que, vindo os discípulos dele, o roubem e depois digam ao povo: 'Ressuscitou dos mortos'. E este último engano será pior do que o primeiro". Pilatos respondeu: 'Uma escolta está à disposição de vocês. Vão e guardem o túmulo como bem entenderem'. Indo eles, montaram guarda ao túmulo, selando a pedra e deixando ali a escolta (Mt 27:62-66).

Para muitos dos seguidores, era o fim do movimento de Jesus. O melhor a fazer era torcer para que seus inimigos se contentassem com sua morte e não empenhassem retaliações contra seus seguidores. Ao que parece, os apóstolos – ou parte deles – estavam escondidos na casa da mãe de João Marcos, onde Jesus realizara a última ceia e que também serviu de ponto de apoio para o grupo dentro da cidade de Jerusalém.[5]

---

[5]. Esse local ficava no segundo andar de uma casa em Jerusalém, conforme Mateus 2:17-29; Marcos 14:12-25; Lucas 22:7-21. Por certo, corresponde ao ambiente não descrito por João 13:1-30. Foi nessa casa que, na mesma noite, quando celebravam a Última Ceia, Jesus lavou os pés dos apóstolos, instituiu a Santa Ceia e comunicou a traição de Judas. Depois,

Maria também estaria hospedada lá, pois não tinha como ir e voltar de Betânia, especialmente com as restrições de caminhada no Shabat: uma "milha sabática", ou cerca de um quilômetro. Ela notou o desânimo reinante. Certamente, insistiu com o grupo para que terminassem o procedimento fúnebre, ungindo o corpo de Cristo conforme ele havia pedido. Mesmo considerando a boa vontade de José de Arimateia e a santidade do mandamento que Jesus jamais violara, a pressa com que fizeram os preparativos sepulcrais de seu corpo, devido à chegada do sábado, não condizia com a honra a ele devida. Tecnicamente, o processo fúnebre de Jesus já havia sido concluído na sexta-feira. Seu corpo já estava devidamente ungido e enrolado em lençóis graças aos panos e perfumes fornecidos por José de Arimateia. Não havia por que Maria retornar ao sepulcro, ainda mais considerando a periculosidade do ambiente e a presença de soldados rudes, capazes de molestar qualquer mulher que estivesse desacompanhada.

Porém, ela jamais se esquecera das palavras de Cristo durante a ceia: "Que ela guarde isto para o dia do meu sepultamento" (Jo 12:7). Ele não falara do perfume que outros comprariam, era o perfume que ela trazia que deveria ungir seu corpo sem vida. Qualquer ato diferente disso contrariaria o que parecia ser um desejo do Mestre.

Por isso, era importante para ela, mesmo correndo riscos, terminar o processo fúnebre de Jesus. Nada, a não ser o dia sagrado do Shabat, poderia atrasar esse procedimento. Pelo calendário dos judeus, os dias terminam ao pôr do sol; logo, ao entardecer de sábado, já começava o primeiro dia da semana. Porém, ir ao

---

já ressuscitado, Jesus retornou à casa por duas vezes, conforme o texto de João 20:19-29. Nesse mesmo ambiente, os discípulos de Emaús encontrariam a comunidade reunida. Certamente, Jesus também fez sua refeição de despedida nesse local.

sepulcro à noite seria muito perigoso, de modo que, com grande dificuldade, Maria teve de esperar até a madrugada. Ansiosa como estava, ela acabou saindo de casa quando ainda estava escuro e levou outras mulheres consigo.

A indagação anotada em Marcos 16:3 leva a crer que suas companheiras estavam menos otimistas que ela, pois diziam umas às outras: "Quem nos removerá a pedra da entrada do túmulo?". Talvez tivesse apelado aos homens para que ajudassem a abrir o recinto, mas nenhum deles atendera ao pedido.

O medo dos soldados que vigiavam o local, somado à aparente inutilidade do ato, pode ter desmotivado os homens do grupo. Jesus já estava morto e devidamente enfaixado em um túmulo para pessoas ricas. Por que se importar com detalhes? De que adiantaria qualquer gesto de reverência? O messianismo dele fracassara e seria melhor conviver com isso.

Se tomarmos o testemunho de Marcos, parece que as mulheres, ao se aproximarem, ficaram assustadas, porque a pedra já estava removida e os soldados tinham ido embora. Nesse momento, o grupo se dividiu: Maria indo para um lado buscar desesperadamente algo que esclarecesse o que aconteceu, enquanto as outras continuavam paradas à porta do sepulcro.

> Entrando no túmulo, [as mulheres] viram um jovem sentado ao lado direito, vestido de branco, e ficaram atemorizadas. Ele, porém, lhes disse: "Não tenham medo! Vocês procuram Jesus, o Nazareno, que foi crucificado; ele ressuscitou, não está aqui; vejam o lugar onde o tinham colocado. Mas vão e digam aos discípulos dele e a Pedro que ele vai adiante de vocês para a Galileia; lá, vocês o verão, como ele disse". E, saindo elas, fugiram do sepulcro, porque estavam tomadas de temor e assombro. E não contaram nada a ninguém, porque estavam com medo (Mc 16:5-8).

Mateus 28:8 diz que elas correram para contar aos apóstolos o que viram, mas isso pode ter acontecido após se refazerem do susto mencionado por Marcos. Não seriam informações contraditórias. O choque que tiveram foi tão grande que seus relatos variavam nos detalhes. Para Lucas, contaram ter visto dois anjos, não apenas um. Divergências assim não comprometem a historicidade do fato, pois é comum que testemunhos autênticos, em experiências pós-traumáticas, envolvam contradições periféricas.

Por certo, a fuga amedrontada de suas companheiras abriu margem para que Maria ficasse sozinha no local e fosse a primeira pessoa a ver pessoalmente Cristo ressuscitado. A declaração de Mateus 28:9-10 de que Jesus também apareceu para as demais do grupo certamente se refere a um momento posterior. De todo modo, o encontro dos dois não foi imediato: Maria também teria corrido ao encontro de João e Pedro, levando-os consigo ao local para conferirem o túmulo vazio. Enquanto os dois voltavam para casa, após examinar o recinto, ela teria permanecido ali, chorando diante da pedra removida.

De repente, um sujeito surge. Ela pensou se tratar de um jardineiro que talvez pudesse lhe dizer onde estava o corpo de Cristo. Mas era o próprio Jesus ressurreto.

[...] ela se virou para trás e viu Jesus em pé, mas não reconheceu que era Jesus. Jesus lhe perguntou: "Mulher, por que você está chorando? A quem você procura?". Ela, supondo que ele fosse o jardineiro, respondeu: "Se o senhor o tirou daqui, diga-me onde o colocou, e eu o levarei". Jesus disse: "Maria!". Ela, voltando-se, lhe disse, em hebraico: "*Raboni* [Mestre]!". Jesus continuou: "Não me detenha, porque ainda não subi para o meu Pai. Mas vá até os meus irmãos e diga a eles: "Subo para o meu Pai e o Pai de vocês, para o meu Deus e o Deus de vocês". Então Maria Madalena foi e anunciou aos discípulos: "Eu vi o Senhor!". E contava que Jesus lhe tinha dito essas coisas" (Jo 20:14-18).

Por que Maria não reconheceu Jesus imediatamente? Muitos fazem essa pergunta, e as respostas são diversas. Supõem que, por ser ainda muito cedo, ela não teria distinguido o rosto dele; ou, por estar chorando muito, não prestou atenção no tom de voz. Seja qual for a explicação, o que importa é que Maria permaneceu junto a Cristo mesmo quando os outros se afastaram por incredulidade ou medo. Se a voz dele lhe soou irreconhecível, isso se desfez no momento em que ele a chama pelo nome. Na cultura à qual Maria pertencia, o terno som de alguém superior chamando você pelo nome era significativo. Não se tratava de um vocativo de ordem; era um gesto de graça e bondade.

A esse chamado, Maria se lançou aos pés de Jesus como se não o visse há anos. "Não me detenha", disse o Senhor, segurando um sorriso de satisfação diante da alegria que ela demonstrava. Pela forma como as palavras de Cristo estão redigidas em grego, entende-se que Maria o tocava, isto é, o apertava repetidas vezes para ter a certeza de que não estava sonhando. Com carinho paternal, ele diz que seria melhor ela parar de segurá-lo, como fez Jacó quando lutou com o anjo, pois ele precisava ir até o Pai. Agora era dever da discípula contar aos outros o que acabara de testemunhar.

E foi o que Maria fez. Seu entusiasmo era tão contagiante que nem os evangelistas puderam ignorar o fato. Preservaram-no em seu testemunho e, por isso, sua atitude atravessou os séculos e veio parar nas páginas deste livro.

Que exemplo de mulher, que exemplo de ser humano! Que tenhamos por Cristo, em nosso semelhante, o mesmo amor que ela demonstrava. Que sejamos todos como Maria.

Bibliografia

ALBRIGHT, William F. Contributions to the Historical Geography of Palestine. *The Annual of the American School of Oriental Research in Jerusalem.* Jerusalém, v. 2/3, pp. 1-46, 1921. Disponível em: https://doi.org/10.2307/3768450. Acesso em: 17 mar. 2023.

BARBAS, Helena. *Madalena:* História e mito. Lisboa: Ésquilo, 2008.

BARBIERI, C. B. Que culpa tem o eu...? *In:* PERES, Urania T. (org.). *Culpa.* São Paulo: Escuta, 2001. pp. 23-35.

BAUCKHAM, Richard. *Gospel Women.* Grand Rapids: Eerdmans, 2002.

_____. Magdala in Rabbinic Traditions. *In:* BAUCKHAM, Richard (org.). *Magdala of Galilee:* a Jewish City in the Hellenistic and Roman Period. Waco: Baylor University Press, 2018.

BOWEN, Matthew L. They Came and Held Him by the Feet and Worshipped Him: Proskynesis Before Jesus in Its Biblical and Ancient Near Eastern Context. *Studies in the Bible and Antiquity,* v. 5, p. 68, 2013.

BRUCE, F. F. *New Testament History.* New York: Doubleday and Company, 1971.

CAPPER, B. Review of None but the Sinners. Religious Categories in the Gospel of Luke. (Journal for the Study of the New Testament, Supplement Series, 58.), by D. A. Neale. *The Journal of Theological Studies,* [S. l.], v. 43, n. 2, pp. 589-594, 1992. Disponível em: http://www.jstor.org/stable/23963921. Acesso em: 17 mar. 2023.

CARREIRA, Márcio A. G. *O papel da mulher na Igreja no mundo contemporâneo.* Orientador: Luís Miguel Figueiredo Rodrigues, 2019. 202 p. Dissertação (Mestrado) – Faculdade de Teologia, Universidade Católica Portuguesa, Braga, 2019. Disponível em: https://repositorio.ucp.pt/bitstream/10400.14/29433/1/Disserta%C3%A7%C3%A30%20Final%20de%20M%C3%A1rcio%20Andr%C3%A9%20Guedes%20Carreira.pdf. Acesso em: 16 mar. 2023. apud SÃO TOMÁS DE AQUINO. *In Ioannem Evangelistam Expositio,* c. XX, l. III, 6.

CAVALCA, Domenico. Vita di S. Maria Maddalena in *Vita dei Santi Padri*, Archivio Romanzo. Roma: Del Galluzzo, pp. 329-86, 2009.

CICERO, Mario Tulio. *Verrinas*. Introducción, traducción y notas de José Maria Requejo Prieto. Madrid: Editorial Gredos, 2009.

COLOE, Mary L. Welcome into the Household of God: The Foot Washing in John 13. *The Catholic Biblical Quarterly*, Virginia, v. 66, n. 3, pp. 400-415, 2004. Disponível em: https://yalebiblestudy.org/wp-content/uploads/2021/10/5.-ColoeFootwashing-copy.pdf. Acesso em: 4 jan. 2023.

COTTON, Hannah M. The Archive of Salome Komaise Daughter of Levi: Another Archive from the "Cave of Letters". *Zeitschrift für Papyrologie und Epigraphik*, [S. l.], v. 105, pp. 171-208, 1995. Disponível em: https://www.jstor.org/stable/20189273. Acesso em: 3 set. 2023.

DAUPHIN, C. Leprosy, Lust and Lice: Health and Hygiene in Byzantine Palestine. *Bulletin of the Anglo-Israel Archaeological Society*, [S. l.], v. 15, pp. 55-80, 1996.

DE VAUX, Roland. *Ancient Israel*. Nova York: McGraw-Hill, 1965. v. 1.

EARLY, Emmett. *The Raven's Return*: The Influence of Psychological Trauma on Individuals and Culture. Wilmette: Chiron, 1993.

EHRMAN, Bart D. *Lost Christianities*: The Battles for Scripture and the Faiths We Never Knew. Oxford: Oxford University Press, 2005.

FAUR, Mirella. *O anuário da Grande Mãe:* guia prático de rituais para celebrar a Deusa. 2. ed. São Paulo: Gaia, 2001.

FREUD, Sigmund. *Edição standard das obras psicológicas completas de Sigmund Freud Volume xix:* O Ego e o Id, e outros trabalhos (1923-1925). Trad. Jayme Salomão. Rio de Janeiro: Imago, 2006.

_____. O mal-estar na civilização. *In: Obras completas (Vol. 18):* O mal-estar na civilização, novas conferências introdutórias e outros textos (1930-1936). Trad. Paulo César de Souza. São Paulo: Cia. das Letras, 2010.

GALILI, Ehud; ARENSON, Sarah. *The Ancient and Modern Salt Industry on the Mediterranean Coast of Israel Haifa*. Haifa: Salt of the Earth Company Ltd, 2017.

GONÇALVES, Davidson S. O sentimento de culpa em Freud: entre a angústia e o desejo. *Psicologia em Revista*, Belo Horizonte, v. 25, n. 1, pp. 278-291, jan. 2019. Disponível em: http://pepsic.bvsalud.org/scielo.php?script=sci_arttext&pid=S1677-11682019000100016&lng=pt&nrm=iso. Acesso em: 17 mar. 2023

GREENWOOD, Daniel J. H. Restorative Justice and the Jewish Question: Interdisciplinary Perspectives on Restorative Justice. *Utah Law Review*, [S. l.], v. 533, n. 1, pp. 534, 2003.

GREGORIUS MAGNUS. Homilia 33. *Homiliarum in Evangelia*. Paris: J. P. Migne (1844-1864). Disponível em: https://la.wikisource.org/wiki/Homiliarum_in_Evangelia/xxx. Acesso em: 19 mar. 2023.

GRZYBOWSKI, Andrzej; MAŁGORZATA, Nita. Leprosy in the Bible. *Clinics in Dermatology*, [S. l.], v. 34, n. 2, pp. 3-7, 2016.

GUIDI, Michelangelo (org.). *Un bios di Costantino*. (BHG 364). Roma: Tipografia della R. Accademia dei Lincei, 1908. pp. 49-50.

HAKOLA, Risto. The Production and Trade of Fish as Source of Economic Growth in the First Century Galilee: Galilean Economy Reexamined. *Novum Testamentum,* Leiden, v. 59, n. 2, pp. 111-130, 2017. Disponível em: http://www.jstor.org/stable/44508665. Acesso em: 20 dez. 2022.

HATCH, Edwin. *A Concordance to the Septuagint and the Other Greek Versions of the Old Testament.* Grand Rapids. Baker, 1989. v. 1.

HAUPTMAN, Judith. A New View of Women and Torah Study in the Talmudic Period. *Jewish Studies: An Internet Journal,* v. 9, pp. 249-292, 2010.

_____. Rereading the Rabbis; A Woman's Voice. *Commentary in Sefaria,* [s.d.]. Disponível em: https://www.sefaria.org/Rereading_the_Rabbis;_A_Woman's_Voice?tab=contents. Acesso em: 26 nov. 2023.

HENGEL, Martin. Judaism and Hellenism Revisited. *In:* COLLINS, J. J.; STERLING, G. E. *Hellenism in the Land of Israel.* Notre Dame: University of Notre Dame Press, 2001.

JACOBOVICI, Simcha; WILSON, Barrie. *The Lost Gospel:* Decoding the Ancient Text that Reveals Jesus, Marriage to Mary the Magdalene. Nova York: Pegasus, 2014.

JACOBS, Joseph; EISENSTEIN, Judah David. Sin. *Jewish Encyclopedia.* Nova York: Funk & Wagnalls, v. 11, pp. 376-379, 1906. Disponível em: https://www.jewishencyclopedia.com/articles/13761-sin. Acesso em: 27 set. 2023.

JOSEFO, Flávio. *A guerra dos judeus:* História da guerra entre judeus e romanos. Lisboa: Sílabo, 2021.

_____. *Life of Josephus.* Translation and commentary by Steve Mason. Boston: Brill, 2001.

KING, Karen L. "Jesus said to them, 'My wife...': A New Coptic Papyrus Fragment". *Harvard Theological Review,* v. 107, n. 2, p. 133, 2014.

KLEIN, Reuven C. Avunculate Marriage in the Bible. *In:* RABINOWITZ, Dan *et al. The Seforim Blog.* 25 oct. 2015. Disponível em: https://seforimblog.com/2015/10/avunculate-marriage-in-bible/. Acesso em: 5 fev. 2023.

KLEIN, Samuel. *Beiträge zur Geographie und Geschichte Galiläas.* Leipzig: Haupt, 1909.

KNOHL, Israel. *O messias antes de Jesus.* Rio de Janeiro: Imago, 2000.

KOENIG, Harold G. Research on Religion, Spirituality, and Mental Health: A Review. *The Canadian Journal of Psychiatry,* [S. l.], v. 54, n. 5, pp. 283-291, 2009.

KOCHMANN, Sandra. O lugar da mulher no judaísmo. *Revista de Estudos da Religião,* São Paulo, PUC-SP, n. 2, pp. 35-45, 2005. Disponível em: https://www.pucsp.br/rever/rv2_2005/p_kochmann.pdf. Acesso em: 26 set. 2023.

KOKKINOS, Nikos. The Location of Tarichaea: North or South of Tiberias? *Palestine Exploration Quarterly,* Londres, v. 142, n. 1, pp. 7-23, 2010.

KÖSTENBERGER, Andreas J. John; ARNOLD, Clinton (org.). *Zondervan Illustrated Bible Background Commentary.* Grand Rapids: Zondervan, 2002.

KRAUSE, Jens-Uwe. *Witwen und Waisen im Römischen Reich:* Rechtliche und soziale Stellung von Waisen. Stuttgart: Steiner Franz Verlag, 1994. v. 3.

LEA MCCARTHY, Rebecca. *Origins of the Magdalene Laundries:* An Analytical History. Jefferson, North Carolina: McFarland, 2010.

LEFKOWITZ, Mary R.; FANT, Maureen B. *Women's Life in Greece and Rome:* A Source Book in Translation. Baltimore: Johns Hopkins University Press, 2005.

LEIBNER, Uzi. *Settlement and History in Hellenistic, Roman, and Byzantine Galilee:* An Archaeological Survey of the Eastern Galilee. Texte und Studien zum antiken Judentum 127. Tübingen: Mohr Siebeck, 2009.

LIDDELL, H. G.; SCOTT, R. "ληστής". *In A Greek–English Lexicon.* Oxford: Clarendon Press, 1940. Disponível em: https://www.perseus.tufts.edu/hopper/text?doc=Perseus:text:1999.04.0057:entry=lh%7Csth/s. Acesso em: 26 set. 2023.

LUCOTTE, Gérard. Radiodating of the Hairs of the Presumed Holy Maria-Magdalena. *Archaeological Discovery*, v. 9, n. 2, pp. 85-90, 2021.

MAIRE, Brigitte. *"Greek" and "Roman" in Latin Medical Texts*: Studies in Cultural Change and Exchange in Ancient Medicine. Leiden: Brill, 2014.

MANNS, Frédéric. Magdala dans les Sources Littéraires. In: *Studia Hierosolymitana in Onore di P. Bellarmino Bagatti, v. 1: Studi Archeologici.* Jerusalém: Franciscan Printing Press, 1976.

MCDANIEL, Thomas F. *Clarifying Baffling Biblical Passages.* [S. l.: s. n.], 2007.

MORIN, Soizic; STRAUB, François; WEIL, Raphaël; CHARLIER, Philippe. Diatoms on the hair of Holy Mary-Magdalene relics. *Botany Letters*, v. 168, n. 1, pp. 25-31, 2021.

MOREIRA, Lígia. Abuso sexual na infância – quem são os abusadores? Como identificar sinais? O que fazer? *Cientista Que Virou Mãe*, 2020. Disponível em: https://cientistaqueviroumae.com.br/abuso-sexual-na-infancia-como-identificar-sinais-o-que-fazer/. Acesso em: 17 dez. 2022.

MUSONIUS RUFUS; LUTZ, Cora E. (trad.). *Diatribes* 13 A.5. Disponível em: https://sites.google.com/site/thestoiclife/the_teachers/musonius-rufus/lectures/03 e https://sites.google.com/site/thestoiclife/the_teachers/musonius-rufus/lectures/04. Acesso em: 19 mar. 2023.

NGUYEN, Nghiem L. Roman Rape: An Overview of Roman Rape Laws from the Republican Period to Justinian's Reign. *13 Mich. J. Gender & L*, Londres, v. 75, p. 76, 2006. Disponível em: https://repository.law.umich.edu/mjgl/vol13/iss1/3. Acesso em: 28 dez. 2022.

NOLLAND, John. Luke 1-9:20. *Word Biblical Commentary.* Dallas: Word Books, 1989. v. 35A.

PESAHIM 46a. In: *O Talmude de William Davidson (Koren-Steinsaltz).* Disponível em: https://www.sefaria.org/Pesachim.46a?lang=bi&with=all&lang2=en. Acesso em: 19 mar. 2023.

PRINGLE, Denys. *The Churches of the Crusader Kingdom of Jerusalem: a corpus.* Cambridge: Cambridge University Press, 1998. v. 2.

RÁBANO MAURO. *De vita beatae Mariae Magdalenae, c. XXVII.* Disponível em: https://www.documentacatholicaomnia.eu/04z/z_0788-0856__Rabanus_Maurus__De_Vita_Beatae_Mariae_Magdalenae_Et_Sororis_Ejus_Sanctae_Marthae__MLT.pdf.html. Acesso em: 15 mar. 2023.

REICH, Ronny. A Note on the Population Size of Jerusalem in the Second Temple Period. *Revue Biblique*, [S. l.], v. 121, n. 2, pp. 298-305, 2014. Disponível em: http://www.jstor.org/stable/44092497. Acesso em: 18 jan. 2023.

RINALDI, Doris. Culpa e angústia: algumas notas sobre a obra de Freud. *In*: PERES, Urania T. (org.). *Culpa*. São Paulo: Escuta, 2001.

ROGERS, Carl. *Tornar-se pessoa*. São Paulo: WMF Martins Fontes, 2009.

SABAR, Ariel. *Veritas:* A Harvard Professor, a Con Man and the Gospel of Jesus's Wife. Nova York: Anchor Books, 2021.

SCHECHTER, Solomon (org.). *Documents of Jewish Sectaries:* Fragments of a Zadokite Work. Cambridge: Cambridge University Press, 1910. v. 1.

SCHRADER, Elizabeth; TAYLOR, Joan. The meaning of "Magdalene": Review of Literary Evidence. *Journal of Biblical Literature*, Boston, v. 140, n. 4, pp. 751-73, 2021.

SHINALL, Jr., Myrick C. The Social Condition of Lepers in the Gospels. *Journal of Biblical Literature*, v. 137, n. 4, pp. 915-934, 2018.

TAYLOR, Joan E. Magdala's Mistaken Identity. *Biblical Archaeology Review*, [S. l.], v. 48, n. 3, pp. 32-41, 2022.

TERTULIANO. *Tertullien De Praescriptione Haereticorum*. Sydney: Wentworth Press, 2018.

TILLICH, Paul. *The Shaking of the Foundations*. Nova York: Charles Scribner's Sons, 1948.

TWAIN, Mark [Samuel L. Clemens]. *The Innocents Abroad*. São Francisco: Hartford, 1869. cap. XLVII. Disponível em: https://ia902700.us.archive.org/17/items/innocentsabroad02twai/innocentsabroad02twai.pdf. Acesso em: 12 dez. 2022.

VALERIUS MAXIMUS. *Memorable Deeds and Sayings*: One Thousand Tales from Ancient Rome. Trad. Henry John Walker. Indianapolis: Hackett, 2004.

VITA CONSTANTINI VIII, 16-18: Constantinus et Methodius Thessalonicenses, Fontes, recensuerunt et illustraverunt Fr. Grivec et Fr. Tomsic (Radovi Staroslavenskog Instituta, Knjiga 4, Zagreb 1960), p. 184.

VISOTZKY, Burton L. *Fathers of the World:* Essays in Rabbinic and Patristic Literatures (Wissenschaftliche Untersuchungen zum Neuen Testament). Tübingen: Mohr, 1995.

WEIL, Grete. *The Bride Price*. Boston: David R. Godine, Publisher, 1991.

WEISSMAN, Lauri. Half Human: How Jewish Law Justifies the Exclusion and Exploitation of Women. *In*: GARST, Karen L. (org.). *Women v. Religion:* The Case Against Faith – and for Freedom. Durham: Pitchstone Publishing, 2018.

WILSON, John Francis. *Caesarea Philippi:* Banias, The Lost City of Pan. New York: Palgrave, 2004. p. 54.

YORK, Anthony D. The Dating of Targumic Literature. *Journal for the Study of Judaism in the Persian, Hellenistic, and Roman Period*, v. 5, n. 1, pp. 49-62, 1974. Disponível em: http://www.jstor.org/stable/24656649. Acesso em: 4 jan. 2023.